中國學術思想 研究輯刊

六 編
林 慶 彰 主編

第 20 冊

劉蕺山的功夫理論與形上思想

杜 保 瑞 著

花木蘭文化出版社

國家圖書館出版品預行編目資料

劉蕺山的功夫理論與形上思想／杜保瑞 著 — 初版 — 台北縣
永和市：花木蘭文化出版社，2009〔民98〕
目 4+244 面：19×26 公分
（中國學術思想研究輯刊 六編：第20冊）
ISBN：978-986-254-071-8（精裝）
1.（明）劉宗周 2.學術思想 3.形上學
126.94 98015234

ISBN - 978-986-2540-71-8

9 789862 540718

中國學術思想研究輯刊
六 編 第二十冊 ISBN：978-986-254-071-8

劉蕺山的功夫理論與形上思想

作　　者　杜保瑞
主　　編　林慶彰
總 編 輯　杜潔祥
出　　版　花木蘭文化出版社
發 行 所　花木蘭文化出版社
發 行 人　高小娟
聯絡地址　台北縣永和市中正路五九五號七樓之三
　　　　　電話：02-2923-1455／傳真：02-2923-1452
網　　址　http://www.huamulan.tw 信箱 sut81518@ms59.hinet.net
印　　刷　普羅文化出版廣告事業
封面設計　劉開工作室
初　　版　2009年9月
定　　價　六編30冊（精裝）新台幣50,000元　　　　版權所有・請勿翻印

劉蕺山的功夫理論與形上思想

杜保瑞　著

作者簡介

杜保瑞

最高學歷：臺灣大學哲學研究所博士（1993.05）

現職：臺灣大學哲學系副教授

學術專長：宋明理學、中國哲學方法論

杜保瑞，1989.02，《劉蕺山的功夫理論與形上思想》，（臺灣大學哲學研究所碩士論文）。

杜保瑞，1993.06，《論王船山易學與氣論並重的形上學進路》，（臺灣大學哲學研究所博士論文）。

杜保瑞，1995.02，《莊周夢蝶》。臺北：書泉出版社。（北京：華文出版社 1997.04）

杜保瑞，1995.07，《反者道之動》。臺北：鴻泰出版社。（北京：華文出版社 1997.04）

杜保瑞，1999.08，《功夫理論與境界哲學》。北京：華文出版社。

杜保瑞，2000.08，《基本哲學問題》。北京：華文出版社。

杜保瑞，2005.04，《北宋儒學》。臺北：臺灣商務印書館。

杜保瑞，2007.01，《莊周夢蝶‧莊子哲學》。臺北：五南圖書公司。（新版）

杜保瑞陳榮華合著，2008.01，《哲學概論》。臺北：五南圖書公司。

提　　要

一、研究主題：

　　本論文以對劉蕺山的哲學思想作一基礎的且全面的理解為目標，經整理後，發覺劉蕺山哲學思想的重點在為儒學建立厘想的功夫理論，並由之發展出一套相應的形上思想。是故以「劉蕺山的功夫理論與形上思想」為論文題目，並分功夫理論與形上思想兩篇以進行討論。

二、內容提要：

　　第一篇研究劉蕺山的功夫理論，並找出慎獨、誠意、主靜立人極三套功夫理論為其畢生所談之重點。首先。劉蕺山的慎獨理論是在整個中庸思想背境上蘊育出來的，是故本文則從獨的本體理論，及對中庸思想的詮釋入手，以討論蕺山皀慎獨功夫理論。其次，誠意理論又是在對大學義理內涵的詮釋，並藉此以與前儒辯論的過程中發展出來的，故本文從意的本體理論及藉誠意說以詮釋大學及批評陽明四句教及良知說的討論，來說明蕺山的誠意功夫理論。最後。主靜立人極功夫理論是蕺山深契於周濂溪思想內涵而承續並發揮的，故本文則藉此以檢別蕺山所有其它功夫理論，並配合濂溪太極圖說及通書二書之詮釋以完整地討論主靜立人極功夫。以上即本論文研究劉蕺山功夫理論三條主軸。

　　第二篇研究劉蕺山的形上思想，並指出形上思想乃功夫理論建立成熟後皀必然發展，而其形上思想特徵則歸約為「一元流行的氣化宇宙論」「形上形下合一的世界觀」及「融貫的本體論」三項，並從中指出在形上關係，並由之破除生死執著及除去私我之見，最後總合前篇功夫理論之討論及形上思想之規模，而指出蕺山功夫理論的特色，即在建立一套「見微知著」「一染即掃」「由中導和」的復性功夫綱領。

　　以上即本論之提要。

緒　論

一、論文主題

　　本論文以明末大儒劉蕺山的儒學思想為研究主題，並集中討論其在哲學思想上有所發揮的理論部份，包括功夫理論與形上思想兩部份。功夫理論指的是儒學理論中以要求儒者成就君子人格及人倫事業為主題的所有討論主題，包括對世界運行秩序的說明，人類生存目的的說明，自我訓練的途徑，自我完成的境界，社會秩序的理想狀態等問題所形成的一整套理論，而形上思想所指的是在功夫理論中作為理論基礎的世界秩序的真象，其內容包括今日一般所謂的宇宙論、本體論中諸事，本論文分「劉蕺山的功夫理論」與「劉蕺山的形上思想」兩篇以進行討論，前者側重從特定功夫進路以形成的整套功夫理論做討論，包括「從慎獨說到中庸詮釋系統的建立」、「從誠意說到大學詮釋系統的建立」、「從主靜立人極到周濂溪詮釋系統的建立」三項，後者側重討論為支持所有功夫理論得以成立的形上基礎，即其宇宙論、本體論思想，而綜合提出「氣化一元的宇宙論」、「形上形下合一的世界觀」、「融貫的本體論」等重點。藉此上下二篇的理論研究，企望能對劉蕺山的儒學思想得獲一個整體的了解，是為本論文之主題。

二、研究動機

　　劉蕺山思想在宋明理學領域中，一直不如北宋五子及朱、陸、王等受人重視，而本論文之所以能以其為研究主題，乃因作者於台大哲學研究所碩士

班就讀第三年時拜受指導教授張永儁老師開設「劉蕺山思想」課程的機緣，在首次研讀中即發現蕺山思想中有極豐富的理論素材，且體系燦然可觀，更因近人對其研究的成果不算豐碩，展閱之際充滿了「觀念的冒險」的趣味，遂決定以此為碩士論文的研究主題，一方面考驗自己對儒學理論的解讀能力，一方面也希望藉以為正式進入儒學殿堂的敲門磚，是為研究動機。

三、研究方式

　　蕺山談論思想的作品，不是箴文、語錄，就是短文，很少有長篇的大作，因此雖然蕺山的文字資料不少，但每份資料都是很短的箋文，想找出蕺山思想的脈絡，並體系化地整理其理論內容，實為不易。因此，寫作之初，遂將蕺山所有文字資料，一條條分開作成卡片，標識著作年齡及資料出處，然後逐條疏理其義，再根據每一條文所處理主題的不同重新分類，經過多次嘗試之後，終於能見出蕺山處理問題的幾個大類，並知其因年齡不同而有所重主題的不同，遂依此寫成論文大綱，經指導教授同意後便按每部大綱的卡片資料逐項寫來，是故本論文在每一論旨之下皆能有明確的引文資料以為佐證，只要原來所設定的大綱能確實掌握蕺山思想的主軸，及對每份資料所談義理能夠明瞭無誤，則本論文對蕺山思想的處理便能大致不差了。是為研究方式。

四、寫作成就與缺失

　　依照前述研究方法進行的論文寫作，使本論文在蕺山思想脈絡的釐清上，能有極大的收穫，不僅對蕺山所有論旨彼此關係能有清楚交待，且對蕺山自己因時間先後而有的不同思想能知其異同，因此在上下二篇及各章節內部彼此關係及脈絡上，遂能收環環相扣，前後一貫之功效。同時透過蕺山的豐富儒學內涵，亦使本論文在展現儒學義理的內容上，也有極大的收穫，是為寫作成就。然而，因作者領悟力有限，雖然有極好的寫作題材，但未必能處處將其精義彰顯，且因寫作經驗不足，遂常混同研究過程中的討論部份及結論部份皆置入論文之中，更因為顧及所言非虛，更常將所有能支持所提論旨的蕺山原文皆收錄其上，遂使本論文之字數大增，有過於龐大的缺失。此其一。另外在內容討論上，因只顧及對蕺山所言之理解與引介，遂忽略了蕺山站在明末時代，對於宋明儒學六百年來所有思想的總檢討工作中，正有最豐富的比較哲學的研究材料，而本論文卻幾乎完全未予處理，只對蕺山致言

辯駁的朱、王思想有所交待，而不能進行在哲學史傳承中的比較研究，同時
也忽略後人對蕺山的傳承及研究，包括蕺山弟子的傳承，及今人中唐君毅、
牟宗三、勞思光諸先生的研究成果，對於本論文未能將蕺山和前人比較，及
討論後人的傳承及研究二事，是爲論文的缺失之二。

五、展望與謝意

　　雖然本論文有因經驗不足遂致字數過多，及因研究過程的忽略，致哲學
史比較研究的缺乏約兩項缺失，但因對蕺山思想內涵與發展脈絡皆能疏理清
楚，故仍有貢獻於對蕺山學術研究的少許價值。然而展望未來，更重要的是
儒學做爲哲學研究的一科，如何能通過當代哲學工作學術要求的考驗，而能
發明新義，參與哲學智海的繼續擴深工作，這才是儒學研究在學術工作上的
積極目標。而本論文所能呈現的，僅只是在儒學發展的過去歲月中，將一位
儒學思想家的內涵，用現代人的心靈再將其表達出來，而尚未進至藉過去成
就來參與至今日哲學創造的工作層次中，然而作者能力有限，不敢妄言於此，
只知其中必有眞義，而願在日後工作中，繼續努力。最後，本論文的完成，
要感謝七年來在台大哲學系所有教過我的師長，他們在思想上給我的訓練，
及哲學上給我的啓發，都使我在處理理論問題的思考、分析、判斷上，深深
受益。更要感謝論文指導老師，張永儁老師，在論文寫作前前後後的關切、
鼓勵、及指導。台大哲學系的環境及所有師長的教誨，都是這篇論文得以寫
成的最該感謝的對象。

第一篇　劉戩山的功夫理論

第一章　導　論

　　本篇討論「劉蕺山的功夫理論」，並且特別以配合了本體理論及發展出完整的理論體系的功夫理論爲討論的主題。蕺山對功夫理論的討論極多，但綜觀其一生思想內容，稱得上爲蕺山所特立標舉，且有完整的本體理論體系配合，而足以代表蕺山功夫理論之精要者，則只有「主靜立人極」、「愼獨」與「誠意」三項。蕺山自浸潤於儒學之始，即對濂溪十分推崇，並將濂溪思想引爲終生論學之根據，其中「主靜立人極」之功夫，自早年論功夫即重此義，並終其一生以「主靜立人極」爲檢別其它功夫理論義理之標準，並隨著蕺山自己思想體系的擴深，蕺山亦逐漸形成自己對「主靜立人極」的解釋內涵。蕺山既自始即以主靜立人極爲功夫的標準，則與此義格局相若之愼獨理論亦因此早受重視，且配合愼獨理論在《大學》、《中庸》典籍中的義理詮釋，使愼獨理論成爲宋明儒學功夫理論中首次被儒學家當做最重要的功夫理論者，可謂因蕺山之特重愼獨並爲之建立完整體系，才使愼獨功夫理論成爲儒學功夫理論中的重要部份。愼獨理論之出現一因與濂溪主靜立人極功夫相若，一因在《中庸》、《大學》原典中皆有此義，故受蕺山重視。至於同爲宋明諸儒屢屢發揮功夫義理的《大學》八目功夫亦受蕺山重視，朱子倡格物義，陽明倡致良知，而蕺山則轉而重視誠意說，並藉對朱子、陽明理論的批評而爲誠意說建立了最完整的理論體系。併「主靜立人極」、「愼獨」與「誠意」三者，實爲蕺山一生功夫理論之大要者。

　　然此三套功夫理論之成其大者，並非只受蕺山「重視」而已，實乃經過蕺山一生對其理論體系的擴深，及本體義理的探究之後才成其大者，而此完整體系的出現，更是基於其背後皆已各有一套前人的理論以資發揮者，此即

在「主靜立人極」背後的周濂溪思想體系，即表現在《太極圖說》及《通書》二書中者；及在「愼獨」背後的《中庸》、《大學》理論；及「誠意」背後的《大學》理論及朱子、陽明對《大學》的思想發揮。以及此三系理論又在蕺山的理解中有一互爲詮釋的關係而能相互闡發者。即濂溪爲詮釋《中庸》而設，及《中庸》爲詮釋《大學》而設之關係者。〔註1〕是故透過此三系思想背景對此三套功夫理論之本體義理的闡發及理論體系的建立，才終能使「主靜立人極」、「愼獨」及「誠意」三項功夫成爲蕺山功夫理論之犖犖大者，亦使本篇討論「劉蕺山的功夫理論」得以成爲討論的主題者。

由上可知，此二套功夫理論是在三系思想背景蘊育下的產物，是故功夫義理的擴深必以此三系思想爲資料來源，且理論體系的建立又必直接對此三系思想形成豐富的詮釋材料，是故本篇各章討論三套功夫理論時亦將擴及地處理蕺山對此三系思想所形成的詮釋體系，而成爲以「主靜立人極」、「愼獨」、「誠意」的本體理論配合著對周濂溪、《中庸》、《大學》的詮釋系統互相討論的方式來進行。即本篇第二章討論「從愼獨說到《中庸》詮釋系統的建立」，及第三章討論「從誠意說到《大學》詮釋系統的建立」，及第四章討論「從主靜立人極到周濂溪詮釋系統的建立」者。

〔註1〕參見下列所引諸文：

「小德川流，大德敦化，爲中庸一書之樞紐，周子太極圖說本之。」（《劉子全書及遺編》明，劉宗周撰，中文出版社，1981年6月出版，卷十二，頁208，《會錄》，下欄右。）

「良知不學不慮，萬古常寂，蓋心之獨知如此，故中庸一書極其指點，曰不睹不聞，……周子始據此昨太極圖說，曰曰靜，通書曰誠無爲，而終之以艮止之義。」（前引書，卷十一，頁164，〈學言中〉，下欄中，六十歲。）

「濂溪爲後世儒者鼻祖，通書一編，將中庸道理又翻新譜。」（前引書，卷十二，頁188，〈學言下〉，下欄右，六十六歲。）

「……圖說言仁義中正，仁義即剛柔之別名，中正即中和之別解，變和言正者，就仁義上言也，皆酷爲中庸作注疏，後人不解中庸，並不解圖說通書，遂將此道千古長夜。」（前引書，卷十二，頁189，〈學言下〉，上欄右，六十六歲。）

「問中庸是大學註腳，其義何如，曰天命之謂性，善之主也；率性之謂道，德之體也，民之同體也；修道之請教，止善之極則也，未發之中即靜中所得，已發之和即慮後所得，其云大本即修身之本，其云達道即修身而齊治乎之道也，其云位育即明明德於天下之盡，而愼獨一義特見於誠意章，尤爲喫緊，故曰中庸是大學註疏。」（前引書，卷三十八，頁855，《大學雜言》，上欄中。）

「先儒謂中庸是大學註疏，直是字宇體貼出誠意功夫。」（前引書，卷十二，頁183，〈學言下〉，上欄右，六十六歲。）

　　就此三套功夫理論及詮釋系統之性格言，「主靜立人極」一系乃蕺山學風性格之所依及源頭，自始即以濂溪為其最相契合的先儒，因此對所有宋明儒曾討論過的功夫理論，除前述慎獨與誠意外，亦皆以「主靜立人極」為其檢別的依據，並皆可收攝於此項下來互相討論，但就功夫義理之詮釋言，則承續多於發揮，反而是在濂溪的《太極圖說》詮釋系統中，能發揮蕺山於形上思想上的新義。至於「慎獨」一系者，乃蕺山功夫理論中最為後世學者熟悉，並有相當豐富的理論發揮者，而慎獨在中庸、大學典籍中雖皆有出現，卻仍以在中庸中的發揮為多，可謂中庸全篇皆得為由慎獨以貫串詮釋之思想體系者。而「誠意」之系，卻為此三系中理論最複雜，也最精密，也最完整的功夫理論體系，同時也是蕺山與朱子、陽明辯論功夫理論最主要的戰場，並較「主靜立人極」及「慎獨」皆為更晚出的理論體系。綜合言之，「主靜立人極」是承續的，且是時間上最早討論到的，「慎獨」是發揮的，且在時序上幾與「主靜立人極」同出，「誠意」也是發揮的，且是在「慎獨」理論體系幾已發揮盡致之後才開始建立的。

　　本篇論述次序以「慎獨」、「誠意」、「主靜立人極」為序，此因寫作本身即最佳之研究工作，在未寫作前不能有真研究，在要真研究時則應以較有體系者為優先，有體系則能研究清楚，一系之理論清楚則又有助於他系之理論清楚，放在三系中應以「慎獨」及「誠意」二系為先，然「慎獨」又較「誠意」易於理解，因為「慎獨」是直接講，而「誠意」是透過辯論地講，故以「慎獨」為先，「誠意」次之，「慎獨」、「誠意」既已言明，則「主靜立人極」功夫理論雖體系不甚完備，然其義理已容易掌握，故而藉「主靜立人極」及「與主靜立人極相關之功夫思想」之討論，又可互相發明「慎獨」與「誠意」的深義，而最後在濂溪詮釋系統中之《太極圖說》及《通書》思想討論中，實已相當接近形上思想問題，而可扣合且轉引出下篇的討論了。

　　至於蕺山畢其一生致力於功夫理論之研究者，實又有其哲學史上的重要意義在。即在晚明儒學風氣中，士大夫行徑流於情識、浮蕩，而儒學研究中的本體理論有虛玄之病，形上思想有支離之病，是故蕺山最先即持守濂溪主靜的風格，以靜坐、收斂為修己之要，隨即發揮慎獨的功夫理論以謹凜獨體，便不於行徑上流於情識與浮蕩，晚年則更以朱子、陽明之說為批評之要而建立誠意理論以避免論本體的虛玄之病，並即在形上思想的發揮中，以合一的形上形下世界觀及一元的氣化宇宙論，來避免形上思想的支離之病，並配合

融貫的本體論以保證「主靜立人極」、「慎獨」、「誠意」三套功夫理論的有效性及一貫性。此即蕺山功夫理論之所以出現之緣由,亦即本篇討論之主題,而其形上思想部份則待下篇言。

第二章　從慎獨說到《中庸》詮釋系統的建立

第一節　蕺山詮釋《中庸》思想的理論脈絡

　　蕺山對中庸的詮釋，最重要的就是表現在慎獨理論的建立上，可謂一方面由慎獨功夫理論貫串了中庸詮釋的整個理論體系，建立了蕺山個人獨特的中庸學面貌；一方面更因藉中庸慎獨功夫理論的持舉，為儒學發展在宋明理學系統內揭開了功夫理論的新義，建立了蕺山功夫理論在中國哲學史上的重要地位。此外慎獨的功夫理論是在明末功夫理論的困境中提煉出來的，因此在理論提出過程中勢必要對做為功夫理論問題意識及理論建立原則作一釐清，因此藉著以慎獨說詮釋中庸的過程中，也展開了與其它理論系統的辯論，此時主要的敵論乃朱熹之靜存動察的功夫理論格局。

　　另外，在蕺山功夫理論的逐漸發展中，亦慢慢形成了一套相應的形上思想體系，此一形上思想體系之出現，實亦為蕺山在中庸、大學、濂溪思想的詮釋過程中逐漸形成的，因此在蕺山中庸思想的詮釋架構中，亦有作為蕺山形上思想重要理論來源的契機，此即表現在對中庸首章思想的詮釋上，尤其是藉「喜怒哀樂」以講出的整套形上體系內容者。

　　本章對蕺山之中庸詮釋系統的處理，重點將先放在慎獨功夫理論的闡釋，及藉慎獨說而貫串解釋的中庸思想詮釋上，然為顧及蕺山中庸詮釋的整體面貌不致支離，故亦將處理中庸首章之其它重要思想的討論，然而此一部份的工作亦非只是附帶，其重要性更將在下篇討論蕺山形上思想時發揮出來。

　　本章進行的次序將先討論慎獨功夫理論出現的幾個入徑，然後進行對

獨、獨體、獨知、獨位的細部內容說明，進而使蕺山的慎獨功夫理論全貌大顯，而此中又能藉蕺山與敵論之爭辯，看出蕺山與前哲意見分歧之重點。隨後便將討論蕺山對中庸首章思想的詮釋，並藉以一方面看出蕺山如何由慎獨理論以融通地解釋，一方面看出蕺山建立整個形上思想體系的契機。

本章之重點為討論慎獨功夫理論，然有兩個觀念必須事先說明。首先，慎獨在先秦典籍中乃同時出現於大學與中庸二書，然本文以之為中庸詮釋系統中事者，並非忽視慎獨在大學中的重要性，更無忽略蕺山藉大學慎獨說以發揮慎獨的實情，然究其實，大學固然談到慎獨思想，蕺山對慎獨的理論闡釋，卻仍以在中庸思想系統中進行者為多，可謂就中庸首章一篇之中，蕺山無有不藉慎獨以相互發明者，慎獨說在蕺山詮釋中庸裡才是真正的理論根源，至於在大學中的功夫理論發揮重點，是在知止、格致、誠意諸說上。故本章以蕺山慎獨功夫理論配合中庸詮釋系統的討論，既能顧及蕺山建立慎獨說的實際，又能不忽略慎獨說在其它詮釋脈絡的發展，就引介蕺山思想的重要精華之一——慎獨功夫而言，應是恰當的。

其次，慎獨做為功夫的理論，其實際的理論擴深是在獨、獨體、獨知、獨位的內容討論上，本章的處理方式是藉此四事以逐一明析地為之疏清其義。然而若就蕺山整個思想體系面貌擴清而言，慎獨的功夫理論乃須與誠意說、主靜立極說及其形上思想配合而觀，方才得能見出慎獨說理論的真義，然而依本論文之安排，此時尚未討論及誠意說及主靜立極功夫理論和其形上思想，是故有關蕺山慎獨說在其整體思想中的理論意義，本文將在以後諸章節中再適時說明。然而本章先對獨、獨體、獨位、獨知所做的詳細討論，亦仍有其整理蕺山理論的重要意義之不可忽視處。

以上說明蕺山詮釋中庸的理論脈絡以及本章的進行主題和方式，下節即先討論慎獨功夫的幾個不同理論入徑。

第二節　慎獨功夫的理論入徑

慎獨是功夫，蕺山早年的思想發展是在為時儒找出新的功夫理論，慎獨功夫即是其一，且在「年譜」所見最早的功夫理論即是慎獨說，繫於「年譜」四十八歲項下。〔註1〕此後蕺山一生之功夫理論即未曾脫離慎獨說，或以之為

〔註 1〕「夏五月戊申會講於解吟軒，……於是有慎獨之說焉。」《劉子全書及遺編》

主，或以之爲輔，即使建立新的功夫理論亦必申說與慎獨功夫之關係。然而亦因蕺山思想之階段性發展，慎獨功夫之理論亦有各期重點之不同。或於早年側重於以靜存說慎獨，或於「大學古記約義」中配合格物義之說慎獨，或於「中庸首章說」中配合天命之性及致中和等說慎獨，或於晚年配合誠意說之功夫理論而以慎獨爲誠意功夫者。可謂終蕺山一生論功夫，皆有慎獨說之重要地位，但也有各種面貌之不同。以下即一一申說之。

　　此外，慎獨之功夫必要有本體以爲其內容，本節處理慎獨功夫思想建立之過程及其與格致、誠意、靜存、致中和等功夫之關係以爲其理論入徑之說明後，便將於後幾節討論慎獨的本體問題。

一、以靜存說慎獨

　　前已言及，慎獨說是蕺山一生堅守的功夫理論，但也因此使得蕺山對慎獨理論的討論有諸多不同的入徑，早年的蕺山風格是喜歡靜坐，喜歡收斂身心，這也是蕺山自始即深契濂溪風格所致，然此時完備的思想體系尚未建立，但爲對矯時弊而創發新的功夫義理的性格已顯，於是配合其喜靜喜收斂的濂溪風格，遂首先揭出慎獨理論以爲功夫理論的宗旨，並即從靜存義切入慎獨理論，蕺山子劉洵於「年譜」四十八歲項下便曾記曰：

> ……遂攜洵課讀於韓山草堂，專用慎獨之功，謂獨只在靜存，靜時不得力，動時如何用功夫，先儒以慎獨爲省察之功，先生以慎獨爲存養之功……〔註2〕

> 問慎獨專屬之靜存，則動時功夫果全無用否，先生曰如樹木有根方有枝葉，栽培灌漑都在根上用，枝葉上如何著得一毫，如靜存不得力，纔喜纔怒時便會走作，此時如何用得功夫，苟能一如其未發之體而發，此時一毫私意著不得，又如何用功夫，若走作後便覺得，便與他痛改，此時喜怒已過了，仍是靜存功夫也。〔註3〕

蕺山早年說慎獨功夫時，是以當時他所注意到的功夫問題爲論說依據，四十八歲左右的蕺山對朱子靜時存養、動時省察之說已有所悟，但不喜此說，反

　　　明，劉宗周撰，中文出版社，1981年6月出版，（以下簡稱《全書》）卷四一，頁894，〈年譜〉，四十八歲。
〔註2〕《全書》卷四一，頁895，〈年譜〉，四十九歲。
〔註3〕《全書》卷四一，頁895，〈年譜〉，四十九歲。

而偏喜周子主靜立極之說，故仍就朱子之靜存動察之說中，取周子主靜去朱子之動察匯合而提出以慎獨乃專屬靜存功夫之說法，「若靜時不得力，動時如何用功夫」，又若於走作後才痛改，此時又是靜中事，非關動察事也。蕺山在此時對慎獨功夫入徑之處理，在往後卻迭有所變，甚至所藉之周子主靜之說亦不只落在靜存上談，而能在陰陽動靜等本體問題的架構下談主靜，至於已發未發亦合為一貫，亦不只強調「一如其未發之體而發」的功夫義。然此皆晚後之思想，四十八歲左右提慎獨說時，則確實是就著在靜存中作慎獨功夫的格局來談的。總之，以靜存來說慎獨，仍只是慎獨理論最早期的內涵，且是從反對朱子靜存動察的說功夫格局下談的，為了顧及漸進式地敘述蕺山學，本文在此僅先提出四十八歲前後的蕺山談慎獨之初義，即從靜存義而初立的入手一步。（有關靜存與慎獨理論的最充分討論，將在本篇第四章談蕺山對濂溪思想的詮釋中再做處理，其中談「涵養與靜存、主靜之關係」一段便有最清楚的交待。）下段續談慎獨理論出現的另一入徑，即從大學上請來的慎獨功夫。

二、以《大學》八目說慎獨

蕺山以大學章句論慎獨功夫時有兩個明顯不同的階段。早先為《大學古記約義》中的〈慎獨章〉，其後為建立誠意說之後的說法。《大學古記約義》是蕺山五十二歲談大學理論之作，在蕺山整個大學詮釋系統中有極重要的地位，幾乎除了誠意與格物致知理論偏重的改變之外，其餘重要大學詮釋思想皆已決定於此，因此一方面配合《約義》一書中蕺山自己功夫理論的擴深而發展了慎獨的功夫理論，一方面由於對格致誠正的不同詮釋，蕺山對慎獨功夫亦有不同的安排。此外，在大學章句中，慎獨原只是誠意章下的一項功夫，而蕺山卻在《約義》一書中特立章節以討論之，正又可見蕺山對慎獨功夫之重視不是一時一地，而是終蕺山所有功夫理論中之首要者，遂能於談大學的理論中，獨立「慎獨章」以申論之。

蕺山云：

> ……慎獨者格之始事也，君子之為學也，非能藏身而不動，杜口而不言，絕天下之耳目而不與交也。終日言，而其所以言者，人不得而聞也，自聞而已矣：終日動，而其所以動者，人不可得而見也，自見而已矣。自聞自見者，自知者也，吾求之自焉，使此心常知常

定常靜常安常慮而常得，慎之至也。慎則無所不慎矣，始求之好惡
之機得吾誠焉，所以慎之於意也：因求之喜怒哀樂之發，得吾正焉，
所以慎之於心也；又求之親愛賤惡畏敬哀矜敖惰之所之，得吾修焉，
所以慎之於身也；又求之孝弟慈得吾齊焉，所以慎之於家也；又求
之事君事長使眾得吾治焉，所以慎之於國也；又求之民好民惡明明
德於天下焉，所以慎之於天下也；而實天下而本於國、本於家、本
於身、本於心、本於意、本於知、合於物，乃所以為慎獨也。慎獨
也者人以為誠意之功，而不知即格致之功也，人以為格致之功，而
不知即明明德於天下遞先之功也，大學之道一言以蔽之，曰慎獨而
已矣。大學言慎獨，中庸亦言慎獨，慎獨之外別無學也。……〔註4〕

在《約義》中所談的慎獨是把慎獨作為格致的功夫。蕺山《約義》的理論體
系中，所重視仍為格物致知的義理開展而非誠意，這點，在《約義》的〈格
致章〉中也有明顯的證據。〔註5〕此與其受朱子重格致之影響有關。然而在功
夫的一貫性及格物致知的內容上，卻不同於朱子的理論。（詳細的討論暫時留
待第三章大學詮釋系統中再談），此處只談慎獨功夫的內容，此即以慎獨同於
大學八目的功夫。前已言之，慎獨既為格致的功夫，格致者即格其物有本末
之物，致其知所先後之知，〔註6〕其功夫之具體內容即在誠意正心修身齊家治
國平天下。是故慎獨的功夫，即慎之於意、慎之於心、慎之於身、慎之於家、
慎之於國、慎之於天下，而合於大學八目全部的功夫中，蕺山在《約義》中
既以格致總括大學功夫，而慎獨功夫又合於大學八目的功夫，則慎獨自當為
格致之功夫而已，而其實義則是大學八目之事。至蕺山五十九歲做「丙子獨
證篇」後，蕺山立誠意說，並以誠意總括大學八目時，則轉而言慎獨是誠意
功夫，〔註7〕然而由於格致是為誠意而設，「格致者，誠意之功，功夫結在主

〔註4〕　《全書》頁850，《大學古記約義‧慎獨章》，五十二歲。
〔註5〕　《全書》頁849，《大學古記約義‧格致章》，五十二歲。
　　　　「其實曉得大學真頭腦則格致誠正不作二觀，分言之可合言之亦可，蓋大學
　　　　八條目遞推之以求主腦之所在，而歸功於格致，若格非其格致非其致則雖八
　　　　者一齊俱到，其為無頭之病一也……孔門之學無往而不以格致為第一義
　　　　者……自格致之旨晦而聖學淪於多歧……」。此外，《約義》中有〈止善章〉，
　　　　有〈格致章〉，有〈慎獨章〉，卻無〈誠意章〉亦可為証。
〔註6〕　參考《大學古記約義‧格致章》，或本論文第三章。
〔註7〕　《全書》卷四十，頁917。〈年譜〉，六十二歲。
　　　　「先生讀大學曰，大學之道，誠意而已矣，誠意之功，慎獨而已矣……故格

意中，方爲眞功夫。」〔註8〕故愼獨亦不妨其仍爲格致功夫，故蕺山在同一時期仍表示這樣的意見：

> 愼獨是學問第一義，言愼獨而身心意知家國天下一齊俱到，故在大學爲格物下手處，在中庸爲上達天德統宗徹上徹下之道也。〔註9〕
>
> ……大學言格致而未有正傳，獨於誠意章言愼獨，明乎愼獨即格致第一義，故中庸止言愼獨，而徹之顯直達天載，後之入道者必於此求之矣。」〔註10〕

愼獨雖繫於格致之下，最終仍歸誠意，此爲蕺山立誠意說之格局。若在《約義》時期，則只繫於格致功夫下即可，然而繫於誠意或格致均不妨礙愼獨功夫之即爲大學八目功夫，這才是重點所在。由上所說，一方面看出蕺山詮釋大學之理論演進，一方面看出蕺山從未忽略愼獨功夫在其功夫理論中的重要性；更進一步可以看出蕺山合中庸愼獨功夫於大學功夫理論體系中之企圖心，以及論功夫時以社會事功爲最具體內容的儒學特色。總結上言，蕺山在不同時期的大學章句脈絡下解愼獨者，有同有異，相同點在於「言愼獨則身心意知家國天下一齊俱到」，不同點在於愼獨是依格致功夫抑或誠意功夫項下而已。然而此殊義之要點，其實是在言格致及言誠意至平天下六目功夫之層次不同上，誠意至平天下六目乃實際的行的功夫，格致只知的功夫，愼獨合於格致只謂由格致知六目之本末而由愼獨行去；愼獨合於餘六目卻爲愼獨即此六目中事而已。然此義須待下章談格致與誠意之兩層功夫義理並藉愼獨以明之之後才見得清楚，此處只須知曉蕺山亦有以大學義理說愼獨之一入徑即可，而其實義即爲以愼獨功夫即八目功夫，而若究其詳，則又實爲只誠意以上六目之事者。

三、以所有儒學功夫義理說愼獨

《大學古記約義》爲蕺山五十二歲談大學理論之著作，但在此書「愼獨章」中仍有不涉大學理論的對愼獨功夫之討論內容，茲錄於下：

> 大學言愼獨，中庸亦言愼獨，愼獨之外別無學也，在虞廷爲允執厥

物致如爲誠意而設……誠意者大學之專義也……愼獨乃誠意之功……」
〔註8〕《全書》卷十，頁156，〈學言上〉，上欄左。
〔註9〕《全書》卷十，頁159，〈學言上〉，上欄右，五十九歲。
〔註10〕《全書》卷十九，頁239，《論學書·與錢生仲芳》，六十歲。

中，在禹爲克艱，在湯爲聖敬日躋，在文王爲小心翼翼，至孔門始
單提直指以爲學的，其見於論孟則曰非禮勿視聽言動，曰見賓承祭，
曰求放心，皆此意也；而伊洛淵源遂以一敬爲入道之門，朱子則析
之曰涵養須用敬，進學則在致知，故於大學分格致誠正爲兩截事，
至解慎獨又以爲動而省察邊事，先此更有一段靜存功夫，則愈析而
愈支矣；故陽明子反之曰慎獨即是致良知，即知即行即動即靜，庶
幾心學獨窺一源，總之獨無動靜者也，其有時而動靜焉，動亦慎、
靜亦慎也，而靜爲主，使非靜時做得主張，則動而馳矣，如挽逝波
其可及乎，動而常知止焉則常靜矣，周子曰主靜立人極是也。君子
之學盡性而已矣，盡性者止至善也，性無動靜、知無動靜、學亦無
動靜，如靜而不知動者，并其靜而非也，如動而不知靜者，并其動
而非也，如動知靜而不知無動靜，并其動靜而亦非也。知乎此者，
庶幾可以語慎獨之學矣。」〔註11〕

此文正顯示蕺山有以先儒所有言功夫之義理皆即爲慎獨之企圖者，首先，慎獨
之功夫是通先秦孔孟諸儒之論功夫諸語，其意即指慎獨不是特定的一項新功
夫，它實在就是傳統儒學的任何一項功夫，只是各以不同名稱指出而已，而慎
獨在大學、中庸提出之後，蕺山所強調的只是慎獨是功夫中最足提綱契領者。
至於宋明儒者承續儒學傳統後所提之所有功夫亦爲同此一脈，皆可以慎獨指
之，或以慎獨匯通者。然而宋明諸儒所論之功夫，在蕺山眼中又有若干缺點，
其中朱子之論功夫總劃分兩截，蕺山即以之爲支離，朱子在靜存動察格局不談
慎獨爲動察邊事，蕺山即反對，此義在蕺山慎獨說之最早階段中即已出現，蕺
山順此一路提出陽明致良知之功夫，以致良知即慎獨以反顯朱子言動察之不
當，在陽明功夫理論的特色下，即知即行，即動即靜，是故慎獨更不分於動靜，
動亦慎，靜亦慎，然仍以靜爲主。此文中見蕺山似將脫離早期慎獨說只重靜存
之格局，然此時蕺山對於周子主靜立人極的理論尚未有深刻的探究，要一直到
六十歲著「辯解太極之誤」之時期前後，對動靜之功夫或本體之討論有所擴深
之後，才更談得清楚（我們將留待後文再作討論）。故於此處之言慎獨，基本上
仍屬早一階段重靜存之理論，誠如其言：「動亦慎、靜亦慎也，而靜爲主，使非
靜時做得主張，則動而馳矣，如挽逝波其可及乎。」〔註12〕

〔註11〕《全書》卷三八，頁850，《大學古記約義‧慎獨章》，五十二歲。
〔註12〕同前註。

四、以《中庸》識天命之性及致中和說慎獨

蕺山在中庸理論脈絡下所說的慎獨與中庸原意之異同，此暫不論。然中庸全篇原皆已為慎獨之理論來源，由中庸找慎獨理論之入徑可謂俯拾即是，尤其本章後文談中庸首章思想之詮釋中，即為慎獨義在中庸詮釋中的整體發揮者，然此處只簡單談入徑，暫不談發揮，故僅取其要以言之，重點只在藉以彰顯慎獨功夫之特有性格，一如前之以靜的功夫型態言，及大學八目之實功言，及以慎獨即儒學所言之一般功夫言者。蕺山在中庸脈絡下之言慎獨，有兩個最重要的理論，一為配識天命之性、一為配致中知，此皆慎獨功夫之效用。首先，透過慎獨功夫可以識天命之性，「或曰慎獨是第二義，學者須先識天命之性否，曰不慎獨如何識得天命之性。」〔註13〕此一說法須有獨與性的本體上的關係方可成立，此將於下節處理。慎獨既可識天命之性，又因天命之性乃流貫天地萬物並為之主宰者，是故在慎獨之可識天命之性義之稍一轉折，則仁人君子由慎獨功夫入徑一步豈不即應同時擔負天命之性之流行之責，此義在隨後諸文中亦將有所討論，此處僅點明慎獨在此中庸理論入徑中，是有將中庸天命之性之大用義藉由慎獨以識之之後，得更能由慎獨以行之而承擔下來之義。因此，在「天命之謂性，率性之謂道，修道之謂教」的中庸理論下，慎獨功夫即由之「以無忝率性之道而已」，〔註14〕此一說法的特色在於慎獨功夫不只是內修於個人之變化氣質而已，也不只是內證於人心之通於天命而已，更具體的慎獨功夫之實義在於日用人倫之實踐，一如在大學中的慎獨功夫，蕺山也是以之合於大學八目的功夫，亦即是在誠意、正心、修身、齊家、治國、平天下等。慎獨並非沒有內修內證上之意義，此在下節即欲將蕺山在這方面的討論一起提出，但在蕺山解中庸中，慎獨作為功夫的實義，卻實實在在地表現在具體實踐之中，中庸的具體實踐功夫，最明顯的是在「致中和，天地位焉、萬物育焉。」的說法中，而蕺山也正有以慎獨說合致中和者：

> 中庸是有源頭學問，說本體先說箇天命之性，識得天命之性則率性
> 之道修道之教在其中，說功夫只說箇慎獨，獨即中體，識得慎獨，
> 則發皆中節，天地萬物在其中矣。〔註15〕

〔註13〕 《全書》卷十，頁158，〈學言上〉，下欄右，五十九歲。
〔註14〕 《全書》卷一，頁44，《人譜‧証人要旨第四》，敦大倫以凝道，五十七歲。
〔註15〕 《全書》卷十，頁153，〈學言上〉，上欄左，五十九歲。

　　……致中和而要之於慎獨云，慎獨所以致中和。〔註16〕

　　……慎獨之功致中以立天下之大本，而達道之和，即此而在……
〔註17〕

　　君子由慎獨以致吾中和。〔註18〕

由慎獨功夫乃所以致中和者推證到慎獨功夫能有致中和之實效，此即蕺山言慎獨功夫合於日用常行及社會事功之實際事業上言者，而非只在內修內證上談個人的心性修養。此外，蕺山亦提出慎獨功夫在致中和意義上朱子、陽明理論之誤，朱子總喜二分功夫，故以慎獨為動察邊上事，而陽明即事言理，又以致中無功夫，功夫只在致和上，故蕺山兩糾之，在六十歲前後功夫本體理論融為一事之階段中，提出存發一機、中和一性之說，故無隱見微顯之別，本體、功夫打合一起，致中則達道之和即此而在，遂不分中和，而慎獨之功即合中和而言。〔註19〕有關致中和的詳細義理，將在下節再談，此處只指明致中和義亦為蕺山建立慎獨說入徑之又一路即可。本節所談之蕺山的慎獨說，偏重於從功夫的關係上介紹了蕺山約幾個不同立說脈絡，下節起則將較側重於以本體問題的討論為出發，再談慎獨的功夫內容。

第三節　慎獨說的重要理論內容

　　蕺山建立慎獨說的理論並非一時一地之作，也非只限在中庸脈絡中談，是故整個慎獨說的內容既涵蓋不同時期功夫理論，更有以不同脈絡以為入徑者，此亦即前節所論之重點，然為更能明瞭慎獨功夫理論之實義，本節則再以獨、獨體、獨知、獨位等名相，從功夫和本體的多面向來討論慎獨理論，然此四事中，又實皆慎獨理論所涵者，只蕺山由於慎獨理論之發揮中所處理問題確實太多，為詳細釐清慎獨之全義，不得不藉名相差異之外緣以為釐清之線索，然為避免反生支離之病，故行文時亦將多顧及彼此關係之交待，以下即將一一析論之。

〔註16〕《全書》卷十一，頁167，〈學言中〉，六十歲。
〔註17〕《全書》卷四十，頁914，〈年譜〉，六十歲，按語。
〔註18〕參見附錄一，〈中庸首章說〉。
〔註19〕《全書》卷四十，頁914，〈年譜〉，六十歲。

一、由獨說慎獨的本體及功夫

本節將從「獨」的概念入手，分配在周子、大學、中庸等詮釋脈絡中，討論蕺山慎獨說的功夫理論及本體義。此外，慎獨是功夫，因此對獨的討論，有時將之作為本體概念以釋義之，有時併入慎獨功夫討論。是故討論獨時，一方面是談論獨的本體義，一方面也是談慎獨的功夫。然而獨與獨體二義時有互通，只因蕺山原已有此二名之差異，遂亦暫分而言之，故談獨時先側重前節諸慎獨理論入徑脈絡中對獨概念的闡釋，至於獨之本體義中諸事，將留待下段談獨體概念時再更集中討論。

（一）從濂溪思想脈絡詮釋獨的功夫及本體

「年譜」四十九歲謂「獨只在靜存」，〔註20〕這是以獨的概念說慎獨的功夫，意思是說慎獨功夫只在靜存，意即在動察或其它狀態中，便不是慎獨，此其一。又，在《會錄》中有言：「靜中養出端倪，端倪即意即獨即天。」。〔註21〕此為獨的本體意涵同於意、同於天，同時也就是靜中功夫所養的端倪，此端倪自是行事的初機，其合於意與天，意與天之實義由於《會錄》著作年代不定，不能明指，但以蕺山思想架構來看，應可推測即為誠意說建立之後的意，意是主宰，是好惡一機，獨即意；而天應即指天命之性之天，仍是儒學本體概念中之天，故獨亦是天。獨是意是天又是靜中養之端倪，此三者皆為在慎獨功夫理論下從濂溪思想脈絡對獨字概念作一本體上的說明者。

在《學言上》，一開頭第二條蕺山又言：「獨者靜之神、動之機也，動而無妄曰靜，慎之至也，是謂主靜立極。」，〔註22〕獨為靜之神、動之機，神與機都是那一點端倪，既是本體又是功夫，都是行事時的主宰，重點在於此時的行事為「動而無妄曰靜，慎之至也。」故而是合慎獨與主靜立極功夫來談獨的，這也是蕺山在濂溪思想脈絡下談慎獨功夫時對獨的討論。

在《遺編學言》裡，蕺山又言：

> 獨便是太極，喜怒哀樂便是太極之陽動陰靜，天地位萬物育便是乾道成男坤道成女，萬物化生，盈天地間只是一點太和元氣流行，而未發之中實為之樞紐其間，是為無極而太極。〔註23〕

〔註20〕《全書》卷四十，頁895，〈年譜〉四十九歲。
〔註21〕《全書》卷十三，頁204，《會錄》，下欄左。
〔註22〕《全書》卷十，頁144，〈學言上〉，上欄左，四十三歲前。
〔註23〕《全書》遺編卷二，頁987，《遺編學言》，上欄左。

此文則爲合中庸功夫理論與周子《太極圖說》的功夫理論，而「獨便是太極」則正爲兩套功夫理論可以相合的本體基礎。此外，在五十九歲，《學言上》又言「獨者心極也，心本無極，而氣機之流行不能無屈伸往來消長之位，是爲二儀，而中和從此名焉。……」〔註24〕蕺山謂獨爲心極及謂獨爲二儀及中和之名之所從出者，皆爲合周子與中庸詮釋系統之理論格式。而心極者乃太極之轉語，周子言主靜立極，所立者即人極，蕺山仿周子《太極圖說》著《人極圖說》，開宗明義即說「無善而至善心之體也」，〔註25〕此即因人以心言，故於人中立個心極，指其乾坤、男女、陰陽、動靜、中和流行等之樞極，而獨者即此樞極。因以人言，是爲心極，可見獨之概念在周子系統之詮釋中，其本體上的地位已全相融。以上乃蕺山詮釋獨之概念時若干與周子思想脈絡有關之討論，以下處理獨之概念在中庸思想脈絡下之發揮者。

（二）在《中庸》詮釋脈絡裡對獨的討論

蕺山五十五歲，在「答履思書」中有言：「獨只是未發之中，未發之中正是不學不慮眞根底處。」，〔註26〕五十九歲，在《學言上》有言「獨其中體，識得愼獨，則發皆中節，天地萬物在其中矣。」，〔註27〕「年譜」六十歲按語中有言「先生謂獨中具有喜怒哀樂四者。」，〔註28〕中庸有言：「喜怒哀樂之未發，謂之中，發而皆中節，謂之和，中也者，天下之大本也，和也者，天下之達道也，致中和，天地位焉，萬物育焉。」。因此，所引蕺山上述諸文，實即蕺山以獨詮釋喜怒哀樂未發之中的表示，獨非只爲獨自一人之狀態，獨實有其本體上的意涵，即爲中庸的喜怒哀樂未發之中，此一詮釋配合愼獨的功夫理論，則愼獨即爲致中。然前已言及，蕺山合已未發合中和，談功夫是一貫，談本體是融貫，故致中即致和，立天下之大本，則天下之達道即此而在，故愼獨不只致中，愼獨實即致中和。然愼獨乃致中或致中和，又都須當此獨在本體上即此中之後方可。此亦蕺山在中庸詮釋系統中須以獨爲中，以配合愼獨功夫理論之目的所在，「年譜」五十五歲按語中有言，「一獨耳，指具體謂之中，指其用謂之和。」，〔註29〕則堪稱前述所言之最佳註腳。

〔註24〕《全書》卷十，頁157，〈學言上〉，上欄左，五十九歲。
〔註25〕《全書》卷一，頁42，《人譜》，五十七歲。
〔註26〕《全書》卷十九，頁337，《論學書·答履思六》，五十五歲。
〔註27〕《全書》卷十，頁153，〈學言上〉，上欄左，五十九歲。
〔註28〕《全書》卷四十，頁914，〈年譜〉，六十歲。
〔註29〕《全書》卷四十，頁905，〈年譜〉，五十五歲。

以未發之中談獨，此其一也。另有以隱見顯微談獨者。六十六歲，《學言下》有言：「中庸疏獨，曰隱曰微、曰不睹不聞。」，〔註30〕五十九歲，《學言上》又言：「莫見乎隱，亦莫隱乎見，莫顯乎微，亦莫微乎顯，此之謂無隱見無顯微，無隱見顯微之謂獨，故君子慎之。」，〔註31〕此二文似有表面文字上的歧義，其實不然。以隱微、不睹不聞疏獨是初義，類似於把獨當作獨處、獨自時之作慎獨功夫者，但慎獨功夫之真正發揮，又必合大學八目亦合中庸致中和，是在行事之中看出慎獨之功，且即上合天道，為天命流行中事也，而非只內修自證而已，故即見即隱即顯即微，故無隱見顯微，必行之於事業方可謂慎獨之實功。以此義疏解之慎獨同於以下二文：「獨者離眾而言，亦即眾而言。」，〔註32〕及「學不知本，即燕居獨處猶存表暴之跡，學苟知本，即大廷廣眾總歸闇淡之神，固知獨不以地言也。」，〔註33〕是故獨以隱微不睹不聞是以地言，是獨之初義，而獨以無隱見顯微是即眾而言，是不以地言，是慎獨功夫之實義，是獨之以功夫言者。

由上所言，如獨在中庸是未發之中，是隱是微是不睹不聞，亦皆已有本體義，至以獨為中庸天命之性言時，獨之本體義便已全顯，此待下段藉「獨體」談獨之本體義時將更言明。

（三）在《大學》詮釋脈絡裡對獨的討論

《大學雜言》中有言「慎獨是格物第一義，纔言獨便是一物，此處如何用功夫，只戒謹恐懼，是格此物正當處。」，〔註34〕在大學中以獨為一物，那是配合《大學古記約義》中格物說而建立的，《約義》言格物是格其物有本末之物，本末者即八目功夫的遞先次序，慎獨既是格物之功，則獨正應為一物，且此物正應統合諸物，因格物總括八目功夫，格其物有本末之物正是八目功夫的始終先後，打合一起，而慎獨亦總括八目功夫，故獨之為物亦應總合八目之物，即總合天下國家身心意知物者。《大學雜言》中亦有言：「才言物，而身與家國天下一齊都到面前。」，〔註35〕此外，蕺山於《約義‧慎獨章》所言更明：

小人之學從人分上用功故的然日亡，君子之學從己分上用功故闇然

〔註30〕 《全書》卷十二，頁184，〈學言下〉，上欄右，六十六歲。
〔註31〕 《全書》卷十，頁157，〈學言上〉，上欄左，五十九成。
〔註32〕 《全書》卷三八，頁855，《大學雜言》，下欄左。
〔註33〕 《全書》卷三八，頁856，《大學雜言》，上欄右。
〔註34〕 《全書》卷三八，頁855，《大學雜言》，下欄左。
〔註35〕 《全書》卷三八，頁852，《大學雜言》，上欄右。

日章，闇然者獨之地也，君子之學未嘗不從人分用功來，而獨實其根底之地……君子之學先天下而本之國，先國而本之家，與身亦屬之己矣。又自身而本之心本之意本之知，本至此無可推求無可揣控，而其爲己也隱且微矣，隱微之地，是名曰獨，其爲何物乎？本無一物之中而物物具焉，此至善之所統會也。致知在格物，格此而已，獨者物之本，而慎獨者格之始事也。〔註36〕

由上言，獨是君子之學從己分上用功的闇然之地，或說是從人分上用功的根底之地，君子之學從天下而國家而身心意知而根底之己，其爲己也隱矣，是故名爲獨。此獨之爲物已無更根底者之可做，故獨之中本已無一物可言，然此獨則正爲天下國家身心意知之所依，故又物物具焉。若以慎獨功夫言，天下國家身心意皆其所慎之者，故慎獨之中實含此諸物，此物之物義實只爲行事之對象，行事在天下，天下即此物；在國家亦此物；在身心意知，身心意知亦此物。故獨之爲物，因其隱微不見，故本無一物，復因此慎獨功夫之量大，故又物物具焉，故名爲至善之統會，獨者物之本也。以上論獨之爲物者，只因蕺山合中庸慎獨功夫於大學格致功夫之中，又因慎獨爲格物之功，遂以獨爲物，此即獨之即天下國家身心意知以爲其體者，亦即可推得慎獨功夫乃即誠意、正心、修身、齊家、治國、平天下等以爲功夫之實際者。

此外，在大學脈絡所談之獨者，又有合獨於意之說。此說在前面已曾提及，應該注意的是，以獨合意之說在蕺山五十二歲著《約義》時沒有出現，必須是在丙子後立誠意功夫理論之後才有可能提出的。蕺山於六十六歲「答史子復書」中有言「……故好惡兩在而一機，所以謂之獨……獨即意也，如獨之謂意，則意以所存言而不專以所發言明矣」，〔註37〕合獨於意，是獨的本體上的釋義，而此條文所重者，在藉獨之本體義以反證意之非以所發言者，意之非以所發言之理論，我們將在第三章中再詳細討論，此處則只簡言如下：蕺山反對陽明「四句教」中有善有惡意之動一句，意不以動言，則非心之所發明矣。是故蕺山必須建立意爲心之所存之理論，〔註38〕以反對有善有惡之動的說法，是故藉慎獨功夫之理論以證之。獨爲中體，爲喜怒哀樂之未發，故以獨合意，則意非心

〔註36〕　《全書》卷三八，頁850，《大學古記約義‧慎獨章》，五十二歲。
〔註37〕　《全書》卷十九，頁359，《論學書‧答史子復》，六十六歲。
〔註38〕　參見《全書》卷十九，頁358，《論學書‧答史子復》。及本篇第三章之意的本體理論部份。

之所發而應爲未發，而可爲心之所存明矣。故不得謂有善有惡意之動亦明矣。
而意以所存言，又正可爲誠意的本體基礎，此即藉獨以證意的理論過程，亦爲
蕺山在以大學脈絡詮釋慎獨功夫時稱獨爲意之後之理論效用所在。

二、獨體思想的義理開展

（一）獨體與獨

　　獨體與獨在概念上沒有太大的差別，而其名相之異，只顯示獨體乃更在
本體上討論獨者。在中庸思想脈絡解釋獨之爲中時，是談的獨的體義，談致
中即致中和，立中之大本則和之達道即此而在時，是談的用義，蕺山在五十
九歲《學言上》中有言：「問中便是獨體否，曰然。一獨耳，指具體謂之中，
指其用謂之和。」〔註39〕此與「年譜」五十五歲之按語中所載者相同，皆是
以本體義說獨和獨體者。由此可知獨與獨體沒有太大的意義上的差別，只是
獨體側重於表現獨的本體義而已。獨之本體義不只以中庸之中言，蕺山更以
微、以天命之性、以天樞、以太極動靜表之，以下即將一一申言之。然若就
前段所言，則由獨體專言獨之本體義時，亦須配合前段之端倪、靜之神、動
之機、天、意、太極、心極、隱、微、不睹不聞、物之本、至善之所統會也
諸義方才備足矣。

（二）獨體是微

　　蕺山於五十九歲丙子《學言上》中有言：「……獨體只是箇微字，慎獨之
功亦只於微處下一著子，故曰道心惟微。」，〔註40〕此與「年譜」五十五歲按
語中所載亦同，以獨體只是個微而言慎獨之功只是於微處下一著子。然而如
何下法，蕺山於五十七歲《人譜》「證人要旨」第一「凜閒居以體獨」中有言：
「然獨體至微安所容慎，惟有一獨處之時可爲下手法，而在小人仍謂之閒居
爲不善無所不至。」，〔註41〕另於《大學雜言》又言：「小人無獨，君子無閒
居。」，〔註42〕此處所論之獨體是微，指的是道心惟微之機及莫顯乎微之地，
則欲把握此機之微此地之微而作慎此獨之微之功夫時，則只有在凜閒居之
時，或獨處之時，可爲下手法。是故對君子而言，閒居一凜即入獨境；對小

〔註39〕《全書》卷十，頁158，〈學言上〉，下欄左，五十九歲。
〔註40〕《全書》卷十，頁155，〈學言上〉，上欄左，五十九歲。
〔註41〕《全書》卷一，頁43，《人譜・証人要旨一》，五十七歲。
〔註42〕《全書》卷三八，頁856，《大學雜言》，上欄右。

人而言，小人肆無忌憚學不知本，即便獨處之時妄心雜念紛紛而至亦下不得慎獨之功。是故君子無閒居，小人無獨。然而，獨處之時只是個下手法，是因獨體之至微故不得不如此下手，然而這也只是初手，下手之後，慎獨之功合於大學八目，合於中庸致中和位育天地萬物，終不曾只以獨處之下手限制此慎獨功夫之發揮矣。此處談獨體之微及慎獨之於微處下手者，只是以獨體之境作爲慎獨功夫之下手處而言者，若再深論獨體之本體義時，則除此獨體之以獨之境之微義而論之外，尚有以獨體之天命之性的本體說之者。而獨體之微義更因此能轉入獨體之本體義，故此微之中又可藉「由微之顯」之義理發揮，而使此微之義除能以境言外，更能即直指天命之性之本禮義者，此一微義之發揮將待下節詳言。

（三）獨體是天命之性

　　獨體是天命之性，則獨體之本體義已大顯，惟其是天命之性，故而獨體是本體，是儒學義理中屬於形上本體世界中之本體者，則前述由獨言也好，由獨體言也好，其作爲本體之理據，旨在獨體是在天命之性中獲得。天命之性在所有儒學義理中有其諸多大用在，獨體既爲天命之性，則天命之性之大用便須由獨體承擔，以下即言之。蕺山於《證人要旨》首段「凜閒居以體獨」時即已提到獨體是天命之性：

> 學以學爲人，則必證其所以爲人，證其所以爲人證其所以爲心而已，自其孔門相傳心法，一則曰慎獨，再則曰慎獨，夫人心有獨體焉，即天命之性，而率性之道所從出也。慎獨而中和位育，天下之能事畢矣。〔註43〕

五十九歲《學言上》又言：「鬼神之爲德其盛矣，指獨體也，天命之性也。」〔註44〕及「天命之謂性，此獨體也。」〔註45〕以獨體爲天命之性是本體義上的極致，其理論效用之一，在於可以獨體爲率性之道之所從出者，然而「夫人心有獨體焉。」獨體本在人心中，今蕺山以獨體言天命之性則是直把獨體等同於天道，《學言中》有言「誠者天之道也獨之體也，誠之者人之道也慎獨之功也。」，〔註46〕誠者天之道，誠之者人之道，乃中庸之至言，蕺山以慎獨

〔註43〕《全書》卷一，頁 43，《人譜‧証人要旨一》，五十七歲。
〔註44〕《全書》卷十，頁 153，〈學言上〉，下欄右，五十九歲。
〔註45〕《全書》卷十，頁 158，〈學言上〉，下欄左，五十九歲。
〔註46〕《全書》卷十一，頁 168，〈學言中〉，上欄左，六十歲。

合人之道，則人之道在慎獨功夫中，可合天之道，本於人心中之獨體可以天道言，可以天命之性言，可爲率性之道之所從出者，則獨體雖從人心來，若論究其本體意涵，則獨體已是天命之性矣。獨體既是天命之性，則獨體之運旋便有天命之性之大化流行義，蕺山於「中庸首章大義」中即已以生生之理說此天命之流行者：

> 盈天地間皆道也，而統之不外乎人心，人之所以爲心者，性而已矣，以其出於固有而無假於外鑠也，故表之爲天命云。維天之命，於穆不已，天之所以爲天也，天即理之別名，此理生生不已處即是命，以爲別有蒼蒼之天，諄諄之命者非也，率此性而道在是，道即性也，脩此性而教立焉，性至此有全能也。〔註47〕

此段合人心於性，復合性於天，天非蒼蒼之天，天只是生生不已之理。故心、性、天得合一，天之所以爲天也只是這個「維天之命於穆不已」，故自人心中來之獨體，既爲天命之性，便即可與天同運矣，是故蕺山於六十六歲著《易衍》時，便於第十章中言道：

> 君子仰觀於天而得先天之易焉，維天之命於穆不已，蓋曰天之所以爲天也。是故君子戒慎乎其所不睹，恐懼乎其所不聞，此慎獨之說也。至哉獨乎隱乎微乎穆穆乎不已者乎，蓋曰心之所以爲心也，則心一天也，獨體不息之中，而一元常運……故曰體用一原、顯微無間，君子所以必慎其獨也。此性宗也。〔註48〕

蓋天之所以爲天，只是一「維天之命於穆不已」，而心之所以爲心也只是一「獨乎、隱乎、微乎、穆穆乎不已者乎」，故「心一天也」，心中即有天運也，獨體即天命之性，獨體不息之運中使與先天之易同理同運。

又，以心即天而言獨者，在蕺山四十四歲做「獨箴」時，開宗明義又已言之：「聖學本心，惟心本天，維玄維默，體乎太虛，因所不見，是名曰獨。」，〔註49〕總此獨體是天命之性義，並即天命之性之主宰於大化流行之天體義，獨體則又可以其運旋爲即是天道之運旋，故獨體又可謂之爲天體者。「獨體即天體。」在蕺山六十多歲示金鉉鮑濱二生之書中之亦以圖明示之，〔註50〕而

〔註47〕 「中庸首章大義」，（或稱中庸首章說），參見附錄一（因《全書》所錄有缺文，故補之於後）。

〔註48〕 《全書》卷二，頁56，《易衍》，六十六歲。

〔註49〕 《全書》卷十三，頁485，《獨箴》。

〔註50〕 《全書》卷十九，頁344，《論學書·示金鉉鮑濱二生》，六十歲。

以獨體爲天體，復有一義是以獨體爲天樞，天樞是天之以樞紐運旋言者，獨體爲天體，則獨體爲天樞，「則所謂天樞也，即所謂獨體也。」〔註51〕天樞是造化流行不息之樞紐，獨體是天命之性是天體，故亦爲造化流行之樞紐。

　　總結前言，獨體之由本體義而言之天體、天樞、天命之性等義，蕺山於此下個註腳曰：「此性宗也」。性宗七宗之名相，在蕺山即以愼獨之學從天命之性言或從人心言之別而定者。前文言「君子仰觀於天而得先天之易焉，維天之命於穆不已，蓋曰天之所以爲天也，是故君子戒愼乎其所不睹，恐懼乎其所不聞，此愼獨之說也……故曰體用一原顯微無間，君子所以必愼其獨也，此性宗也。」，此即愼獨功夫由天命言時被稱爲性宗之緣由。因此獨體之以天命之性言時，一方面明白地將獨之本體義向上扣緊天道而言，而合於天、合於天體、合於天樞等，一方面由天之於穆運行一息不停之作用，以推得君子必戒愼不睹恐懼不聞地時時做愼獨功夫。而此一由天命之性以言愼獨功夫之教法，蕺山即名之曰性宗。莫怪乎蕺山評大學、中庸功夫異同時有言如此：「大學言心到極至處便是盡性之功，故其要歸之愼獨；庸言性到極至處只是盡心之功，故其要亦歸之愼獨。獨、一也，形而上者謂之性，形而下者謂之心。」〔註52〕心與性通，皆歸愼獨，而獨則一也。形上言之曰性，形下言之曰心，此處獨體之以天命之性言者即「形而上者謂之性」之說法也，以上從獨體是天命之性之本體義說到性宗，只是附帶一提。本文下篇談蕺山形上思想時，會將此說有更深的義理擴充。

　　總結上言，獨體以天命之性言，以天體、天樞、天之道言，皆獨之本體義。可謂獨體概念相融於天命之性、天體、天樞、天之道等概念，就此義下的獨體，其言愼獨功夫時則只是證性之路，《人譜》「證人要旨」中亦言「夫人心有獨體焉，即天命之性，而率性之道所從出也，君子所爲必愼其獨也，夫一閒居耳，小人得之爲萬惡淵數，而君子善反之即是證性之路。」〔註53〕體會得獨體之以天命之性言，則此時功夫爲由性入者，故「中庸首章大義」中有「復性」功夫，有「君子求道於所性之中」之語，此亦即蕺山由天命之性而言入之功夫時爲性宗、爲復性、爲證性之路等之論理格式也。而愼獨功夫理論之義理，亦即此而擴深矣。

〔註51〕同前註。
〔註52〕《全書》卷十，頁156，〈學言上〉，上欄左，五十九歲。
〔註53〕《全書》卷一，頁43，《人譜・証人要旨一》，五十七歲。

（四）獨體之動靜問題

獨體以天命之性言有本體義，獨體以本體義言有其動靜問題，此乃因蕺山喜承濂溪，而濂溪於《太極圖說》中又大談動靜問題，因本體是一，故獨體是太極，與太極有涉之動靜問題亦須在獨體中談，而蕺山則稱獨體不分動靜，作慎獨功夫時，動亦慎、靜亦慎，動靜只是所乘之時位，在動之時位獨體淵然，在靜之時位獨體亦淵然，慎獨功夫中則無分於時位之動靜。蕺山於《學言中》有言：「乾坤合德而無為，故曰一陰一陽之謂道，非迭運之謂也……人心之獨體不可以動靜言，而動靜者其所乘之位也……」，〔註54〕然獨體之雖不以動靜言，只是以動靜為時位之動靜時而言者，此動靜是經驗上的動靜。至於以動靜配陰陽而在本體上言之動靜，則正為獨體之以太極言時之至神妙用者。意即在本體上以獨體合於天體合於性體時之造化之道理，此時，所配動靜而言者，乃配一陰一陽之謂道而言者。《學言上》有言：

> 無極而太極獨之體也，動而生陽即喜怒哀樂未發謂之中，靜而生陰即發而皆中謂之和，纔動於中即發於外，發於外則無事矣，是謂動極復靜。纔發於外即止於中，止於中則有本矣，是謂靜極復動。一動一靜互為其根，分陰分陽兩儀立焉，若謂有時而動因感乃生，有時而靜與感俱滅，則性有時而生滅矣。蓋時位不能無動靜，而性體不與時位推遷，故君子戒慎乎其所不睹，恐懼乎其所不聞，何時位動靜之有。〔註55〕

此處言獨體之動靜可有太極本體上言及經驗時位上言之兩層。獨體動而生陽靜而生陰，動極復靜，靜極復動，一動一靜互為其根，分陰分陽，兩儀立焉，此皆指太極之至神妙用上事。蕺山晚年於動靜陰陽理論發揮更多，太極本無此一物，論道體只在陰陽中見，故曰：「一陰一陽之謂道」。一陰一陽非為言其迭運也，實指其在相生中有太極之道在，故太極本無極也。（此義將詳言於本篇第四章）蕺山論獨體，以獨體為無極而太極，正由之以申說獨體至神的妙用在陰陽動靜之理中，以陰陽動靜配喜怒哀樂之已發未發致中致和，正所以自獨體之天道義而言者。此亦即性宗脈絡之言者，而獨體在本體上之動靜則只能如上言，至於時位上之動靜則不可如此而言。故特指出個性體，即以太極陰陽之天道作用中，只有一動一靜互為其根之「一陰一陽之謂道」的本體上言動靜，而絕無

〔註54〕《全書》卷十一，頁164，〈學言中〉，下欄右，六十歲。

〔註55〕《全書》卷十，頁158，〈學言上〉，上欄左，五十九歲。

時位上之動靜，時位上之動靜只是經驗上事，非關獨體，非關性體，時位上之動靜是「有時而動因感而生，有時而靜與感俱滅」，若以時位之動靜言獨體或性體，則「性體有時生滅矣」。獨體豈能有時而生滅，故知獨體之不可以時位之動靜言明矣。故亦知「君子戒愼乎其所不睹，恐懼乎其所不聞。」之愼獨之功夫，正性體不得與時位為推遷之義理下所必涵之功夫矣。

　　以上談獨體之動靜問題，併獨體之微義及天命之性義，皆獨體思想之義理開展中事，是為本段之重點，下段則將轉由獨知問題以討論愼獨理論者。

三、獨知思想的批評與展開

　　獨以知言，首出朱子。朱熹於《四書集註》中庸首章「莫見乎隱，莫顯乎微，故君子愼其獨也。」之下註云：「……獨者，人所不知而己所獨知之地也，言幽暗之中，細微之事，跡雖未形而幾則已動，人雖不知而已獨知之。」朱子以「人所不知而己所獨知之地」釋獨，亦頗能合中庸原意，而蕺山對此，一則予以審愼的批評，一則藉獨知之概念，以發揮其更大的理論空間，而使獨知的概念在愼獨功夫理論中，亦佔有重要的理論地位。基本上獨知既是本體亦是功夫，它描述了本體的一個狀態，也描述了功夫的一個途徑。所以說獨知既是從知的角度說獨體，亦是從知的功夫說愼獨。蕺山對獨知的理論處理，除了對朱子說獨知的審愼批評外，還包括了以獨知之知是好惡一機；獨知之體，上配天命；且以獨知配誠明；且以獨知即陽明之良知等說獨知。以下分段申言之。

（一）蕺山評朱子之言獨知

　　蕺山談朱子之言獨知者有下列數語：

　　　　朱子於獨字下補一知字，可謂擴前聖所未發，然專以屬之動念邊事何邪？豈靜中無知乎。使知有間於動靜，則亦不得謂之知矣。〔註56〕

　　　　獨體無朕，著不得一知字，今云獨知，是指下手親切言。〔註57〕

　　　　中庸疏獨，曰隱，曰微，曰不睹不聞，並無知字；大學疏獨，曰意，曰自，曰中，曰肺肝，亦並無知字。朱子特與他次箇知字，蓋為獨中表出用神，庶令學者有所持循。〔註58〕

〔註56〕《全書》卷十一，頁168，〈學言中〉，上欄中，六十歲。
〔註57〕《全書》卷十一，頁170，〈學言中〉，上欄右，六十歲。
〔註58〕《全書》卷十二，頁184，〈學言下〉，上欄右，六十六歲。

由上可知，蕺山基本上並不排斥朱子以知合獨而言獨知的表達方式，甚至肯定其爲「擴前聖所未發」、「是指下手親切言」、「爲獨中表出用神，蓋令學者有所持循」，表示蕺山對於獨知之知的提出，乃同意其有助於慎獨功夫之說明者，與其所謂「下手」「用神」之用處者。然而由於蕺山理論能力的發揮，既已把握了「獨體無朕，著不得一知字」及中庸、大學疏獨皆無知字的事實背景，因此對獨知的概念還是略有所評。然蕺山亦非一味批評獨知，蕺山是既有所評，亦有藉獨知以作更大發揮者。以下即先言其所評者，次段再言其所發揮者。

蕺山批評朱子獨知之文有數段。首先：

> 陽明先生言良知即物以言知也，若早知有格物義在即止言致知亦得。朱子言獨知對睹聞以言獨也，若早知有不睹不聞我在即止言慎獨才得。〔註59〕

此文之重點在對二儒言良知獨知之批評。蕺山以爲言良知獨知都是學庸中所未有者，良知獨知之義固有可取之處，然皆爲不識學庸眞義後之贅釋語。首先，蕺山評良知即物言知，然大學自有格物義在，蕺山之格物乃格其物有本末之物，乃大學八目之遞先功夫，能格其物有本末之物，致其知止之知，如止之知乃知止於至善之功夫，則大學功夫已然完備。實即還大學八目言格物致知誠意正心修身齊家治國平天下等功夫之實實在在地做去即得大學眞義，故不必贅言良知的功夫，只要知道格物眞義，則知只是致知之知，故止言致知亦得，不必更言良知。然而若還就陽明而言，良知與物之關係乃爲致吾心之良知於事事物物者，而蕺山以陽明之言良知乃即物以言知也，則蕺山對陽明良知說之領悟是否得當則有待商榷矣。此暫不論。此處要強調的，只是蕺山確實以學庸未言良知之事實出發，對陽明良知說提出站在大學原意之詮釋角度之批評，其評陽明良知如上述，則其評朱子獨知之方式亦然，以下即申言之。

蕺山評朱子之獨知亦就獨知乃贅釋語之立場而言者，而蕺山此段之文義舖陳，乃就朱子之對不睹不聞之釋義處進行，蕺山以朱子之言獨知，乃對睹聞以言獨時之獨知，此義殊難解。觀乎《朱子語類》卷第六十二中庸一第一章處釋「是故君子戒愼乎其所不睹，恐懼乎其所不聞，莫見乎隱，莫顯乎微，故君子愼其獨也。」之釋義，可以發現朱子言愼獨，確屬動念邊事，言不睹不聞及戒愼恐懼功夫則屬未發之中事，此與朱子一向兩分已發未發、靜存、

〔註59〕《全書》卷十，頁159，〈學言上〉，下欄右，五十九歲。

動察之格局極爲一致。〔註60〕是故此處既以愼獨爲動念邊事，且以「人所不知而己所獨知之地」解此獨者，而此知又乃就「跡雖未形而幾則已動」而言，是故朱子之獨乃以「就中有一念萌動處，雖至隱微，人所不知而己所獨知，尤當致愼。」〔註61〕來解之。而此一萌動處實合朱子之以已發言獨處時之念慮已發之意一致，而朱子又以「獨者，人之所不睹聞也」〔註62〕言獨，則朱子之獨乃以己之所睹所聞，己之所獨知者言此獨也，而此處蕺山以朱子乃對睹聞以言獨之釋獨知之說，其意實即以此己之獨知，己之睹聞而理解朱子之獨知者。則其屬動念邊事無疑。

朱子兩分「戒愼乎其所不睹，恐懼乎其所不聞」之功夫及愼獨之功夫，以前者屬未發，後者屬已發，〔註63〕此一觀點極爲蕺山所不取。故朱子之言愼獨非蕺山之言愼獨，朱子之愼獨是有形跡的，跑出個獨如以知此己所獨知之地，實即是在一念萌動之後，己所獨知之時，而做此愼獨功夫，是故蕺山評之曰：「然專以屬之動念邊事何邪？豈靜中無知乎？使知有閒於動靜？則亦不得謂之知矣。」，實即蕺山以爲朱子置獨知於動時之己所獨知乃錯看了獨亦

〔註60〕　參見《朱子語類》之下列引文：
　　　　　《朱子語類》，文津出版社，中華民國75年12月出版。
　　　　　「問：『不睹不聞』者，己之所不睹不聞也；『獨』者，人之所不睹不聞也。如此看，便見得此章分兩節事分明。先生曰：『其所不睹不聞』，『其』之一字，便見得是說己不睹不聞處，只是諸家看得自不仔細耳。」又問：「如此分兩節功夫，則致中、致和功夫方各有著落，而『天地位，萬物育』亦各有歸著。」曰：「是」，（頁1502）
　　　　　「戒愼」一節，當分爲兩事，「戒愼不睹，恐懼不聞」，如言「聽於無聲，視於無形」，是防之於未然，以全其體；「愼獨」，是察之於將然，以審其幾。」（頁1502）
　　　　　「問：『『不聞不睹』與『愼獨』如何？」曰：「『獨』字又百箇形跡在這裡可愼。不聞不見，全然無形跡，暗昧不可得知。只於此時便戒愼了，便不敢。」」（頁1503）
〔註61〕　《朱子語類》，同前書。
　　　　　「『戒愼不睹，恐懼不聞』，非謂於睹聞之時不戒懼也。言雖不睹不聞之際，亦致其愼，則睹聞之際，其愼可知，此乃統同說，承上『道不可須臾離』，則是無時不戒懼也，然下文愼獨既專就已發上說，則此段正是未發時功夫，只得說『不睹不聞』也。『莫見乎隱，莫顯乎微，故君子必愼其獨。』上既統同說了，此又就有一念萌動處，雖至隱微，人所不知而己所獨知，尤當致愼。如一片止水，中間忽有一點動處，此最緊要著功夫處！」（頁1505）
〔註62〕　參見註60。
〔註63〕　參見註61。

錯解了慎獨，就中關鍵即在於錯悟了不睹不聞之真義，而不睹不聞實應扣緊
於慎獨之功夫，而非朱子之兩分其事之解釋。依朱子之動靜二分之功夫格局，
則須有個戒慎恐懼功夫於不睹不聞，此為未發功夫，復須有個慎獨功夫於己
所獨知之己所睹聞之地，此為已發功夫，然蕺山於「中庸首章說」已言：「不
睹不聞處正獨知之地也。」，可見蕺山之慎獨功夫乃不分動靜之事者，獨知非
只在睹聞處言，獨知非只屬一念己萌己所獨知之動念邊事，慎獨亦不只是已
發後功夫，不只是動察時功夫，問題的關鍵都在不睹不聞之理解及理論發揮。
朱子以不睹不聞屬未發之中，即天理之本然，亦道不可須臾離處，故戒慎功
夫是存養功夫，是保守天理，是防之於未然，〔註64〕而蕺山雖亦以天命之性
解不睹不聞，〔註65〕但其言功夫時則不同。蕺山言：

> 不睹不聞處正獨知之地也，戒慎恐懼四字下得十分鄭重，而實未嘗
> 妄參意見於其間，獨體惺惺，本無須臾之間，吾亦與之為無間而已，
> 惟其本是惺惺也，故一念未起之中，耳目有所不及加，兩天下之可
> 睹可聞者即於此而在，沖漠無朕之中，萬象森然已備也。故曰莫見、
> 莫顯，君子烏得不戒慎恐懼兢兢慎之。〔註66〕

是故蕺山乃以獨體之即睹即不睹、即聞即不聞，以合戒慎恐懼及慎獨之功夫
為一事。〔註67〕此一功夫之一事，即破朱子之存養動察之功夫之二事，此一

〔註64〕《朱子語類》，同前書。
「問：『道也者不可須臾離也』以下是存養功夫，『莫見乎隱』以下是檢查功
夫否？」曰：「說『道不可須臾離』，是說不可不存。『是故』以下，卻是教人
恐懼戒慎，做存養功夫。說『莫見乎隱，莫顯乎微』，是說不可不慎意。『故
君子』以下，卻是教人慎獨，察其私意起處防之。」（頁1505）
「問：林子武以慎獨為後，以戒懼為先。慎獨以發處言，覺得也是在後。」曰：
「分得也好。」又問：「余國秀謂戒懼是保守天理，慎獨是檢防人欲。」曰：「也
得。」又問：「覺得戒慎恐懼與慎獨也難分動靜。靜時固戒慎恐懼，動時又豈可
不戒慎恐懼？」曰：「上言『道不可須臾離』，此言『戒懼其所不睹不聞』與『慎
獨』，皆是不可離。」又問：「泳欲謂戒懼是其常，慎獨是慎其所發。」曰：「如
此說也好。」又曰：「言『道不可須臾離』，故言『戒慎恐懼其所不睹不聞』；言
『莫見乎隱，莫顯乎微』，故言『慎獨』。」又曰：「『戒慎恐懼』是由外言之此
盡於內，『慎獨』走出內言之以及於外。」問：「自所睹所聞以至於不睹不聞，
自發於心以至見於事，如此方說得『不可須臾離』出。」曰：『然。」（頁1506）
〔註65〕《全書》卷十，頁157，〈學言上〉，上欄左，五十九歲。「不睹不聞天之命也，
亦睹亦聞性之率也，即睹即不睹即聞即不聞獨之體也。」
〔註66〕《全書》卷八，頁123，〈中庸首章說〉，（五十四歲）（因該處所引有缺文，茲
將全文引錄於附錄中，請參見之）。
〔註67〕參見註65。

事之實義，亦合蕺山慎獨功夫在中庸詮釋脈絡下之實義，此即於不睹不聞之天命之性中之體會中時，致吾戒慎恐懼之功，使獨體惺惺，無須臾之間斷，因於天下之可睹可聞者，即率性之道者皆得於此而在，此處之功夫，實即已是慎獨之功夫，亦即致中和之功夫，蕺山以「中為天下之大本，非即所謂天命之性乎，和為天下之達道，非即所謂率性之道乎。」〔註68〕釋中和與性道教，實已在致中和即慎獨功夫中合不睹不聞與可睹可聞，故只是一個慎獨功夫即可，不睹不聞正獨知之地，豈是獨知只在睹聞處，獨知實合不睹不聞及可睹可聞，故而在朱子以獨知對睹聞而言，而另又有個不睹不聞者在之格局下，戒慎恐懼屬存養功夫，慎獨屬已發功夫之二分即可不必，而識得不睹不聞及可透過戒懼慎獨功夫而合可睹可聞者時，則功夫只有一項「即止言慎獨亦得。」。茲再引一文以為前述之證例及總結：

> 隱微者未發之中，顯見者已發之和，莫見乎隱，莫顯乎微，故中為
> 天下之大本，慎獨之功全用之以立大本，而天下之達道行焉，此亦
> 理之易明者也，乃朱子以戒懼屬致中慎獨屬致和，兩者分配動靜，
> 豈不睹不聞與獨有二體乎，戒懼與慎獨二功乎，致中之外復有致
> 和之動乎？〔註69〕

由此可知蕺山言獨知之格局實大於朱子，而其評朱子言獨知之缺點實只在朱子以獨知置於動念邊事之小格局者。獨知在朱子只為人之不知，己所獨知之「我自知」之意，然而蕺山對獨知概念之發揮便不只此，藉蕺山言獨之本體理論，獨知也取得了相當關鍵的理論上的重要性地位，以下三段即談蕺山對獨知的理論發揮者。

（二）獨知之知好惡一機及獨知為天命

獨知為在獨中言知者，亦即獨體以知言者，獨體是天命之性，則由天命而來之知的發用便同於天命，因此亦自是合於天理合於心體，合於至善本體之自好自惡，亦為如好好色如惡惡臭之好惡一機之好惡者，蕺山談獨體時有言：

> 如惡惡臭如好好色，蓋言獨體之好惡也，原來只是自好自惡，故欺
> 曰自欺，謙曰自謙，既自好自惡，則好在善即惡在不善，惡在不善
> 即好在善，故好惡雖兩意而一幾……〔註70〕

〔註68〕同註66。
〔註69〕《全書》卷十，頁148～149，〈學言上〉，下欄左，四十八～四十九歲。
〔註70〕《全書》卷十二，頁177～178，〈學言下〉，六十六歲。

蕺山所謂好惡雖兩意而一幾，乃因所謂好者即好在善，好在善同時即惡在不善，故自好言，好惡一機，乃同一好在善之意中事者；而所謂惡者，乃要在不善，惡在不善同時即好在善，故自惡言，惡與好亦一機，皆同為惡在不善之意之事者。蕺山於〈獨證篇〉篇後所建立的誠意功夫理論中，提高了意的主宰性地位，曾有言曰：「意之好惡，一機而互見，起念之好惡，兩在而異情。」，〔註71〕而蕺山言慎獨功夫必融合於誠意功夫，故言誠意之本體——意之好惡時，亦必融合於慎獨功夫之本體者——獨體。故獨體之好惡，即藉意以言之，獨體之好惡既合於意之好惡，則獨知之知亦應合於意之好惡。是故蕺山曰：

> 心無善惡，而一點獨知，知善知惡，知善知惡之知，即是好善惡惡之意，好善惡惡之意，即是無善無惡之體，此之謂無極而太極。〔註72〕

此處所言之「一點獨知知善知惡，知善知惡之知，即是好善惡惡之意」一段，理論上的脈絡即依前述，即慎獨功夫之獨體合於誠意功夫項下之本體義之意。

獨知之功能為知善、知惡，復此知善知惡之知又合於好善惡惡之意，則知與意同。意已是具主宰性的本體，則蕺山以獨體所言之知，其具本體性之地位亦得確立。可謂因獨體之具本體義，致使獨體之以知言之功能，亦具本禮義下的主宰性，蕺山五十四歲做〈獨箴〉時即已言之：

> 獨本無知，因物有知，物體於知，好惡立焉，好惡之機，藏於至靜，感物而動，七情著焉，自身而家，自家而國，國而天下，慶賞刑威，惟所措焉，是為心量，其大無外，故名曰天，天命所命，即吾獨知。
> 〔註73〕

此文顯示兩個重點。其一篇獨知乃好惡一機者，其二為獨知是天命之性。可謂在〈獨箴〉中已做了上說的註腳。總結上言，獨知之知能好惡一機者，乃

〔註71〕《全書》卷十一，頁164，〈學言中〉，下欄左，六十歲。

〔註72〕《全書》卷十一，頁164，〈學言中〉，下欄左，六十歲。此文所言之心無善惡及無善無惡之體及無極而太極等，將在第三、四章中討論，此處只談與獨知有關者。

〔註73〕此處所言之「獨本無知，因物有知，物體於知，好惡立焉」乃為知藏於獨之註腳。「獨本無知」似「心無善惡」，似無極而太極中之先言個無極者，非執意於「無」，乃在知之用中先提個神，知乃在獨之體天命的神妙作用才出現，故先說個無。「因物有知」「物體於知，好惡立焉」似「一點獨知，知善知惡」意即當獨與物接，因物有知時，知之知善知惡之好惡一機的功能，即立刻成為決定物之意義的本體，物以知為本體，即以知善知惡之知為本體，故對物之好惡，乃即刻判然而出。此「物」一般而言，無特定必須如何詮釋者，似可以行事，或行事之對象說之。

因知以獨體言，獨體乃天命之性者，故獨知亦得在天命之性上言，故其有本體上的主宰性，故亦同於晚後立誠意功夫時之本體——意，意之好惡，一機而互見，故獨知亦爲好惡一機，且以獨知言知善知惡時，實已非只以認識言，而爲道德言動事業中具方向主宰性地言，而此獨知知善知惡之自天命而來的主宰性功能，亦正爲愼獨功夫之必要基礎者。

（三）獨知與誠明

《學言上》有言：「以知還獨是明中之誠，以獨起知是誠中之明」，〔註74〕自明誠及自誠明乃中庸裡的重要理論，誠爲體，明爲用，明中之誠乃即用還體，即以知還獨是也，知不是任意的知，只在合於獨知中者方可言還獨，還獨即以獨爲體，知之用於獨體之用者。誠中之明乃以體顯用，即以獨起知，在獨體中起知善知惡之主宰性功能，此時爲誠中之明，故好惡立焉。蕺山此處以誠明之體用關係合獨與知做比較，亦足以發明獨知之深意也。

（四）獨知與良知

蕺山對陽明學說之評價時而不同，愈到晚年批評愈甚，尤其是〈良知說〉、〈誠意詮解〉等文章中之言陽明者，可謂極盡批評之能事。然而蕺山又有時以陽明學說之謬誤皆其弟子之所爲非關陽明事而爲其開脫，有時更直接大加讚賞陽明的學說，在蕺山言良知與獨知的關係時，有一段時間是很平實地以良知即獨知來處理，五十二歲著《大學雜言》時言：「陽明先生曰良知只是獨知時，獨知一點是良知落根處。」〔註75〕五十五歲〈答履思書〉中有言：「邇來深信得陽明先生良知只是獨知時，一語親切從此用功保無走作。」，〔註76〕《學言中》亦言：「良知不學不慮，萬古常寂，蓋心之獨知如此。」，〔註77〕獨知之義前已述及，蕺山合良知於獨知之重點乃在釋良知時，以獨知釋之，非釋獨知時以良知釋之，良知固爲陽明學說中心，但蕺山特別發揮擅長的概念卻是獨知，在蕺山特意標舉愼獨功夫於儒學功夫之上時，獨知的概念在蕺山觀念裡是既清楚又重要，故藉獨知說良知時，是極方便的解釋方式，而當蕺山以獨知釋良知時，可謂即爲蕺山接受陽明思想不予批評之時，事實上蕺山在自己理論的發揮過程中，很多是藉批評良知說而發展的，此在第三章將更明確述及。

〔註74〕《全書》卷十，頁159，〈學言上〉，下欄左，五十九歲。
〔註75〕《全書》卷三八，頁856，《大學雜言》，上欄右。
〔註76〕《全書》卷十九，頁336，《論學書・答履思》，五十五歲。
〔註77〕《全書》卷十一，頁164，〈學言中〉。下欄中，六十歲。

四、從獨位再釋獨

「獨位」概念並非慎獨功夫理論中事，但卻可藉以補充說明「獨」之概念意涵，蕺山既已多次使用，遂值得提出討論。獨位其實即是獨，非若獨體之側重描述獨之本體義，亦非若獨知之探討獨之以知言者，對獨位之討論或使用，實則爲即獨位以言獨，乃對獨之釋義之以位言者，以下先釋「位」之義。位是爲一存在處或作用者，乃描述著一存在且作用著的主體或客體。蕺山曾如此地使用位字：

> 以位而言莫大於天下，而吾身爲小，一物之散見又十；以道而言莫大於物理，而吾身亦小，天下之指掌又小。君子之學從位大處發願力，從道大處立根基。〔註78〕

另外於《學言上》亦有言：

> 獨者心極也，心本無極，氣機之流行不能無屈伸往來消長之位，是爲二儀，而中和從此名焉。〔註79〕

以上所言乃所以釋位之義者，至於蕺山藉位以釋獨之說法即如下：

> 天命之謂性，以其情狀而言則曰鬼神，以其理而言則曰太極，以其恍兮惚兮而言則曰幾曰希，以其位而言則曰獨。〔註80〕

天命之性有情狀、有其理、有恍兮惚兮，然更有氣機流行時之屈申往來消長之「位」，是名曰獨，獨是天命之性在流行中之「位」，則獨是天命之性即可確立，此即獨之藉位以釋獨之說法，獨位即獨，以位言獨，即言獨之爲天命流行之位者，亦可謂獨爲一有存在且有作用的天命流行的主體或客體者。

另一用法爲：

> 獨是虛位，從性體看來則曰莫見莫顯，是思慮未起鬼神莫知時也，從心體看來則曰十目十手，是思慮既起吾心獨知時也，然性體即在心體中看出。〔註81〕

此處以思慮未起及思慮既起分鬼神莫知及吾心獨知者，類似於朱子分戒慎不睹、恐懼不聞與慎獨爲未發中功夫及已發後功夫者，然因性體即在心體中看出，故鬼神莫知與吾心獨知實指一事，故此文似朱子義而實非朱子義者。而

〔註78〕《全書》卷三八，頁854，《大學雜言》，下欄左。
〔註79〕《全書》卷十，頁157，〈學言上〉，上欄左，五十九歲。
〔註80〕《全書》卷十，頁153，〈學言上〉，上欄左，五十九歲。
〔註81〕《全書》卷十，頁152，〈學言上〉，下欄左，五十九歲。

此文對獨是虛位的詮釋，其重點即在指出獨之位乃可在性體中亦可在心體中看出，不因獨之以位言，而固定了獨之本體釋義或作用發揮之必限於何處，故其位爲虛。虛非無，非不合法，非不適用，事實上乃正指其神用妙用。獨位之見，見之於性體，亦見之於心體，只性體更在心體中看出，此乃獨位之妙用也，虛則爲此妙用提供可能性之基礎者。

另一段言獨位者亦記於《學言下》：「……惟有愼之一法，乃得還他本位，曰獨。」〔註82〕愼之功夫乃還本位，本位爲獨，還本位之功夫即愼獨。此言之重點在以獨位言獨時，獨位之位非不重要之一般的位，乃天體用事的至善本位者。蕺山於《學言中》又有言「心無存亡，但離獨位便是亡」，〔註83〕此是直以獨位爲獨之用法。心無存亡，然離獨位之亡必非生死事上之亡，乃人之藉愼獨以顯示之至善本性之是否發露之亡，此正見出愼獨功夫還其本位之重要性者是也。

以上藉獨位釋獨，其義則亦有所發明愼獨功夫之義理。併「由獨說愼獨的本體及功夫」、「獨體思想的義理開展」、「獨知思想的批評與開展」，皆正爲發揮愼獨功夫理論之義理開展者。蕺山對愼獨功夫理論的細部討論已全述之於二、三兩節中，然就愼獨功夫理論在蕺山整體思想中之意義及在儒學理論發展中之意義者則尙未詳述，此點則將待後文對蕺山思想之逐一討論中再依序以擴深之。下節將轉而討論蕺山對中庸其它重要思想的詮釋，以藉由顯出蕺山從愼獨功夫理論到建立整個中庸詮釋系統的理論扣合之全貌。

第四節　蕺山對《中庸》首章其它思想之詮釋

愼獨功夫理論之提出與確立，雖然配合了蕺山對濂溪或大學章句中重要理論一起提出者，然主要仍爲從中庸思想的詮釋脈絡下提出的。因此愼獨說之出現有二義，一義爲標舉蕺山論功夫思想之特色，而有異於當時瀰漫的陽明後學浮蕩虛玄的功夫理論者；一義爲顯示蕺山在中庸經典思想詮釋下，以愼獨爲學問第一義而統合中庸理論重心者。就後一義而言，中庸經典的詮釋，即亦爲形成蕺山哲學中形上思想部份的重要來源。本節即欲處理對中庸首章中除愼獨理論外的其他重要思想之詮釋者。

〔註82〕《全書》卷十二，頁182，〈學言下〉，下欄中，六十六歲。
〔註83〕《全書》卷十一，頁168，〈學言中〉，下欄右，六十歲。

在蕺山詮釋整個中庸思想的體系中，除了慎獨說的功夫理論由此而出之外，其他中庸思想的詮釋亦極有理論上的重要性。蕺山的慎獨說有談功夫者有談本體者，然若真欲完整地建立慎獨說，則勢必須至中庸理論中找尋更廣闊的材料，因此整個中庸思想體系的詮釋，其意義即變成蕺山由慎獨說的功夫理論走上中庸思想系統的整體詮釋者。這便是慎獨功夫理論發揮後的更廣大空間。而中庸首章之其他思想在蕺山的詮釋之下，事實上也都是扣合著慎獨的功夫理論而言的。

有關蕺山中庸詮釋體系的建立，有二個值得區分的理論重心：一為早年從功夫理論的發展而走上對中庸整體思想的詮釋部份；一為晚年形上思想的特殊見解藉中庸典籍之釋義以發揮者。本節則暫先側重前者，但亦附帶討論後者。

蕺山五十四歲時著「中庸首章大義」，此文短短千餘字，然而其在蕺山哲學思想體系上卻有極高的重要性，結合早年功夫理論的中庸詮釋部份，及晚年形上思想的初步理論於一文中。本節即將以「中庸首章大義」的思想開展為起點，融合蕺山在其他著作中涉及中庸首章思想之詮釋文字來進行討論。

一、性、道、教

中庸首章云：「天命之謂性，率性之謂道，修道之謂教。」蕺山對此段文字之詮釋與發揮有多處，皆成為中庸思想詮釋系統中的重要理論。

首先，蕺山五十四歲著〈中庸首章大義〉時有言：

> 盈天地間皆道也，而統之不外乎人心，人之所以為心者，性而已矣，以其出於固有而無假於外鑠也，故表之為天命云。維天之命，於穆不已，天之所以為天也，天即理之別名，此理生生不已處即是命，以為別有蒼蒼之天、諄諄之命者，非也。率此性而道在是，道即性也，脩此性而教立焉，性至此有全能也。然則由教入道者必自復性始。道不可離、性不可離也，君子求道於所性之中……

此段文字實為由性宗言功夫的理論，最後歸結於復性功夫，而復性功夫又實以慎獨功夫以釋之，故可謂先藉對中庸「天命之謂性，率性之謂道，修道之謂教。」之此段詮釋，以為中庸歸宗慎獨先作一理論預設。以下先釋上文。

> 盈天地間皆道也，而統之不外乎人心。」道是天地之心的道，天地是有理的，此道乃天地的生生之理，貫串在天地萬物日用常行之中，此道可由人心感知，因人心通於天地之心。道雖在天地之中處處出

現，而可謂「盈天地間皆道也」，但是道更在人心的把握中才有出現
的契機，是故道復統之於人心。（以上所言之更完整的義理將在論蕺
山形上思想中討論。）

「人之所以爲心者，性而已矣，以其出於固有而無假於外鑠也，故表之爲天命
云」，盈天地皆道也，而人心能統之，在人心不出現時，沒有道的被感悟，而人
心一出現即能感悟天地之心，即道。則人心必有其先天的秉賦，此即其不假於
外鑠之固有之秉賦，此即人心之性。此性乃先天秉賦，故爲天命，天命於人心
者，與天地之心者乃爲同一個天命之性者。故天地間之道能與人心有感通之關
係，使人心能統有天地之道。若就天命言，天命流行使性在人心中，使性成爲
人心之固有而無假於外鑠也者，使性成爲人之所以爲心者。故表之爲天命。

　　「維天之命，於穆不已，天之所以爲天也。」，天只是於穆不已，於穆不
已即是在創生作用中的不間斷，天就是在這種永不止息的運作中，成就了其
所蘊育的天地萬物的生存發展。「天即理之別名，此理生生不已處即是命。」
天以永不止息的深遠的作用取得了它的本質性定義，命也不離此作用中，命
即是此作用流行本身。天既只爲一個不息的作用蘊生天地萬物，故名之曰天
亦可，名之曰理亦可。理也只是生生不已之理，創生不間斷即生生不已。「生
生之謂仁」，故生生不已是仁，天是仁的生生不已的作用，天之命，即此生生
的作用。天以生生不已創生萬物，此即天地之心，即仁，即天之理。此作用
不間斷，人心之初生即已被賦命，人心因而亦應體此天之理，體此天地之心，
順此仁的生生不已之作用而盡性踐形。而人亦在此一活動中，由自身所受賦
之性命來自由作用，而不以人心之外復有天地之心的規範才作用，因此「以
爲別有蒼蒼之天、諄諄之命者，非也」，以爲在人心之性之外會另有一個蒼蒼
之天，時而透過天啓、透過符徵，把它的命令佈達給我們的想法是錯的。天
命早已給了我們，就在人之所以爲心的性中。它不但早已給了我們，而且它
也是從未停息地在人心中作用流行，只要復性，就可以體會到它。

　　接下來，「率此性而道在是，道即性也。脩此性而教立焉，性至此有全能
也。」此即以性統元者，以性的內涵義，括道、教、天命、人心等而歸之於
性，是爲性宗。性宗之論功夫，必以復性立言。故曰：「然則由教入道者必自
復性始矣，道不可離、性不可離也，君子求道於所性之中……。」中庸言修
道之謂教，蕺山以性的統元思想體系，爲修道找到由人心直接可行的路徑，
此即復性。復性則可通天命之性，即天地之心、即道。性通於道，故自復性

始即可，故亦曰：「君子求道於所性之中。」而道與性之不可離之義，則爲復性功夫過程中不可離道亦不可離性之義。天之於穆不已之生生之理已賦命於人，人之體天而行亦得於穆不間斷，天以性道教表詮之，而性、道、教實已結合於人心，蕺山於前文已云：「盈天地間皆道也，而統之不外乎人心，人之所以爲心者，性而已矣。……率此性而道在是，道即性也，脩此性而教立焉，性至此有全能也。」人心合於性，道即性，性與道之不可離心，是自天賦命以來，即已不離於人心者。

以上即前文之釋義。總結上言，可提出幾項重要觀念如下：首先，中庸是言性者，「性至此有全能」是以性統合其他本體概念之用法。故蕺山於《學言中》亦藉性之無盡藏之義再發揮之：「性中有命，命中有天，天合道，道合教，教合天地萬物，是性之無盡藏處。」，〔註84〕其次由性論功夫者，即性宗之路者。故蕺山以復性功夫言之。雖復性功夫置於愼獨功夫脈絡下以釋義，然蕺山以中庸首章是自性言人之性宗功夫，其義卻極明顯。另外，中庸雖然言性，但言性亦不離心。道不可離，性不可離，即是不離於人心之功夫。〔註85〕而「人之所以爲心者性而已矣」則是以性釋心。言心必自天命之性言者，心既已通天命之性，則必通於道通於教，故天之命、性之率、道之修即亦可以心言。故《學言中》又云：「心生之謂性，心率之謂道，心修之謂教。」，〔註86〕以此釋「天命之謂性，率性之謂道，修道之謂教」者，此即言性到極致處亦不脫出一個盡心的功夫，「……中庸言性到極至處，只是盡心之功，故其要亦歸之愼獨……」。〔註87〕然中庸由性宗以言復性功夫也好，總此復性功夫以言盡心功夫也好，在蕺山整個中庸詮釋系統中，又皆爲歸於愼獨功夫者。此一面目即將在後文中展開。

〔註84〕《全書》卷十一，頁167，〈學言中〉，上欄右，六十歲。

〔註85〕蕺山對於道不可離之義，其義究竟爲道不可離我，抑我不可離道者有所討論，蕺山云：「學者須是見道分明，見道後方知所謂道不可離者，不是我不可須臾離道，直是道不能須臾離我。」（《全書》卷十一，頁172，〈學言中〉，下欄右，六十二～六十三歲。），事實上，人心的功夫與天道兩者應是相依的，我不可離道，是指人心的功夫不能不依於天道的本體，道不可離我，是指天道本體的掌握，不能不藉人心以開顯。故道不可離，性不可離，一方面指的是人心須求道復性，不可離道離性，而再擴深的看時，性與道本是在人心之功夫中彰顯，故性與道亦不離人心。

〔註86〕《全書》卷十一，頁163，〈學言中〉，下欄左，六十歲。

〔註87〕《全書》卷十，頁156，〈學言上〉，上欄左，五十九歲。

二、不睹不聞

　　不睹不聞之義在前節論獨知時已做過處理，該處是談蕺山晚年批評朱子以慎獨功夫是已讓後功夫為支離之說，而理論的歸結在以慎獨功夫合中和合已未發，合睹聞與不睹不聞者，此在「中庸首章說」即可見出端倪。談不睹不聞即已將談到慎獨功夫，不睹不聞其實是慎獨功夫入處，故蕺山云「中庸之慎獨與大學之慎獨不同，中庸從不睹不聞說來，大學從的意根上說來」。〔註88〕故「中庸首章說」中，便直接在「君子求道於所性之中」之「復性」功夫格式後，將戒慎不睹、恐懼不聞的功夫連著慎獨功夫而合言。蕺山云：

　　……君子求道於所性之中，直從耳目不交處，時致吾戒慎恐懼之功，而自此以往有不待言者矣。不睹不聞處正獨知之地也，戒慎恐懼四字下得十分鄭重，而實未嘗妄參意見於其間。獨體惺惺，本無須臾之間，吾亦與之為無間而已，惟其本是惺惺也，故一念未起之中，耳目有所不及加，而天下之可睹可聞者即於此而在。沖漠無朕之中，萬象森然已備也，故曰莫見、莫顯，君子烏得不戒慎恐懼兢兢慎之。

上文中可以鉤勒出幾個理論上的重點，首先，蕺山以不睹不聞處是天命之性，這在前節論獨知時已提過，〔註89〕此處則以耳目不交處釋此不睹不聞，蕺山言「君子求道於所性之中，直從耳目不交處，時致吾戒慎恐懼之功」，戒慎恐懼是指對不睹不聞處言，所性之中乃天命之性之中，故蕺山以耳目不交釋不睹不聞已極明顯。然而耳目不交是從經驗活動層次上的描述，指的是在現實活動中能謹凜身心，不便耳目逐於外誘之交相爭利的耳目不交，這正顯示蕺山言戒慎恐懼之功時既能從其為天命之性上請出它的本體基礎，又能從經驗活動層面上描述其戒慎恐懼功夫的易簡落實。〔註90〕耳目不交雖是自經驗上言，然從耳目不交處用功時，天命之性、率性之道、修道之教的內涵已蘊藏於心矣，故自此以往有不待言矣。蕺山言：「一念未起之中，耳目有所不及加，而天下之可睹可聞者即於此而在。」即是此意。天下之可睹可聞者，指的又不只是耳目交加的山川大地之可睹可聞，而更是率性之道、修道之教的實事、

〔註88〕《全書》卷十，頁152，〈學言上〉，下欄左，五十九歲。

〔註89〕參見前節言「蕺山評朱子之言獨知」，及註六五。

〔註90〕蕺山固然極富哲學理論之建構能力，然其言功夫時卻決不忘記功夫在實際中行動的重點，証學雜解第六中有言：「古人慎獨之學，固向意根上討分曉，然其功夫必用到切實處……」（《全書》頁108），此處言「從耳目不交處時致吾戒慎恐懼之功」，即從經驗活動中講起，即為蕺山重規功夫的實際行動之明証。

實功之可睹可聞。君子依求道於所性之中，做復性功夫，則行之於天下之理即無不可知，而致此實功之時，又不只在內修自証，更在具體行爲中行動，而方能完成可睹可聞之實功矣。

其次，朱子在談不睹不聞的戒愼恐懼之功夫時，以其爲未發之中之事，故朱子弟子詢問未發中的戒愼恐懼功夫豈不又是動了，此時朱子只好含混回答以「莫看得戒愼恐懼太重了」。〔註91〕朱子顯然因爲二分戒愼恐懼與愼獨功夫，故難以釐清戒愼恐懼在未發中作功夫時的動靜問題，只好說它是「略省一省」「道著敬字已是重了，只略略收拾來，便在這裡」，顯見朱子亦恐戒懼功夫下得太重，致以已發後功夫者，故蕺山於此處特別說「戒愼恐懼四字下得十分鄭重，而實未嘗妄參意見於其間」，實際上即批評朱子以戒愼恐懼只爲略省一省的說法，此亦即蕺山言愼獨不專屬動念邊事，言戒愼恐懼不分於愼獨功夫，言功夫不分已讓、未發之功夫理論格局下，不會贊成朱子輕釋戒愼恐懼功夫之結果。

此外，蕺山既不分不睹不聞與可睹可聞爲未發已發，則「不睹不聞處王獨知之地」及「一念未起之中耳目有所不及加，而天下之可睹可聞者即於此而在。」，即有深意。朱子一切兩分，蕺山則一切合言。在朱子，不睹不聞處是天命之性，是未發之中，是一念未起之中，耳目有所不及加，其功夫是戒愼恐懼；而獨知之地是已發，是天下之可睹可聞者即於此而在，其功夫是愼獨，是動而省察之事。然蕺山皆合之。此亦蕺山〈中庸首章說〉中處處不同於朱子，處處建立己說之理論重點所在（總上所言，若即於蕺山形上思想中形上本體即在形下器物世間之實事實功中見之思想看來，則又理論之必然矣，此論點待蕺山形上思想之討論後當易明之）。

另，蕺山於睹聞及不睹不聞之關係分辨上還有一特殊的表達方式，即以睹聞配率性之道，以不睹不聞配天命之性。蕺山云：

> 道不可離，若止言道耳，即睹聞時用功夫，已須臾無間斷矣，正爲道本之天命之性，故君子就所睹而戒愼乎其所不睹，就所聞而恐催乎其所不聞，直是時時與天命對越也。〔註92〕

又言：

> 不睹不聞天之命也，才睹亦聞性之率也，即睹即不睹即聞即不聞獨

〔註91〕《朱子語類》同註60所引書，頁1503。

〔註92〕《全書》卷十，頁157，〈學言上〉，上欄左，五十九歲。

之體也。〔註93〕

前段言，即睹聞時用功夫，指的是道不可離中事，是言道者，是在率性之謂
道的層次上言功夫者。戒愼乎其所不睹，恐懼乎其所不聞，時時與天命對越，
即爲道本之天命的天命中事，是在天命之謂性的層次上言功夫者。蕺山以睹
聞配率性之道，正合前文釋「天下之可睹可聞者即此而在」之理論推衍，天
命之性後即率性之道，不睹不聞之耳目不交處用功時，即可睹可聞者即於此
而在，而可睹可聞之具體內容正爲面對現實世界人倫百行的理據、標準、方
向、法則、判斷等，故即爲率性之道。可謂極扣合於理論之推衍者。上引後
一段文字中則總合睹聞與不睹不聞中之功夫爲愼獨之事，故曰「即睹即不睹、
即聞即不聞，獨之體也。」此亦蕺山不在朱子二分功夫格局下，能兩合睹聞
與不睹不聞之義而合於愼獨功夫之一貫立論者。而其扣合處即在由天命之性
説到率性之道，即爲由不睹不聞説到可睹可聞者，皆爲此愼獨之即致中以致
和，即體起用，由本體以達功夫之一貫義所必涵者。

三、隱見顯微

中庸曰：「是故君子戒愼乎其所不睹，恐懼乎其所不聞，莫見乎隱，莫顯
乎微，故君子愼其獨也。」其中莫見乎隱、莫顯乎微，雖只有短短八個字，
然蕺山對其理論的發揮卻著墨甚多。以下將先就〈中庸首章大義〉中的理論
作説明，再進而討論其它資料中的説法。〈中庸首章大義〉中言：

> 沖漠無朕之中，萬象森然已備也。故曰莫見莫顯，君子烏得不戒愼
> 恐懼兢兢愼之。

此説中之釋莫見莫顯與中庸原義相去不遠，莫見乎隱，莫顯乎微只提醒吾人，
在隱微處正有人倫教化的大道理在，是故君子向學必從此己處著手，故言莫
見乎隱，莫顯乎微時，是要謹記著愼獨之功夫要作，此亦蕺山於《人譜·証
人要旨》首箴即言「凜閒居以體獨」之意所在。至於其言「沖漠無朕之中，
萬象森然已備。」則爲對爲何須於不睹不聞處致戒愼恐懼之功及爲何會有莫
見乎隱莫顯乎微之事，以致君子必愼其獨也之要求，提供理論上的説明。沖
漠無朕之中可指人心獨體之在戒愼恐懼、在愼獨中之狀態，特別言其是在一
沖漠無朕之中，是一不顯露無跡象之狀態，然而此一狀態此一處境，卻是銜

〔註93〕《全書》卷十，頁157，〈學言上〉，上欄左，五十九歲。

接著不睹不聞到可睹可聞，從隱從微中得出其見、其顯之契機，即如蕺山之另言「不睹不聞之中而莫見莫顯者存焉」，〔註94〕「萬象森然已備」即與「天下之可睹可聞者即於此而在」同義，因此「沖漠無朕之中，萬象森然已備」即可形成一個條件，並依此條件即可說明「不睹不聞之中而莫見莫顯者存焉」。同樣亦是說明：「莫見乎隱、莫顯乎微。」再推一步，就可以了解到對君子必慎其獨之要求是如此重要的原因了。此獨即「沖漠無朕之中」即隱即微即不睹不聞，但又「萬象森然已備」，且天下之可睹可聞即於此而在，故又豈可不慎此獨，豈可不作慎獨功夫矣。以上為就〈中庸首章大義〉一文釋隱見顯微之理論的說明。以下將就其它資料再做蕺山理論的研究。

（一）隱見顯微與慎獨理論

首先，蕺山有以隱見顯微釋獨、獨體、與慎獨之若干理論如下。其一：

> 中庸疏獨，曰隱、曰微、曰不睹不聞……〔註95〕

蕺山於《大學古記約義》中以大學中之天下國家身心意知之一脈說下來，而至更推求其本時，即曾以「隱微之地是名曰獨」釋獨，而前引文則直接指中庸就是以隱、以微、以不睹不聞疏獨，此義對蕺山釋獨之說可為一貫者。然就朱子以不睹不聞屬未發，以獨為獨知之地屬已發之說正為差異極大者，此亦蕺山立論之特色所在，一方面融貫地解釋經典，直就中庸文字解釋中庸，且在功夫皆一貫的理論特色下，融貫了諸多本體上的概念，一方面又處處就朱子之說以反朱子之說，而提出自己的理論主張者。

其二：

> 容貌辭氣之間，皆一心之妙用，非但德符而已。一絲一竇漏，一隙一缺陷，正是獨體之莫見莫顯處，若於此更加裝點意思，一似引賊入室，永難破除，厥害匪輕。〔註96〕

前文中曾以「沖漠無朕之中，萬象森然已備」為條件，說明慎獨功夫之必要性，並以此解釋莫見乎隱，莫顯乎微，其說可謂正面地、直接地談。而此段引文則似反面地、間接地談莫見乎隱莫顯乎微，指的是一心之妙用在容貌辭氣間必須有所德符，若達不到此，則一個小缺點便帶來大漏洞，若還想虛矯修飾，那就誤入歧途，迷之又迷了。因此此文正是換一種說法以提醒小缺小

〔註94〕《全書》卷十二，頁185，〈學言下〉，上欄左，六十六歲。
〔註95〕《全書》卷十二，頁184，〈學言下〉，上欄右，六十六歲。
〔註96〕《全書》卷十，頁161，〈學言上〉，上欄右，五十九歲。

失的不可不慎，亦是從一絲一竇漏，一隙一缺陷解釋莫見乎隱莫顯乎微的另一種說明方式。

其三：

> 莫見乎隱，亦莫隱乎見；莫顯乎微，亦莫微乎顯，此之謂無隱見無
> 顯微。無隱見顯微之謂獨，故君子慎之。〔註97〕

中庸原文之莫見乎隱、莫顯乎微之重點在就那隱、微處之莫見、莫顯義提醒個君子必慎其獨，然蕺山又言個莫隱乎見、莫微乎顯，似乎又要在見、顯處強調個莫隱、莫微，而既隱既微就有慎獨功夫之必要，可謂獨中雖自隱微處來，然顯見處亦不離此隱微，故獨中無分於隱見顯微，皆是慎獨功夫之必要下手處。在現實生活中講來，則指人倫百行中事，無一不有道理在，常人習於事，則極易在明顯的規範中卻犯下失德之瑕疵，此即莫隱乎見、莫微乎顯之義，亦是慎獨正當下手處。朱子言莫見乎隱，莫顯乎微是緊扣慎獨功夫者，而慎獨功夫又不同於戒慎不睹、恐懼不聞之功夫，後者屬未發，前者屬已發，既屬已發，則隱微亦是已發，且重視其由隱至見，由微至顯之萌發義，故慎獨功夫只在萌動處謹凜。而蕺山不喜此說，故言功夫不分已發未發，則戒慎恐懼與慎獨則合一事，故不睹不聞中即見可睹可聞，故隱微中有顯見，顯見中有隱微，隱見顯微其實不分，獨該隱見顯微，慎獨則即在隱微中慎獨，即在顯見中慎獨，故慎之義不分已發未發，慎獨之功乃同戒慎恐懼，此蕺山不同於朱子處之又一例也。

（二）由微之顯

其次，蕺山亦於多處文字中闡述了由微至顯的理論內容，以詮釋莫見乎隱莫顯乎微之所以可能者。蕺山言：「……故中庸止言慎獨，而微之顯直達天載，後之入道者必於此求之矣……」，〔註98〕此文言由微之顯乃直達天載者，既如此則出微入道可達天載，慎獨之功立於此，可謂得中庸第一義者。故另言「獨體只是個微字，慎獨之功亦只於微處下一著子……」。〔註99〕此外，微字既達天載則亦達性，蕺山另言：「……闇然而日章，闇則通微，通微則達性，連性則誠，誠則真，真則常，故君子慎獨。」，〔註100〕此文由闇言入，乃取於中庸〈詩曰衣錦尚絅〉章，「故君子之道，闇然而日章；小人之道，的然而日

〔註97〕《全書》卷十，頁157，〈學言上〉，上欄左，五十九歲。
〔註98〕《全書》卷十九，頁339，《論學書·與錢生仲芳》，六十歲。
〔註99〕《全書》卷十，頁155，〈學言上〉，上欄左，五十九歲。
〔註100〕《全書》卷六，頁109，《証學雜解第十》，六十六歲。

亡。」蕺山以闇通微，故另言曰：「中庸全部收到闇字，最是聖賢眞種子。」，〔註101〕由闇通微，由微達性，此即同於言由微之顯直達天載之義。而達性也好，連天載也好，則又同於不睹不聞處即天命之性之格局。可見蕺山談愼獨功夫之理論一貫，及其言本體以証功夫之反覆致言，皆不脫中庸証性之路及不分已發未發之言者。

此外，由微之顯義之談到玄妙處，蕺山又有所發揮，其言：

> 中庸之道從闇入門，而托體於微，操功於敬，一步步推入，至於上
> 天之載，而乃能合天下以在宥，愈微亦愈顯，即微即顯，亦無微無
> 顯，亦無有無無，仍舉而歸之曰微，嗚呼微乎至矣哉。〔註102〕

> ……知乎比者謂之知微，惟其無微非顯，是以無體非用，惟其顯微
> 無間，是以體用一原，然則吾儕學道只從微字討消息可乎，敢以質
> 之高明。〔註103〕

此二文皆前文之註腳，重點在顯示蕺山重規於此微處之入手，並因而爲之說明其在本體上之玄妙理論基礎，所謂愈微愈顯，即微即顯，無微無顯，無微非顯，顯微無間等，皆爲由本體描入且足以發明由微之顯之旨，及愼獨功夫之內涵者。

四、喜怒哀樂

中庸言喜怒哀樂是藉喜怒哀樂之已發未發狀態談個致中和的功夫，蕺山談喜怒哀樂是反溯致中和的功夫而談個喜怒哀樂的本體結構，在本體結構處說清楚了，才好談已發未發、致中和等事。蕺山談喜怒哀樂的本體結構，除了是對中庸思想做一義理詮釋之外，更是藉喜怒哀樂爲資料發揮其形上思想的理論重點，尤其愈到晚年愈見其淋漓盡致的發揮。本文藉喜怒哀樂以詮釋蕺山在中庸首章中的思想發揮，很難避免處理混合著晚年形上思想特色的理論部份，故暫不限制在「中庸首章說」爲討論的素材。蕺山談喜怒哀樂的本體結構，最重要的觀念在於以喜怒哀樂爲性，且在性即氣的本體理論格局下，喜怒哀樂四氣周流且配諸事，包括四德、四時、四端心、五行、元亨利貞等。以下即先談喜怒哀樂之爲性者。

〔註101〕《全書》卷十二，頁208，《會錄》，下欄右。
〔註102〕《全書》卷十二，頁186，〈學言下〉，上欄左，六十六歲。
〔註103〕《全書》卷十九，頁356，《論學書·答葉潤山三》，六十五歲。

（一）喜怒哀樂是性

> 子思子從喜怒哀樂之中和，指點天命之性，而率性之道即在其中，
> 分明一元流行氣象，……此言性第一義也。〔註104〕

> ……中庸言喜怒哀樂之未發謂之中，只此是天命之性，故為天下之
> 大本……〔註105〕

> 程子曰：天下之道感應而已矣，喜怒哀樂之謂也。另曰咸感也，天
> 下惟感應之道為無心，動以天也，感之以喜而喜焉，感之以怒而怒
> 焉，絕非心所與謀也。故喜怒哀樂即天命之性，非未發以來別有天
> 命之性也。發對藏而言也。〔註106〕

蕺山以喜怒哀樂為天命之性之說，由上引文已極明顯。重點在蕺山以感應之
道言天之動，即為吉日天命之性時，著落在有實感實動之喜怒哀樂之流行上
言。天命流行即在感之以喜而喜，感之以動而動上言，非另有個天命之性在
未發之上，而喜怒哀樂在已發之後者。蕺山既以天命之性言喜怒哀樂，則接
下來就有許多重要可討論的哲學問題皆扣緊此義而言者。

　　首先，喜怒哀樂雖是天命之性，但更具體的天命之性是落實在仁義禮智
四德上的，故喜怒哀樂實即指仁義禮智四德而言其為牲者。蕺山言：

> 中庸言喜怒哀樂，專指四德言，非以七情言也。喜仁之德也，怒義
> 之德也，樂禮之德也，哀智之德也，而其所謂中即信之德也。……
> 自喜怒哀樂之說不明於後世，而性學晦矣。千載下特為指出。〔註107〕

喜怒哀樂即仁義禮智，則其關係為何？蕺山言：

> 喜怒哀樂即仁義禮智之別名，以氣而言曰喜怒哀樂，以理而言曰仁
> 義禮智是也，理非氣不著，故中庸以四者指性體……〔註108〕

本文有幾個重點。其一為仁義禮智四德目是性之以理言，而喜怒哀樂是性之
以氣言，故即仁義禮智之別名，此其一也。其二是喜怒哀樂是性之以氣言者，
此即顯示蕺山在本體結構上是即氣言性，主張性、氣不分的。其三是喜怒哀
樂不以情言，蕺山言氣是即氣言理，性即氣，氣即性者，蕺山引程子言以釋

〔註104〕《全書》卷六，頁111，《証學雜解・第十九》，六十六歲。
〔註105〕《全書》卷六，頁110，《証學雜解・第十六》，六十六歲。
〔註106〕《全書》卷十，頁157，〈學言上〉，上欄右，五十九歲。
〔註107〕《全書》卷十一，頁166，〈學言中〉，六十歲。
〔註108〕《全書》卷二，頁56，《易衍・第七章》，六十六歲。

喜怒哀樂未發謂之中時即言：「程子曰，性即氣，氣即性，故曰喜怒哀樂之未發謂之中。」﹝註109﹞總此諸說皆是要反對以「未發為性，已發為情」之說，及以「仁義禮智為性，喜怒哀樂為情」之說，﹝註110﹞蕺山在六十六歲「答史子復書」中曾展開長篇大論談性情關係，﹝註111﹞主張即性言情，情不與性對，而喜怒哀樂是仁義禮智之別名，是天命之性。人無一刻無喜怒哀樂之時，正如天無一刻無春夏秋冬之時，而喜怒哀樂四氣周流，無一刻或停，至於笑啼詈罵者有時而有有時而無，故不得以之為喜怒哀樂者，即不得以笑啼詈罵之情言喜怒哀樂者。﹝註112﹞至於真欲言情者，則古人言情皆即性言情，即情言性，例如「利貞者，性情也」是即性言情；「六爻發揮，旁通情也」、「乃若其情，無情者不得盡其辭」是即情即性，決不以已發為情，以情與性二分者；若言孟子之「乃若其情」，則是即四端心言仁義禮智，非有個四端心之發後，方得發現另有個所存之性也。﹝註113﹞

　　喜怒哀樂既以性言，非以情言，若言情，則亦是即性言情，即情即性，則「性生情」、「心統性情」之格局可廢矣！﹝註114﹞至於漢儒以喜怒哀懼愛惡欲言七情者，蕺山以其不倫不理，亂湊一起。﹝註115﹞若談七情，其為「性情之變，離乎天而出乎人者，故紛然錯出而不齊」，故為人欲上事，正存理遏欲之用力處，非喜怒哀樂性情之德中事。若言喜怒哀樂之已發未發，實決非刻意用功的人力可以施設的。﹝註116﹞故決非七情中事，此外，喜怒哀樂即是性，

﹝註109﹞《全書》卷十一，頁167，〈學言中〉，下欄左，六十歲。

﹝註110﹞《全書》卷十二，頁183，〈學言下〉，上欄右，六十六歲。及卷二，頁54，《讀易圖說‧第八圖》，六十六歲。

﹝註111﹞《全書》卷九，頁141，《問答‧商疑十則答史子復》。

﹝註112﹞另參考「天有四德運為春夏秋冬四時，而四時之變又有風雨露雷以效其用，謂風雨露雷即春夏秋冬非也，人有四德運為喜怒哀樂四氣，而四氣之變又有笑啼咻詈以效其情，謂笑啼咻詈即喜怒哀樂非也，故天有無風雨露雷之日，而決無無春夏秋冬之時，人有無笑啼咻詈之日，而決無無喜怒哀樂之時，如此可知未發已讓之說矣。」（《全書》卷十一，頁168，〈學言中〉，上欄左，六十歲。）

﹝註113﹞《全書》卷九，頁141，《問答‧商疑十則答史子復》，六十六歲。

﹝註114﹞《全書》卷二，頁54，《讀易圖說‧圖八》，六十六歲。

﹝註115﹞同註113。

﹝註116﹞《全書》卷十，頁159，〈學言上〉，下欄左，五十九歲。
「喜怒哀樂雖錯綜，其文實以氣序而言，至有散為七情，曰喜怒哀懼愛惡欲，是性情之變，離乎天而出乎人者，故紛然錯出而不齊，所謂感於物而動，性之欲也，七者合而言之皆欲也，君子存理遏欲之功，正用之於此，若喜怒哀樂四者，其發與未發更無人力可施也。」

便是人所固有，有迭運卻無去來，若言七情則是有去來者，故亦不可以情言。
〔註117〕處理了喜怒哀樂是性，是氣，非情之後，則對於喜怒哀樂四氣周流之
運行，即可討論其運行之範圍的問題。

（二）喜怒哀樂之流行

　　性是天命之性，天命之性有其流行，即流行感應中見性，是之謂喜怒哀樂，
則喜怒哀樂之運行是在天命而言者，其範圍是天命流行的全幅，既是天命流行
的全幅則喜怒哀樂可不只以性言，必合人心而言者。此即須有心性不分之本體
理論以爲配合方可。觀乎蕺山之言心性者，實即爲心性不分之格局者。蕺山於
慎獨功夫中言獨體時，獨體既是人心之隱微之地是名曰獨，獨體亦是天命之性，
故心與性合，「蓋曰心之所以爲心也，則心一天也，獨體不息之中，而一元常運，
喜怒哀樂四氣同流。」，〔註118〕蕺山既以心與天合，則心即與性合，人心之流
行便同於天命之性。即以喜怒哀樂爲性時，喜怒哀樂自亦有在人心處之流行義
者。故蕺山於《讀易圖說》第八圓即指其爲人心四氣之象，而謂：

> 天有四時，春夏爲陽，秋冬爲陰，中氣行焉，地有四方，南北爲經，
> 東西爲緯，中央建焉，人有四氣，喜怒哀樂，中和出焉，其穗則謂
> 之仁義禮智信是也。〔註119〕

可知喜怒哀樂一則在四時中言四氣周流，一則在人心處言的四氣周流，故是
即性而言亦可，即心而言亦可。蕺山曰：

> 性情之德，有即心而見者，有離心而見者。即心而言，則寂然不動，
> 感而遂通，當喜而喜、當怒而怒、當哀而哀、當樂而樂，由中導和，
> 有前後際，而實非判然分爲二時；離心而言，則維天於穆，一氣流
> 行，自喜而樂、自樂而怒、自怒而哀、自哀而復喜，由中導和，有
> 顯微際，而亦非截然分爲兩在。然即心離心總見此心之妙，而心之
> 與性不可以分合言也。故寂然不動之中，四氣實相爲循環，而感而
> 遂通之際，四氣又迭以時出。〔註120〕

此處之離心而言即即性而言，乃用辭之施設，非眞有喜怒哀樂之可離心運行

〔註117〕《全書》卷九，頁 138，〈董生心意十問〉，六十五歲。
　　　　「喜怒哀樂以四氣言，非以笑啼詈罵言，笑啼詈罵時有去來，四氣無有去來
　　　　也，不然中庸何故就七情中巧巧指出四字來，破天開荒一笑而已。」
〔註118〕《全書》卷二，頁 56，《易衍‧第七章》，六十六歲。
〔註119〕《全書》卷二，頁 54，《讀易圖說‧圖八》，六十六歲。
〔註120〕《全書》卷十一，頁 165，〈學言中〉，下欄右，六十歲。

者。喜怒哀樂之即天運行，即即心運行者。在即心運行可即心而見，在即天運行可即性而見，只在言語設施上可謂離心而見而已。蕺山既以喜怒哀樂可即心而言，則可以孟子之四端心言喜怒哀樂。蕺山配四端心於喜怒哀樂之方式如下：

> 孟子以惻隱羞惡辭讓是非之心，徵性之善，猶曰有心善有心不善，
> 故曰有性善與不善，惟中庸以喜怒哀樂言之，人孰無喜怒哀樂者，
> 當其未發謂之中，及其已發謂之和，乃所以爲善也，惻隱之心喜之
> 發也，羞惡之心怒之發也，辭讓之心樂之發也，是非之心哀之發也，
> 喜怒哀樂之未發，則仁義禮智之性也。〔註121〕

綜合上言，喜怒哀樂四者指四氣周流，然理非氣不著，故中庸以喜怒哀樂四者指性體，性體中有仁義禮智四德，故中庸言喜怒哀樂即指仁義禮智四德，因性即氣，氣即性也。蕺山以喜怒哀樂爲性，除言其亦爲氣之外，尚強調其非情者，蕺山言「中庸言喜怒哀樂專指四德言，非以七情言也」，〔註122〕蕺山強調喜怒哀樂非情也，在性氣不分的本體結構下，喜怒哀樂是性、是氣，而非情，自天言、自人言，而其四氣之周流則爲迭運不息者，在此周流不息迭出循環之運行下，喜怒哀樂之言四德、配四時、配四端心、配五行、配元亨利貞等之本體結構即可全幅展現：

> 中庸言喜怒哀樂專指四德言，非以七情言也。喜，仁之德也；怒，
> 義之德也；樂，禮之德也；哀，智之德也；而其所謂中，即信之德
> 也。一心耳，而氣機流行之際，自其盎然而起也，謂之喜，於所性
> 爲仁，於心爲惻隱之心，於天道則元者善之長也，而於時爲春；自
> 其油然而暢也，謂之樂，於所性爲禮，於心爲辭讓之心，於天道則
> 亨者嘉之會也，而於時爲夏；自其肅然而斂也，謂之怒，於所性爲
> 義，於心爲羞惡之心，於天道則利者義之和也，而於時爲秋；自其
> 寂然而止也，謂之哀，於所性爲智，於心爲是非之心，於天道則貞
> 者事之幹也，而於時爲冬。〔註123〕

> 中和所蘊之情，不過喜怒哀樂四者，依然四氣之流行而五行各司其

〔註121〕《全書》卷十一，頁165，〈學言中〉，上欄中，六十歲。
〔註122〕《全書》卷十一，頁166，〈學言中〉，上欄右，六十歲。
〔註123〕《全書》卷十一，頁166，〈學言中〉，上欄右，六十歲。

令也。〔註124〕

　　喜屬木少陽、樂屬火太陽、怒屬金少陰、哀屬水太陰。〔註125〕

以上乃關於喜怒哀樂之本體結構者以此為基礎,蕺山才可發揮喜怒哀樂之已發未發及致中和的理論特色。至於此一以喜怒哀樂講出的本體結構,其在蕺山形上思想中的意義為何,將在下篇談蕺山形上思想時再作討論,此處只指出在中庸詮釋系統中之喜怒哀樂有是性非情義,及因其流行義而可配言四德、四時、四端心、五行、元亨利貞諸事者,而凡此二義之發揮又旨在程子之言「天下之道,感應而已矣」,及喜怒哀樂正以此感應中事而言其為天命之性之道理中來的。

五、已發、未發、中和

　　中庸言:「喜怒哀樂之未發謂之中,發而皆中節謂之和,中也者天下之大本也,和也者天下之達道也,致中和,天地位焉,萬物育焉。」本節即將處理蕺山在此段文字中的理論發揮。其喜怒哀樂的本體結構部份已敘述於前一段,此段則將從「中在喜怒哀樂脈絡下的本體意涵」、及「中與和的體用關係」、及「已發未發之諦義及其與功夫的關係」等數個主題做討論。

(一)中在喜怒哀樂脈絡下的本體意涵

　　中庸言「喜怒哀樂之未發謂之中」,而蕺山釋喜怒哀樂不以情言,而以性言,且喜怒哀樂以天命之性的身分等同於仁義禮智,亦同於天道乾元亨利貞,亦同於四時之春夏秋冬之交迭之四氣,因此在喜怒哀樂之本體結構的脈絡下,對於「喜怒哀樂之未發謂之中」的「中」亦須處理其本體結構上的問題。此外,中庸言:

　　　喜怒哀樂之未發謂之中,發而皆中節謂之和,中也者天下之大本也,

　　　和也者天下之達道也,致中和,天地位焉,萬物育焉。

因此在中與和的關係中,亦有中的本體的問題,是故就中的本體問題而言,實有配喜怒哀樂言者及配中和關係言者之兩面,此處先處理配合「喜怒哀樂」而言的中的本體意涵。蕺山言:

　　　喜怒哀樂,當其未發只是一箇中氣言,不毗於陽,不毗於陰也,如

───────────

〔註124〕《全書》卷十,頁157,〈學言上〉,下欄右,五十九歲。
〔註125〕《全書》卷十,頁159,〈學言上〉,下欄左,五十九歲。

天之四氣，雖有寒煥溫涼之不齊，而中氣未嘗不流行於其間，所以能變化無窮，此中氣在五行即謂之土，土方位居中是也，和即中之別名。〔註126〕

中只是四氣之中氣，和只是中氣流露處，天若無中氣如何能以四時之氣相禪不窮，人若無中氣如何能以四端之情相生不已。〔註127〕

……乃四時之氣所以循環而不窮者，獨賴有中氣存乎其間。而發之，即謂之太和元氣，是以謂之中，調之和。於所性為信，於心為真實無妄之心，於天道為乾元亨利貞，而於時為四季。〔註128〕

喜怒哀樂一氣流行，而四者實與時為禪代，如春過了夏秋過了冬，冬又春，卻時時保箇中氣，與時偕行，故謂之時中。此非慎獨之至者不足以語此，故與小人之無忌憚相反。〔註129〕

中也者，於所性為信，於心為真實無妄之心，於天道為乾元亨利貞，於時為四季。這些都同放在喜怒哀樂中的安排者，其最有特色者，乃中之以氣言而稱之為中氣者。中以氣言，就能對喜怒哀樂之以氣言者，有一本體運作上的主宰關係，此即以中氣流行於四氣之間與時偕行，使四氣相禪不窮之關係。而又因中氣提供了此一功能，致喜怒哀樂相禪不窮之運行亦得表現為循環無窮及迭以時出者，「故寂然不動之中，四氣實相為循環，而感而遂通之際，四氣又迭以時出。」〔註130〕而此一循環時出之喜怒哀樂四氣運行即是天之常運義。人事有時會變，但「天卒不改其常運」，〔註131〕是故，此一循環時出之不息之運作亦正是天道的本身，「唯天之命，於穆不已」，故蕺山得以喜怒哀樂稱為天命之性，「天命之性不可得而見，即就喜怒哀樂一氣流行之間，而誠通誠復有所謂鬼神之德者言之，德即人心之德，即天命之性……」，〔註132〕這個道理就同於「天下之道唯感應而已矣」的道理，〔註133〕是喜怒哀樂在感應中不斷流行，因以之為天下之道之本體，是故稱性，這些都是在喜怒哀樂之流

〔註126〕《全書》卷十，頁158，〈學言上〉，下欄左，五十九歲。
〔註127〕《全書》卷十一，頁165，〈學言中〉，上欄左，六十歲。
〔註128〕《全書》卷十一，頁166，〈學言中〉，上欄左，六十歲。
〔註129〕《全書》卷十一，頁184，〈學言下〉，上欄右，六十六歲。
〔註130〕《全書》卷十一，頁165，〈學言中〉，下欄右，六十歲。
〔註131〕《全書》卷十，頁158，〈學言上〉，下欄左，五十九歲。
〔註132〕《全書》卷十二，頁185，〈學言下〉，上欄左，六十六歲。
〔註133〕《全書》卷十，頁157，〈學言上〉，上欄右，五十九歲。

行中言者，而此皆賴中氣之運旋樞紐才有以致之者。故蕺山云：「盈天地之間
只是一點太和元氣流行，而未發之中實爲之樞紐其間。」〔註134〕然而中之以
中氣言亦只是發揮一樞紐其間的功效，並非強調中之以氣言爲實有一中氣之
氣，而喜怒哀樂以四氣言亦非強調其必有四個氣，加中氣之一氣爲五個氣，
中之以氣言爲中氣而參入於喜怒哀樂之以四氣言者實只指出，四氣者實只一
氣，或即可變爲千氣萬氣，只大化流行中有其次序故有殊相，故稱四氣，然
次序中有自天命之性而來之合目的性的固定秩序，故有總相，故稱中氣，總
言之，盈天地皆氣也，要講結構故講四氣，要講樞紐其間之主宰故講中氣，
如此而已。

　　然而，中以氣言，固使喜怒哀樂四氣周流，循環不已，然喜怒哀樂之以
氣言乃配春夏秋冬四時者，故四時之變乃得其常，但喜怒哀樂仍有以性言以
配仁義禮智，及配天道乾元之元亨利貞，及人心之四端，故中亦有於所性之
信，及於心爲眞實無妄之心，及天道爲乾之元亨利貞者。而中之以此言時，
亦皆知中氣運旋於四氣般地運旋於性於心於天道者，因而亦使「仁義禮智之
性……四者更隱迭見。」〔註135〕及「四端之情，相生不已」，〔註136〕此即仁
義禮智之德在中之信德之樞紐下得更隱迭見，一見全見，以及惻隱、羞惡、
辭讓、是非之心，得在一眞實無妄之心之運旋中相生不已，無一刻之稍停者。

　　中之有此大用者，乃在配合喜怒哀樂之本體結構上言者，而中亦由此得
著其本體上之意涵，然而言一套本體結構的理論體系，是蕺山藉喜怒哀樂以
建構自己形上思想而設的，倒不是直就中庸「喜怒哀樂之未發謂之中」的關
係下談的中與喜怒哀樂的功夫理論上的問題。可謂就「喜怒哀樂」也好，就
本文「中的本體意涵」也好，都尚未處理到此「未發」概念對喜怒哀樂與中
的在人心之獨體以言功夫理論關係之討論。後文即將進入「喜怒哀樂之未發
謂之中，發而皆中節謂之和」的脈絡下，討論蕺山對已發、未發與中和關係
之在功夫理論中的看法。下段先談中和關係。

（二）中與和的體用關係

　　〈中庸首章大義〉云：

　　　喜怒哀樂之未發謂之中，此獨體也，亦隱且微矣。及夫發皆中節，

〔註134〕《全書》卷遺編卷二，頁987，《遺編學言》，上欄左。
〔註135〕《全書》卷十，頁147，〈學言上〉，下欄左，四十六歲。
〔註136〕《全書》卷十一，頁165，〈學言中〉，上欄左，六十歲。

　　　　而中節即是和，所調莫見乎隱，其顯乎微也。未發而常發，比獨之
　　　　所以妙也。

撇開蕺山晚年形上思想的討論，一回到中庸詮釋系統中時，我們立刻可以發現，
蕺山仍是就著慎獨功夫的脈絡，而以中庸思想為其本體理論的發揮者，獨體是
中，但中即是和，獨之所妙是獨之作用，獨之作用是未發而常發，即是貫未發
與發，故中即是和，中是獨體，但是在獨體的作用中，和亦不是另一事，和亦
只是就獨之發皆中節而言者，和不在獨之神妙作用的範圍內事，蕺山云：「問中
便是獨體否？曰然，一獨耳，指其體謂之中，指其用謂之和。」，〔註137〕在獨
體神妙作用的未發而常發中，中與和正是一個體用的關係，蕺山另云：「中為天
下之大本，慎獨之功全用之以立大本，兩天下之達道行焉。」，〔註138〕可謂在
蕺山立慎獨功夫的格局下，獨體是中，而和是中之用，功夫用在中時，和即於
此而在，故曰：「慎獨之功全用之以立大本，而天下之達道行焉。」

　　以上為就慎獨功夫說的中和關係者，蕺山立中和之關係另有以心言者，
以心言則中為心體而和為用，「喜怒哀樂所性者也，未發為中具體也，已發
為和其用也，合而言之心也。」，〔註139〕即謂心之未發為中，中為心體。心
之己發為和，和為心之用。喜怒哀樂則指點心之所性處，可謂一心耳，就中
指體，就和指用，在喜怒哀樂見性耳。總之，在獨體言中和時，其為體用關
係，而透過慎獨功夫時，中和是一事。在心中言中和時，中和亦只是一個體
用關係。

　　中庸言：「致中和，天地位焉，萬物育焉。」就致中和之功夫而言，若不
分配已發、未發而分言中和時，則致中和只是慎獨一事而已。蕺山云：「致中
和而要之於慎獨云，慎獨所以致中和」，〔註140〕及「若致中和便位天地育萬物，
起處只幾微耳，所以要必慎其獨。」，〔註141〕然在慎獨功夫中，獨體妙運，未
發而常發，則中和只是一事，更分不得體用，故蕺山六十四歲「與履思書」
中又言：「喜怒哀樂本體自是中和，只如此勘入，則體與用雖欲不打合為一，
亦不可得。」〔註142〕論中和關係，若分配體用則體用自是一原，若不分配體

〔註137〕《全書》卷十，頁158，〈學言上〉，下欄左，五十九歲。
〔註138〕《全書》卷十，頁148，〈學言上〉，下欄左，四十八、四十九歲。
〔註139〕《全書》卷十二，頁189～190，〈學言下〉，六十六歲。
〔註140〕《全書》卷十一，頁167，〈學言中〉，上欄右，六十歲。
〔註141〕《全書》卷十三，頁201，《會錄》，下欄左。
〔註142〕《全書》遺編卷四，頁1002，《遺編論學書‧與履思十九》，六十四歲。

用則打合爲一。不論依何說，只要是以慎獨功夫勘入者，則中與和皆是獨之所妙中之事矣。（以上從中庸詮釋脈絡言，若就蕺山形上思想看來，則依形上本體即在形下世界中見之說法，則天命之性只在人倫百行，只有於現實世界實做人倫教化之功，更無虛玄地體會本體之事，故談功夫即是致和，致和即是致中，致中只在致和，此慎獨說得合中和，合不睹不聞與可睹可聞，合隱見顯微，合體用諸義之另一理據。此義待下篇詳言。）以上論中和關係，下段談蕺山對已發未發之詮釋。

（三）已發、未發之諦義及其與功夫的關係

　　喜怒哀樂之運行，在天爲流行之狀，在人則爲功夫之用。然而運行也好，流行也好，功夫也好，中庸則指出已發、未發爲之表狀。「喜怒哀樂之未發謂之中，發而皆中節謂之和」既描述了喜怒哀樂未發與已發之兩層運行意義，又和合了中和以架構出中庸本體理論的體系。至於對已發未發的詮釋，在宋明數百年的理學發展中，則正將之做爲建立功夫發用的理論依據。其中朱子的功夫理論即藉已發未發而發揮者。〔註143〕蕺山既反對朱子兩分功夫的格局，遂以已發未發爲一事，更於晚年建立誠意學中論意之存發問題時又大加發揮了一番。此處先談蕺山以已發未發爲一事者。蕺山對已發未發之詮釋，乃常以存發一機、中和一性、中外一機、中和一理之共同格式來表示，此即是在合已發未發爲一事的理論格局下才有的說法。蕺山言：

　　　　自喜怒哀樂之存諸中而言謂之中，不必其未發之前別有氣象也，即
　　　　天道之元亨利貞運於於穆者是也；自喜怒哀樂之發於外而言謂之
　　　　和，不必其已發之時又有氣象也，即天逆之元亨利貞呈於化育者是
　　　　也。惟存發總是一機，故中和渾是一性。〔註144〕

　　　　……未發以所存而言者也，蓋曰自其所再者而言一理渾然，雖無喜
　　　　怒哀樂之相，而未始淪於無，是以誦之中；自其所發者而言，泛應
　　　　曲當，雖有喜怒哀樂之情；而未始著於有，是以謂之和。可見中外
　　　　只是一幾，中和只是一理，絕不以前後際言也。〔註145〕

前段所述重於以已發未發皆天道之流行，已發爲談元亨利貞之創造化育，未發爲談元亨利貞之不息精神，且皆爲一機中事之存中與發外，而非有時間前

〔註143〕本文已提示性地論述於前節獨知項下。
〔註144〕《全書》卷十一，頁166，〈學言中〉，上欄左，六十歲。
〔註145〕《全書》卷九，頁138，〈答董生心意十問〉，六十五歲。

後作用兩分之氣象者。故已發未發爲一事，非天道之流行一分爲二，只兩層意涵耳。後段所述重於以喜怒哀樂在人道之事上，其已發與未發者，非可以有無言，只是言其所存所發立言之角度不同，故其存發之中與外只是一機，而中與和又只是一理，故已發未發分不得時間之前後，更不可以有無而兩分何爲已發何爲未發者。總之，在天道言周流時，中和皆天道周流中事，在人道言性情時，喜怒哀樂一理渾然，泛應曲當，即爲既中且和者，故分不得已發未發，亦分不得中和者，此爲蕺山言已發未發之註解。

　　上所引文之後段中，蕺山提到無喜怒哀樂之相及有喜怒哀樂之情之有無問題，表面上似與喜怒哀樂是性非情之說法有所衝突，實應細加分辨。首先，自其所存者言，蕺山謂：「無喜怒哀樂之相」此以爲蕺山以相言喜怒哀樂，然又暫時無此相者，如此則喜怒哀樂只流於表象生色之情，而矢其性義，然蕺山又云：「而未始淪於無」，今若合「無喜怒哀樂之相，而未始淪於無」者，此即蕺山欲強調以所存言未發時，喜怒哀樂自然不著於相，但未始即無，即仍存於心，故是性，性是常存者，雖不著於相，但仍常存，即不以相言者，即非以相釋喜怒哀樂，反更強調喜怒哀樂乃性之常存者。故「雖無喜怒哀樂之相，而未始淪於無」，此未始淪於無，即指未發乃以所存而言者也。其次，自其所發者而言，蕺山謂「有喜怒哀樂之情」，似爲直以情言喜怒哀樂者，然蕺山又云「而未始著於有」，今又合「有喜怒哀樂之情，而未始著於有」，此即欲強調雖然喜怒哀樂能現情貌，但卻不住著於此，因喜怒哀樂是性而非情，故不因情而有，否則情滅則喜怒哀樂亦滅，則喜怒哀樂豈不是情而非性矣。故當喜怒哀樂在現情貌時，即不著於有，即不以有言。至於喜怒哀樂之有情貌，實爲心內色外之存發一機、中和一性者。蕺山曾言：「內有陽舒之心爲喜爲樂，外即有陽舒之色，動作態度無不陽舒者；內有陰慘之心爲怒爲哀，外即有陰慘之色，動作態度無不陰慘者。」〔註146〕故有情也好，無相也好，皆只是喜怒哀樂之存發一機中事者，亦正不妨喜怒哀樂之以性言者。

　　以上以所引二文釋蕺山之談已發未發者。以下即就已發未發中談其言功夫者，蕺山在已發未發中所談的功夫是以養其未發之中而言者，至於在未發之中的功夫則是無可著力不勞摹索。蕺山於〈學言上〉四十三歲之前的語錄中即已言及：「學者但養得未發之中思過半矣。」〔註147〕五十一歲時又言：

〔註146〕《全書》卷十一，頁166，〈學言中〉，下欄右，六十歲。
〔註147〕《全書》卷十，頁146，〈學言上〉，上欄右，四十三歲前。

「知道者之喜怒皆任天而動猶有過其則者，非善養未發之中無以見天則焉，
若世人喜怒一切逐物，如水樞隨浪起滅，更何中節不中節可言乎。」，〔註148〕
戢山之意即強調未發之中之必善養之，亦唯有在未發之中方做得功夫，若以
戢山愼獨功夫理論配言之，則此「中」自是獨體，正爲愼獨之要緊地，則此
善養未發之中的功夫實即愼獨之功夫者。此外，養未發之中的功夫卻又是無
可著力者，戢山於《會錄》中有言：

> 曰未發之中是覺體否？曰然。中庸言學問功化極於位育，只在致中
> 和，然所可致力者，獨未發之中耳。曰比處沒巴鼻，難以摹索，回
> 中性瑩然何勞摹索，纔摹索便不是，知此便知未發之中。〔註149〕

此處沒巴鼻，便是沒跡象，故不勞摹索，才摹索便不是，知此便知未發之中，
五十五歲著「氣質說」時亦有言：

> ……中庸曰喜怒哀樂未發謂之中，卻又無可著力處，從無可著力處
> 用得功夫來，正是性體流露時……〔註150〕

喜怒哀樂是性，未發之中更是沖漠無朕，自然沒有可著力處，此時只是個性
體流露時。故：

> 只教此心有主，使一元生意周流而不息，則偏至之氣自然消融，隨
> 其所感而順應之，凡爲人心之所有，總是天理流行。〔註151〕

無可著力與此心有主自是一事，此心有主，非主於喜、主於怒、主於哀、主
於樂者，乃主於一者。主於一而使一氣周流，當喜則喜、當怒則怒，則偏至
之氣自然消融，不必執著氣力於去欲除私，此正於性體處用力之者。因凡爲
人心之所有，總是天理流行，故能使流行在天理中者，則是向學之路。而此
一功夫入路，起始只是個善養未發之中，未發乃無而未始無者，因其無，故
不可著力，因其未始淪於無，故使一氣周流，所感所應總是天理流行。此即
善養未發之中之實效者，故爲中庸位育天地之實下手處，唯可致力者。

　　功夫既用在未發之中，則只以致和爲功夫而不識中之攝和義者即爲戢山
所不取。因爲致中已含著致和，此意於前文論中和關係時也已提及。戢山晚
年諸說，一一與先儒牴牾，且極力排斥朱學傳統之兩分格局者，故於〈學言

〔註148〕《全書》卷十，頁149，〈學言上〉，下欄左，五十一歲。

〔註149〕《全書》卷十三，頁199，《會錄》，上欄右。

〔註150〕《全書》卷八，頁126～127，〈氣質說〉。

〔註151〕《全書》卷六，頁110，《證學雜解・第十六》，六十六歲。

下〉六十六歲之記載中，出現了多次批評言致和功夫之談話，蕺山云：

> 隱微者未發之中，顯見者已發之和，其見乎隱莫顯乎微，故中爲天
> 下之大本，愼獨功夫全用之以立大本，而天下之達道行焉，然解者
> 必以愼獨爲致知功夫，不知發處又如何用功，率性之謂道，率又如
> 何用功，若此處稍著一分意思，便全屬人僞，非徒無益，而又害之
> 矣，小人閒居爲不善，正犯此病症來。〔註152〕

蕺山晚年仍以愼獨說爲功夫之論旨，釋中庸則不離愼獨功夫，此處即以愼獨
功夫用於致中者，以排斥論致和功夫者。故謂「中爲天下之大本，愼獨功夫
全用之以立大本，而天下之達道行焉」即謂致中則教和在其中，至於所謂「解
者必以愼獨爲致知功夫，不知發處又如何用功」一語，則指的是朱子以獨爲
獨知，以愼獨爲致知，且以戒愼恐懼用於未發功夫，以愼獨用於已發功夫，
故致知即是致和即是發處功夫。但蕺山不以發處爲可用功夫者。因蕺山乃自
主靜之脈絡言愼獨者，則取靜存，捨動察，動而省察之說可廢，若於走作後
市與他痛改，則才痛改即是靜存中事，故云：「發處如何用功」，另言「率性
之謂道，率又如何用功」，則是依天命之謂性，即中，即天下之大本；率性之
謂道，即和，即天下之達道之格式而言者。蕺山以先儒言功夫於致和之上，
即言於率性之謂道上，故詰問之以率處如何用功者，此即同於詰問發處如何
用功者，以上釋此段引文主旨即在反對以致和爲功夫者，蕺山另言：

> 看來諸公總以未發之中認作已發之和，故謂功夫只在致和上，而卻以
> 語言道斷，心行路絕上一層，喚作未發之中，此處大段著力不得，只
> 教人致知著力後自然黑窣地撞著也，此與延平之教正相反。〔註153〕

蕺山謂先儒「以未發之中認作已發之和」即爲批評功夫之錯用於已發之和上，
功夫只在善養未發之中，若欲致力於已發之和上，即是以未發之中認作已發
之和，若已認定功夫只在致和上，則所視之未發之中即爲「語言道斷，心行
路絕上一層」者。因爲在蕺山觀念中，功夫是實實在在的，本體與功夫不分，
原本始於致中、達於致和的功夫，若兩分中和，而致力於和，則其「中」者，
便被虛懸於「語言道斷，心行路絕上一層」者。因爲一個不在功夫之中的「未
發之中」，一個分離於「和也者，天下之達道也」的「未發之中」，實是毫無
掛搭處可言的。至於所言「此與延平之教正相反」，乃因延平喜教人看喜怒哀

〔註152〕《全書》卷十二，頁183，〈學言下〉，下欄右，六十六歲。
〔註153〕《全書》卷十二，頁183，〈學言下〉，下欄左，六十六歲。

樂未發時之氣象，若只重致和，則豈不與延平之教相反。蕺山早年曾處理此問題，蕺山謂「喜怒哀樂之未發謂之中，先儒教人看此氣象，正要人在慎獨上做功夫，非想像恍惚而已」。〔註154〕若功夫只在致和上，則未發之中是語言道斷、心行路絕，自是想像恍惚，而教人看未發氣象，要在慎獨上做功夫，則正爲善養未發之中，用功夫於致中上且使致和之達道即此而在者。此即因慎獨之功夫乃實功，乃即愼之於天下國家身心意者，而獨即中體即天命之性，天命之性必表現於大化流行人倫百行，故慎獨之功絕非想像恍惚而已，必是由致中以實於致和之功夫者，此亦可見蕺山早年即有以致中爲功夫要點之氣象在者。〔註155〕至於晚年因心意問題而強調之存發問題，轉而談已發、未發問題，及配合批評朱子兩分已發、未發功夫以談戒慎恐懼與慎獨者，則仍依守著慎獨→致中→善養未發之中之一路貫串下來的功夫說法者。此外，蕺山又言：

> 先儒之解大學者以意爲心之所發，而以所發先所存，故於中庸亦有致和以致中等語，近時鄒吉水有云，舍已發之和，而欲求未發之中，雖孔子不能，總爲不能出脫一意字，故其說種種悠謬信如此，只合和爲天下之大本了。〔註156〕

其中所論心意之存發問題，我們將在下章中討論。至於其它文字之意，只是再申反對致和以致中的說法，否則即爲以和爲天下之大本，正與中庸之義相反者矣。以上所引三段學言文字皆爲從反對致和以致中之說法立言者，可謂善守蕺山功夫用在靜存、慎獨、未發之中之理論格局內者。以上談已發、未發、中和者，下段即討論「致中和」之實際。

〔註154〕《全書》卷十，頁148，〈學言上〉，下欄左，四十八、四十九歲間。
〔註155〕蕺山早年尚未處理已發未發致中致和等細部理論疏理的問題，然因蕺山論學自始即依濂溪主靜脈絡主言，故特喜靜存之說，因亦對延平教人看未發氣象一事有所偏好，至於朱子，早年亦受學於此，然終不喜此說，故建立功夫之二分格局，而蕺山則可謂自始持守主靜一路，而能在理論的發揮上，結合動靜，綜合未發、已發、致中、致和以立說者，蕺山於四十八、九歲前後另有一文以談延平觀未發氣象者，亦爲從未發入而能綰合已發者，茲錄於後。
　　「延平教人看喜怒哀樂未發時作何氣象，此學問第一義，功夫未發時有何氣象可現，只是查檢自己病痛到極微密處，方知時雖未發而倚著之私隱隱已伏，纔有倚著便來橫決，若於此處查改分明，知貫風車輪，更無躲閃，則中體恍然在此，而已讓之後不待言矣，此之謂善觀氣象者。」（《全書》卷十，頁149，〈學言上〉，上欄左，四十八～四十九歲）
〔註156〕《全書》卷十二，頁183，〈學言下〉，下欄右，六十六歲。

六、致中和與天地位萬物育

蕺山談「致中和，天地位焉，萬物育焉」的理論並不多見，僅發表於〈中庸首章說〉之部份，其所談者乃就著中庸原文詮釋之脈絡及緊扣慎獨功夫說者。蕺山言：

> 中爲天下之大本，非即所謂天命之性乎，和爲天下之達道，非即所謂率性之道乎，君子由慎獨以致吾中和，而天地萬物無所不貫，無所不達矣，達於天地，天地有不位乎？達於萬物，萬物有不育乎？天地此中和，萬物此中和，吾心此中和，致則俱致，一體無間，極之至於光岳效靈百昌遂性，亦道中自有之徵應，得之所性而非有待於外者。此脩道之教所以爲至也。合而觀之溯道之所自來，既已通於天命之微，而極致之所由至，又兼舉夫天地萬物之大，推之而不見其始，引之而不見其終，體之動靜顯微之交，而不見其有罅隙之可言，亦可爲奧衍神奇，極天下之至妙者矣，而約其旨不過曰慎獨。
>
> 獨之外別無本位，慎獨之外別無功夫，此所以爲中庸之道也。〔註157〕

此段文字乃蕺山對「致中和，天地位焉，萬物育焉」最詳盡的詮釋，而總歸結於慎獨功夫。以下將一一疏之。

首先，「中爲天下之大本，非即所謂天命之性乎，和爲天下之達道，非即所謂率性之道乎」，此段文字本文已於論不睹不聞時引用過，蕺山得以言此，實有其建立於中庸首章整個詮釋體系的理論支持。中爲天下之大本，實亦只是喜怒哀樂之未發，然蕺山以喜怒哀樂爲性，即仁義禮智四德，豈非正可謂之天命之性者；至於和爲天下之達道，實亦即喜怒哀樂之發而中節，喜怒哀樂是性，其未發而常發者是獨體之所以妙者，言其發而中節者，實亦只是個性體流露處，豈非即可謂之率性之謂道者。蕺山以中配天命之性，以和配率性之道，亦見於其反對致和功夫先於致中功夫之說法中，若言致和功夫，則「率性之謂道，率又如何用功？」〔註158〕此亦爲以率性之謂道爲和也者天下之達道之用法之例證。

接下來，蕺山言「君子由慎獨以致吾中和」者，實直以慎獨爲致中和者。其實中是天命之性，是獨體，且致中即縮致和，故慎獨即致中，即致中和，故由慎獨以致吾中和亦自可言也。此亦即此文中之所以能謂其「……而約其

〔註157〕參見附錄一，〈中庸首章說〉。
〔註158〕同註152。

旨不過曰愼獨。獨之外別無本體，愼獨之外別無功夫，此所以爲中庸之道也。」之緣由。亦即此可見蕺山將中庸詮釋歸管於愼獨之總義也。

至於「達貫於天地萬物」及「位育著天地萬物」者則須另爲詮釋。此處先釋「達貫於天地萬物」者。首先由愼獨以致吾中和，是爲一項功夫，而儒家的功夫則皆對著現實世界而言者，此由蕺山以獨爲天下國家身心意知物之本，及中庸之中和爲天下之大本達道諸語即可得証。至於蕺山以中和配天命之性，率性之道諸語，亦皆有其本體理論體系之可支持者，故天地萬物自是在致中和功夫的關切對象中，因此就君子由愼獨以致吾中和之功夫言，勢必是要達貫天地萬物。但就此功夫可以位育天地萬物者就須其他事實或理論之佐助了。首先，中庸所言之天地位、萬物育，表示著一個合理的世界秩序之展現，中庸以君子愼獨致中和以達此，蕺山以更綿密的本體理論體系以撐起獨與中和的義理架構後亦欲達到天地萬物之位育，然其是否合理與可能，則首須對於此位育之諦義及此位育之可能性深究之後方可論斷，以下先釋位育之諦義。

簡言之，儒學在先秦的創立，是針對社會問題、國家秩序而設計的一套經世濟民的思想體系，我們從禮記、荀子等諸文中所見之經國治民之典章規範，即可窺見其豐富的社會實踐主張，其欲建立一合理的政治社會秩序之企圖心又即可從大學八目之由內而外的乎天下思想中見出，此即去建立一個合於禮樂教化的政治社會秩序之世界。因此，在中庸所談之天地位、萬物育之最確實的意義，實即指的一個合於禮樂教化的政治社會秩序之完成，即爲由個人之修德與對社會之實踐，而促使整體社會達到儒者理想的秩序來。此爲位育天地萬物之要點。以上釋天地位、萬物育之諦義，以下釋其可能性之問題。

位育天地萬物之義既如此，則君子由個人之自修其德及對社會之實踐是否即能安置人倫秩序呢？即由致中和至天地位、萬物育之可能性爲何呢？欲回答可能性的問題時，如果我們不那麼單純地孤立這個命題，不那麼單獨地要求個人之自修及實踐即爲欲達此目標之唯一條件者，則此說可以成立。事實上，個人之自修及實踐當然並不忽略經世之技術方法之用於其上，亦不忽略他人之共同自修及實踐之用於其上。和合客觀技術條件及社會之共同參與，則社會的人倫秩序自有其可指待完成之日。此言其可能性出現之條件者，然而在儒學理論中，學者於強調人倫秩序之完成時，其理論發揮的方向擺在以個人之自修其德及實踐要求爲人倫秩序之完成之決定條件時，是著重於此一人倫秩序之完成，必須先有個人目的、個人努力之爲起始者。有此個人之起始一步，方可言及其

他，而使人倫秩序之完成，有可被期待者。然而起始與期待是一回事，完成是另一回事，這中間有很多技術的、客觀的、實際層面的事務有待努力者。而宋明儒者之理論方向卻不在這中間的技術條件之研究，不深究於典章制度之規劃，不深究於現實世界之掌握技巧，不深究於符合歷史需要之具體理想生活之研究，而卻往個人自修其德之有效方式走上功夫理論之研究；及從個人必作社會實踐之目的要求，走上本體理論的研究之上，即以儒學做為一理論體系之功夫與本體的面向上做更深入的研究，因此對「致中和，天地位焉，萬物育焉」的個人功夫條件，及世界本體內容有其極綿密的理論體系以為支持。即如蕺山之言性道教、言中言和、言喜怒哀樂、言不睹不聞、言隱見顯微、言慎獨、言獨體、獨知、獨位等是，但對於此具體社會實踐一步之內容、方式、技術，卻無所言者。無所言於政權掌握、領導統御、典章制度、興革建設者。此亦即在天地位、萬物育所代表之儒者禮樂教化的社會秩序之完成的理論扣合上，有致中和的功夫與本體理論，但卻缺乏了具體步驟的佐助之緣由。

以上，我們敘述了天地位、萬物育所指的實義，也說明了先秦儒之理論發揮固然指出儒者經營現實世界的立言方向，但並不忽略經營的技巧，只是在儒學作為哲學思想的發展脈絡上，到了宋明時代卻只扣緊其功夫與本體的理論發展，因此在蕺山釋「致中和，天地位焉、萬物育焉」時，亦不多談及現實技巧。然而，若緊扣儒學作為人類文化中一個欲有方向貞定的思想體系者而言，則儒學體系中之功夫與本體理論卻仍是其中必須建立的理論要項。儒者即使擁有一個理想的禮樂教化之政治社會藍圖，但卻不能說明何以必須建立此社會以及應如何要求、訓練個人來建構它的理由，則此一社會之建設可廢矣。譬如釋氏之說或老氏之說，即可取儒者之藍圖而代之。然而現實世界之政治活動永遠存在，但政治之倫理秩序卻時常蕩然，若不於宋明儒者所致力之肯定「建設禮樂教化之理想社會政治秩序」之要求有理論上之完備，則要求社會人心去恢復理想社會秩序之理論條件仍將缺乏，只有在思想上恢復了欲建立合理政治社會秩序的信念，則政治社會秩序之建立才可見曙光，此亦歷史迭變中之宋明儒者在思想史上之責任與定位，則其發展儒學之功夫與本體理論之特殊方向，自又是理之所當與勢之所然者。

以上釋「君子由慎獨以致吾中和，而天地萬物無所不貫，無所不達矣。達於天地，天地有不位乎；達於萬物，萬物有不育乎」。接下來，蕺山續言：「天地此中和、萬物此中和、吾心此中和，致則俱致，一體無間。」首先，

中和是喜怒哀樂之中和，而喜怒哀樂是既氣且性者，喜怒哀樂一氣周流「只此喜怒哀樂，而建乎天地即天地之寒暑災祥；達乎萬物，即萬物之疾痛痾癢」，〔註159〕是故，即天地萬物與人心之性體流露及氣化流行皆只是一個喜怒哀樂之中與和者，在人爲喜怒哀樂之中與和、在天地爲寒暑災祥之中與和、在萬物爲疾痛痾癢之中與和，在人心、天地萬物之運行秩序上，只是一個喜怒哀樂之未發及發皆中節的中與和，故人心有中和、天地有中和、萬物有中和。

接下來，人心與天地萬物之中和如何能爲一體呢？蕺山曾言：「仁者以天地萬物爲一體，位育只是一體中事」，〔註160〕此「致則俱致，一體無間」及「一體中事」者，實涵著本體與功夫上之兩層義理者。首先，就本體上言，天地萬物既同有喜怒哀樂之一氣周流，且依蕺山之天命之性之形上本體即在形下世界中見的義理而言，（此說將在下篇中詳細談到）一氣同流中皆天命之性中事，故同此一中和之中，即同此一體，即同此一天命流行之整體中事，此本體上之一體中事言者；然若就此「致中和」之功夫而言其「致則俱致，一體無間」之義理討論時，則應就「天地位、萬物育」之討論脈絡而爲之，即將天地萬物之中和指向人倫秩序之完成，並於此一完成之功夫中須做個分別，即在其目標方向上固然指向全體，然現實之完成卻必有待實際努力之逐一步驟及全體社會之共同參與並當其已實現後才可言其「致則俱致，一體無間」，決不能以個人之發心及努力之開始即謂之現實上的天地萬物之中和即已「致則俱致，一體無間」者。然而，若在此發心目標之指向全體之事中即以之爲致中和功夫必在全體之完成上才稱爲此「致」之眞義時，則亦應可言此「致則俱致，一體無間」矣。

餘下諸文則只爲以性、道、教之關係再做一些推衍，已無義理上之新義，故不多論，最重要的只在其最後明白指出慎獨是中庸之道之義，而此亦本章所言全部義理之輻輳處矣。此即其言：「……而約其旨不過曰慎獨。獨之外別無本體，慎獨之外別無功夫，此所以爲中庸之道也。」

以上談蕺山對致中和及天地位萬物育之詮釋，總合本節及本章所談即蕺山「從慎獨功夫理論到中庸詮釋系統之建立」之所有討論。其中有多處之義理皆須待後文之討論方能更見深義，因此對蕺山在慎獨與中庸義理之發揮，亦將藉後文之相關處並予討論。下章談蕺山另一重要的功夫理論，即誠意功夫理論，及另一重要詮釋系統，即大學詮釋系統。

〔註159〕《全書》，卷十，頁158，〈學言上〉，下欄左，五十九歲。
〔註160〕《全書》遺編卷二，頁987，遺編學言，上欄左。

第三章　從誠意說到《大學》詮釋系統的建立

第一節　蕺山詮釋《大學》思想的理論脈絡

　　蕺山對大學的詮釋內容主要表現在誠意說思想的建立上，在誠意說中，蕺山則藉對陽明「四句教」及「良知說」的批評而建立意為心之主宰、心之所存、好惡一機等的說法。並立誠意為大學八目中之主腦者。而誠意說之所以能成立者，則在蕺山對知止的詮釋上，蕺山以知止一項為大學經旨之所在，知止則知先後、知始終、知本末、知止於至善，且知止則定靜安慮得，幾乎大學經文一篇中皆該於知止義理之所涵者。然知止即需知先後知本末，故又於大學八目中，以誠意為此先後本末之主腦所在，格致只其功夫，功夫結在主意中，乃為眞功夫。既立誠意，則陽明所言致良知即為蕺山所不取。簡言之，蕺山之誠意說者，主要是在批評他論時不逐漸建立起來，而知止說之義理則起始即用以疏通貫串大學經文之詮釋者。

　　蕺山對大學思想的詮釋過程可約略分為三個時期。最早是五十二歲著《大學古記約義》及《大學雜言》時期，蕺山在此一時期已有特定對大學義理詮釋的看法，即表現在知止說的建立上；此後約十餘年間則轉為建立誠意說的基本理論，而逐漸否定朱子、陽明、龍溪等對意的看法及對格致誠正功夫次序的安排，並同時批評了陽明「四句教」；而約至六十六歲才極力批評陽明之「良知說」。透過這三個時期的理論發展，蕺山對大學之詮釋才面貌全眞。然而其中有部份理論是起始即有，如知止；有部份是長時期中逐漸建立，如意的理論及格致誠正的關係；有部份卻是在不同時期有不同看法的，如對良知

說的批評者。本章即將依上述順序，從知止說談到誠意說，再談到對「四句教」及「良知說」的批評。

第二節　從知止說詮釋《大學》經文

知止說的內容在五十二歲著《大學古記約義》一文之〈經旨〉、〈止善〉、〈格致〉諸章中已表現得非常清楚，簡言之即可以知止總貫《大學》經文之解釋者，即由知止可攝三綱及八目者。茲引〈經旨章〉全文於後：

道以物身之謂學，學以率性之謂道，學何以稱大？明明德於天下故大也。明明德於天下者，自明其明德也，必云明德者，天有明命人有明德也，明之者如其明而止也，即本體即功夫也。民言親何也？通之以一體之明故親也。在止於至善何也？繼之者善也，於天爲明命於人爲明德也，明之至者善之至者也，不遷其明焉善斯止矣，即止善即明明德，非明德之後方有善可止也，即明明德即親民，非明德之外復有民可親也，三物一物，三事一事，大學之要上至善而已矣。繼云知止何也？學以上爲究竟法必以知止爲入門法，知止而定靜安慮相因生焉，所以得止也。得其所正之謂德，定靜安慮者止善之消息也，似有漸次實無漸次也，故一知上而學問之能事畢矣，乃學以知止也。如何曰於此有方焉？道之所該莫非物也，而本末分，學之所該莫非事也，而終始分，始終本末之數睹，而先後之致可知矣，知乎此者以一本握大學之樞，而始之而終之漸進於止焉；明親一貫在是矣，故曰知所先後則近道矣，此如止之方也。引古人以詮何也？古人立大學之極者也，欲明明德於天下而天下之本在國、國之本在家、家之本在身、而心而意而知爲至善之地，則本之本也。致知在格物，即格其物有本末之物也，物格則知本知末且知始知終知所正矣，知止則知至，意於此而誠、心於此而正、身於此而修、家於此而齊、國於此而治、天下於此而平矣。必疏八目反覆言之何也？循八者而反於本，則其本始眞，循八者而達於末，則其末始備，如水有源必盈科而放海，如木有本必由幹而透華，知所先後知此而已。知其所先而先之，先無可先，直通帝降之初，知其所后而居之，后無可后，渾參覆載之量，此免舜禹湯文武所以繼天立極，而孔門

傳授之以教萬世者也。大哉學乎！後之入大學者如之何，亦曰知性
而已矣。知止所以知性也，知至至之可與幾也，知終終之可與存義
也，故學致知焉盡之矣。〔註1〕

依〈經旨章〉之所言，「大學之要止至善而已矣」，然因「三物一物，三事一
事」，故「即止善即明明德」，「即明明德即親民」，故蕺山拈出「止於至善」
為大學全篇經文所主張的至要所在。即以「止於至善」為大學經文要求儒者
一生追求之目標所在。故以「止」為究竟法，然「止善」必有功夫，故又「以
知止為入門法」，透過知止，則可定靜安慮而得止於至善也，「故一知止而學
問之能事必矣」，故於大學經文之會通後，方知「乃學以如止也」。而知止既
然止善之入門，則知上之具體行為何在，即在大學八目之實際功夫之中，然
此中仍有「知上之方」，即於八目之中能得其一本以握大學之樞者是，此「知
上之方」者，乃又即於大學八目本末先後之知其次序之事，依上說，則知止
之功夫一以入門法之身份合於止善事業，一以知此知上之方之身份合於大學
八目之事業，故知止一項實為大學詮釋之樞紐要件，以之為蕺山早期詮釋大
學之核心概念實不為過，以下分「以知止攝三綱」及「以知止攝八目」及「以
修身為本」談知止說對大學經文之詮釋者。

一、以知止攝三綱

首先，就三綱言，知止即知止於至善者，而蕺山以上至善是大學之主腦，
因大學之道在明明德在親民在止於至善，然蕺山以三事一事、三物一物，即
止善即明明德即親民，故大學之要止至善而已矣，〔註2〕止至善既可為大學之
主腦，則蕺山提知止說出知止攝止善、由止善攝三綱之第一步即算完成。

知止攝三綱尚不是其理論重要性之所在，其重點乃在於知止之攝八目
者，因宋明儒學自朱熹而後，一部大學之格致誠正之辨幾乎成為所有儒學家
在建立理論時必定要處理的問題，而蕺山能以知止說將格致誠正安排妥當，

〔註1〕　《全書》卷三八，頁848，《大學古記約義・經旨章》，五十二歲。
〔註2〕　蕺山於《學言下》亦有言曰：「大學首言明明德，又繼之曰止於至善，蓋就
　　　　明德中指出主宰，有所謂至善者，而求以止之，止之所以明之也。」（《全書》
　　　　卷十二，頁176，〈學言下〉，下欄右，六十六歲）此正可與〈經旨章〉之三事
　　　　一事者互為參考。另，蕺山以止於至善為《大學》之主腦者亦見於下言：「……
　　　　夫大學之所謂主腦者，止至善而已矣，止至善之功，知止而已矣。」（《全書》
　　　　卷三八，頁849，《大學古記約義・格致章》，五十二歲）

則知止說在蕺山詮釋大學之思想脈絡中便能佔據重要地位，甚至即為人之聖狂人禽之分者。〔註3〕以上釋以知止攝三綱，以知止攝八目待下段言。

二、以知止攝八目

　　蕺山以知止說攝八目者即由知所先後入，知所先後乃能攝八目者，故由知止義之合於知所先後義便能由知止攝八目。而此說又有二項條件存在，即知所先後之攝八目義之釐清，及以知止義合於知所先後義之釐清。首先，以知所先後之攝八目者，即由對八目先後次序之知以言其攝八目義者，而此義之攝八目乃即由蕺山言格物致知之義可得其要旨。其次，以知止義合於知所先後義者，即由對大學文義之釋義可得其合也。以下分致知及格物以言知止之攝八目者。

　　首先，蕺山談致知者即致此知止之知，〔註4〕又即知所先後之知，蕺山向有一通例，即在大學一文中之同一字詞必取同一字義，並欲藉此以使經文之詮釋不流於支離。〔註5〕因此知止之知除即知止於至善外，更即大學經文中之知所先後之知。前引文謂止至善是大學之究竟法，知止即其入門法，而知所先後則知止之方也。能知所先後，則大學八目中一遞先之推衍及遞後之推衍便全部該備其中，故一致知即該大學八目。因致知即知止，知止即知先後，知先後則該八目。而八目之有先後乃因物有本末、事有終始，本末終始即是一個先後次

〔註3〕參考下文：「大學之要只在知止，知止則為聖人，不知止則人不如鳥，聖狂人禽之分，止爭知與不知耳。」（《全書》卷十三，頁216，《會錄》，下欄右。）

〔註4〕此一用法於〈經旨章〉即可看出。至於〈格致章〉亦有言曰：「夫大學之所謂主腦者，止至善而已矣，止至善之功知止而已矣，致知之功格物而已矣，格物之要誠正以修身而已矣。」（《全書》卷三八，頁849，《大學古記約義·格知章》，五十二歲）此即直接以致知言知止，故致知即致其知止之知，此乃同於〈經旨章〉之用法者，故〈經旨章〉雖談知止，但最後卻說個「故學致知焉盡之矣」。然蕺山亦於六十六歲所著〈良知說〉中明白指出：「且大學所謂致知亦只是致其知止之知」（《全書》卷八，頁129～130，《說·良知說》，六十六歲）

〔註5〕參考以下二條引文：
「知止而定靜安慮得，所謂知至而后意誠也，意誠則正心以上一以貫之矣，今必謂知止一節是一項功夫，致知又是一項功夫，則聖學斷不如是支離，而古人之教亦何至架屋疊床如是乎。」（《全書》卷十，頁156，〈學言上〉，上欄左，五十九歲）。
「致知在格物，則物必是物有本末之物，知必是知所先後之知……在朱子則以物為泛言事物之理，竟失知本之旨，在王門則以知為直指德性之旨，轉駕明德之上，豈大學訓物有二物，知有二知邪。」（《全書》卷十二，頁177，〈學言下〉，上欄中，六十五歲～六十六歲）

序的問題，而天下國家身心意知物則稱之爲事爲物，故知此八事、八物之遞先、遞後關係，即大學之道之所在，此即由知止釋致知，由致知該八目之義者。

至於格物者，即格具物有本末之物之義，此因蕺山又於大學經文之中以同一義釋同一字者，因此格物之義即由物有本末取義，而本末連始終即是一個先後問題，大學先後問題所指即天下國家身心意知物之先後，格物之物，即天下國家身心意知物，因此由格物運著物有本末言時，此本末連於終始又只是一先後問題，故格其物有本末之物即同於致其知所先後之知者，故格物即致知，即知止。

知止至此攝止至善、攝致知，攝格物也。而大學經文之詮釋重點即在三綱八目之安置中，而三綱者三事一事歸於止於至善，故知止可攝三綱；而大學八目又始於致明明德於天下及其後之一個遞先、一個遞後功夫之中者，而此一先後功夫之次第有序地完成即釋八目之要義所在，即八目本身關係所談的只是一個次序的問題。大學之道在即明明德、即親民、即止於至善之事業之追求中，其方法則在由明明德以至天下國家身心意知物八事次序先後之辨上，即格致誠正修齊治平之功夫次第之考究上。而其中格具物有本末之物及致其知所先後之知之格致功夫者，即用於此八目遞先次序之知其次序之上。〔註 6〕故格物及致知可攝八目，故由知止以取義之上至善及格物、致知即可攝大學之三綱、八目者。蕺山由知止說以釋大學之面目自此打開。

三、以修身爲本

知「知止說」之可攝三綱八目者，首在於大學之道之三綱之三事一事歸於止至善耳，故一知「欲其止於至善」，則大學之道已在是矣，此即以知止功夫之能知大學之道義以言知止之攝三綱也；其次在於大學之道之欲明明德之實事所在之八目之事者，本身有一本末先後之分，先後本末之辨明，方得以一本握大學之樞，故先後本末之知即知上之力，此又以知止之方之知先後義以言知止之攝八目者。此義既明，則於知止之方之知先後中之大學之樞者爲何，即須辨明，即須於大學八目之本末先後之辨中找出所歸所本者爲何才是。三綱三事一事而

〔註 6〕 參考下文：
「物有本末，則必是由末以歸本，決不是由本以歸末，知所先後，則必是先本而後末，決不是先末而後本，故八條目緊承之。」（《全書》卷十二，頁177，〈學言下〉，上欄右，六十六歲）此文正顯示八目之本末先後關係極爲重要，不可不談。

可曰歸於止至善而已，然八目之所歸者何也，則修身者是。此即本段將討論之主旨。然以修身爲本之說，只蕺山五十二歲著《大學古記約義》及《大學雜言》時爲此，至知止說再發展及藉「四句教」與陽明學辯論之後，則轉爲以誠意爲本了。此處先藉修身爲本之「本」義之討論，以明大學八目先後次序關係之中的根本地，即其主腦者之義，知乎此，方可進入下節之拈出誠意說者。此外，知止是功夫，格物致知是功夫，誠意修身是功夫，然依知止說之義理，則格物致知功夫之功夫義與修身爲本之功夫義顯有不同，然因此義須待誠意說明瞭之後，藉格致誠正關係之辨方可言明，故待下節再言。

蕺山釋修身爲本者，其焦點皆放在此「本」之上。而本之所以重要，即因物有「本末」的關係，物有本末、事有終始，故大學八目有個先後關係，故知先後即知終始即知本末者。故知止之功夫即合此本末、終始、先後者言，在釋修身爲本之時，蕺山有時亦以知本代知所先後以釋知止及致知者。蕺山言「本者止之地，知本則知至而知止」，〔註7〕又言「傳申之曰修身爲本，此謂知本，此謂知至，可謂明白註疏」，〔註8〕知本既同於知止及知至，則蕺山更言：「八目遞言之，其要歸之知本而已。」，〔註9〕知本之意何也？即知修身之爲本。即大學八目遞先之功夫重點不在說明如何平天下、如何治國、如何齊家者，只在說明欲平天下、欲治國、欲齊家者，則在修身而已。修身其根本之事業者，故蕺山云：

> 不曰壹是皆以格物爲本何也？格物功夫修齊治平皆用得著，誤用之安知不以末爲本？惟自修身說來則格物只是格箇物有本末之物，故修身爲本四字不可易，李見羅先生曰：「齊治均平而不本於修，則爲五伯之功利；格致誠正而不本於修，則二氏之虛無。」其言雖主張太過亦自有見。〔註10〕

> 形、色，天性也，故大學之致歸於修身。內之攝心意知物，外之攝家國天下，此踐形之盡也。〔註11〕

> 文王止仁止敬眞是格物到極處，然合之皆所以修身，而本之我自

〔註7〕《全書》卷十九，頁356，〈論學書〉，六十五歲。
〔註8〕《全書》卷三八，頁849，《大學古記約義‧格致章》，五十二歲。
〔註9〕《全書》卷十二，頁180，〈學言下〉，上欄左，六十五、六十六歲。
〔註10〕《全書》卷三八，頁855，〈大學雜言〉，上欄右。
〔註11〕《全書》卷十一，頁169，〈學言中〉，下欄左，六十歲。

見，……〔註12〕

知修身爲大學八目之根本事業，則亦更由之知由知止說合義之格物致知之義者，其只爲格其物有本末致其知所先後之義也。而大學八目之實際，便即在此本末先後之辨中找到「壹是皆以修身爲本」之諦義也。以上釋由知止說所定之「本」義，而待蕺山開展知止說而轉至以誠意爲此「本」時，則蕺山對大學之詮釋便能藉誠意說之言功夫與言本體之義理發揮而大加開展者。總結上言，在知止說中，只一個致知的功夫，有知其欲止於至善之義以攝三綱，有知其本末先後之義以攝八目，有知本之義以知修身爲本。總合此三義皆致知功夫中事，又皆知止說中之所涵者。此即本節之要點。下節從誠意說談。

第三節　從誠意說到《大學》詮釋系統之開展

誠意說之主要內容即爲以誠意爲大學八目之主腦者，蕺山在詮釋大學之思想發展經過中，除五十二歲著《大學古記約義》時以知止總釋大學外，其理論之更進一步發揮者，即爲誠意說之建立。其不僅包含了原知止說的格局，並由誠意說中更擴深地詮釋了大學的思想，本節即將討論者包括：由知止發展到誠意的理論銜接，及誠意說提出後更明白確立的格物致知與誠意的關係，及在誠意說架構下八目與誠意之關係爲何，以及誠意說內涵中最關鍵的意爲至善本體的理論，至於由意的理論再轉出對陽明「四句教」及良知說的批評者，將在下節討論。以下即一一論之。

一、由修身爲本到誠意爲本的理論推衍

由修身爲本到誠意爲本說之建立，在理論推衍的脈絡上，即從知止說來。即在知止說的理論發展下，誠意說之建立，乃有其理論上所蘊含者。知止說乃蕺山五十二歲時詮釋大學的思想，其後至六十六歲極力批評陽明良知說中間一段時間，即蕺山大學誠意說之思想醞釀、發展之階段，在此一期間尤以五十九歲著《獨證篇》時才對誠意說有更明確之意見。〔註13〕「年譜」五十九歲項下亦記載：「始以大學誠意中庸已未發之說示學者」。〔註14〕同年於《學

〔註12〕《全書》卷三八，頁855，〈大學雜言〉，上欄左。
〔註13〕「獨證篇」已全文收錄於〈學言上・丙子獨證篇〉中。
〔註14〕《全書》卷四〇，頁911，〈年譜〉，五十九歲。

言上》曾云：

> 大學之教只要人知本，天下國家之本在身，身之本在心，心之本在
> 意，意者至善之所止也，而功夫則從格致始。正致其知止之知，而
> 格其物有本末之物，歸於止至善云耳。格致者誠意之功，功夫結在
> 主意中，方為真功夫，如離卻意根一步，才更無格致可言。故格致
> 與誠意二而一，一而二者也。〔註15〕

由上引文可見出誠意之如何由知止轉出者。首先，知止說中言大學八目的關
係只是一個先後本末的問題，只是在求個孰先，求個孰後，亦即求個孰本的
問題，而最後歸結於以修身為本者，故「大學之教只要人知本」，而「天下國
家之本在身」，自身為天下國家之本以遞推之，則可至心，至意者。是故，在
知止說中之以八目為遞先次序關係中，「意」即為自天下國家身心之本者。即
以修身為本者只修在「意」上即可。〔註16〕其次，知止乃知止於至善者，而
知止即知本，大學以修身為本，而依上說，意者又即天下國家身心之本，故
蕺山又以「意者，至善之所止也」釋意，〔註17〕六十五歲於《論學書》「答葉
潤山」時亦言：「意誠，則心之主宰處止於至善而不遷矣……止善之量雖通乎
心身家國天下，而根底處只主在意上。」〔註18〕故意既為本之本，亦為至善
之止者。故大學八目得以誠意為主腦者。

接下來，在知止說中，格致原即知八目次序之功夫者，故「功夫則從格
致始」，至於格致之義即仍如知止說中者，即「正致其知止之知，而格其物有

〔註15〕《全書》卷十，頁156，〈學言上〉，五十九歲，上欄左。
〔註16〕另參考下文：
「後儒格物之說，當以淮南為正，曰格知身之為本，而家國天下之為末，予
請申之，曰格知誠意之為本，而正修齊治平之為末。」（《全書》卷十二，頁
180，〈學言下〉，上欄左，六十六歲。）由此可見出知止說中以修身為本之說，
至此已轉為以意為心身家國天下之本矣。此外，蕺山又言：「曾子之言誠意也，
其修身為本之極則乎，故子思子曰誠身，孟子亦曰誠身，又曰反身而誠萬古
宗傳其在斯乎。」（《全書》卷二，頁60，《易衍·第二十八章》，六十六歲）
此正示以修身為本者，誠意正其極則也。
〔註17〕同樣的結構在知止說中即以知為至善之地，其言曰：
「古人立大學之極者也，欲明明德於天下而天下之本在國，國之本在家，家
之本在身，而心而意而知為至善之地，則本之本也。」（參見《大學古記約義·
經旨章》，《全書》卷三十八，頁848），由此亦可見出蕺山由知止說轉至誠意
說之痕跡，即在以知為至善之地或以意為至善之所止者之別也。
〔註18〕《全書》卷十九，頁357，《論學書·答葉潤山四》，六十五歲。

本末之物，歸於止至善云耳」，格致既爲知八目次序之功夫，今又以誠意爲自天下國家身心之本，及至善之所止，則大學八目之誠意功夫經知止說之此一轉折，遂成爲大學之主腦所在，因而使格致即爲誠意功夫，一誠意即三綱八目俱到也。故「格致者誠意之功」，「功夫結在主意中，方爲眞功夫」，且「如離卻意根一步，亦更無格致可言」。既如此，則「格致與誠意，二而一，一而二者也」。蕺山山知止以轉入誠意後，誠意則取代修身之本，及至善之所止，因而使格致成爲誠意功夫。以下再引二文以證上說：

> 大學首言明明德，則德性自然之知，業已藏在其中，本明起照，何患不知，只患不知止，不知本，則一點莽蕩靈明，於學問了無干涉，故首章特揭修身爲本，後章又言知其所止，而致知格物之義已無餘蘊，至於身之托命，果在何地，止之歸根，果在何地，決不得不從愼獨二字認取明矣，故曰大學之道誠意而已矣，知此之謂知先，知此之謂知本，知此之謂知止，知此之謂物格而知至。〔註19〕

> 格物雖格盡天下之物，然其要只是知本，蓋物有萬，而本則一也⋯⋯夫所謂知本者依舊只是知誠意之爲本而本之，不是懸空尋箇至善也。〔註20〕

此二文正最足以說明誠意爲本及格致爲誠意之功之義。以上釋從修身爲本到誠意爲本的理論推衍，以下談格致與誠意的關係。

二、格致與誠意功夫的兩層意義

　　蕺山對大學的詮釋中，在知止說裡初立了格物致知的規模，在誠意說裡確立了誠意的主腦地位，因此在五十九歲著《獨證篇》之後，格致成爲誠意的功夫之說即已確定。然而格致之爲誠意之功夫者，實即意謂格致功夫與誠意功夫有明顯地差異存在者，以愼獨功夫簡言之，愼獨即誠意，但愼獨並不即格致，愼獨是格致下手，是格致第一義，但非即格致者，以下即申言此誠意功夫與格致功夫之意義之差異者。約言之，誠意即愼獨，是實際的行的功夫，格致即知止，是知的功夫。

　　在知止說中，對大學八目之討論是以八目爲欲知止於至善時，即欲明明德於天下時，須有個功夫次第的本末先後之辨者，故云「於此有方焉」。知止

〔註19〕《全書》卷十二，頁 178，〈學言下〉，上欄左，六十五、六十六歲。
〔註20〕《全書》卷十九，頁 357，《論學書・復李二河翰編》，六十六歲。

對八目之討論乃只是藉之以談個本末者，八目本身有個本末先後之次序，而歸結於以修身為本。至於格物致知，則只是知止之方之同義，即止至善須有個功夫次第的本末先後，故須先格其本末之物及致其先後之知，才能知此本之本者。至於此八目自身之本末先後，則歸於修身者；至誠意說提出後，又歸於誠意者。而知止說終究只是提出須有所本之義而已，本身並不是八目序列中之本末者，故不礙修身為本或誠意之為本。是故格物致知之功夫，其亦非此本末此先後之序中之本者，先者也。

　　然就修身之為本而言，身含心意知物者，故究其精確而言，蕺山亦有理論上的需要以就身心意知物之中明確地說出個本中之本者，而其中之知與物者既已非此序內之目者，故而僅能就心與意中找個本者。心與意之關係容後詳論，總之在誠意說確立之後，意為八目之主腦，即為大學知止說中所必求之先後本末中之本之本者，即大學經文中「古之欲明明德於天下者，先治其國；欲治其國者，先齊其家；欲齊其家者，先脩其身；欲脩其身者，先正其心；欲正其心者，先誠其意」者。至此已足，即已找到了本而本之者，即功夫之真正主腦所在。至於「欲誠其意者，先致其知」則只是致其知止之知，知止之知只是指出欲明明德於天下者須先注意先後問題，能找到本之本者，才有「可能」明明德於天下者，至於「致知在格物」則只是格其物有本末之物，只是在要找出這個修身為本，或誠意為本者之事也。故以慎獨功夫而言，則誠意功夫是與中庸慎獨同一層次上之意義的功夫，即人之對己之功夫者，而格物致知又為誠意而設，只是「示人以知止之法，欲其止於至善也」。〔註21〕

　　格物致知同知止一般，皆非直接用於人身之功夫，非如慎獨、如誠意之直接面對人身、人心中之此獨、此意而下之功夫，乃指此獨此意所對所含之天下國家身心意知物之全量之功夫，格致功夫只是在人之「欲其止於至善」之時，「示人以知止之力」，此方即以知所先後為知止之方者，此知所先後即格其物有本末之物及致其知所先後之知，即格物致知者。故格物致知只是知止之方，知止只是「欲其止於至善」，故蕺山早於《大學古記約義》之〈格致章〉中即言：「夫大學之所謂主腦者止至善而已矣，止至善之功，知止而已矣，致知之功格物而已矣，格物之要誠正以修身而已矣。」，〔註22〕其中「格物之要誠正以修身而已矣」即已顯示在知止說脈絡下所言之功夫僅有知止、致知、

〔註21〕　《全書》卷四○，頁911，〈年譜〉，五十九歲。
〔註22〕　《全書》卷三八，頁849，《大學古記約義‧格致章》，五十二歲。

格物者，至於做爲格物之要之誠正以修身者，則爲另一層事，即爲誠意正心修身齊家治國平天下一層之實際功夫中事，只其中須有個本末之分而已。

　　至於在八目自身之本末問題上，則蕺山首先以「修身」當之，至後才轉而更求本之本者，即誠意者當之。「意誠則心之主宰止於至善之地而不遷矣」。故意誠非知止說脈絡下的「欲其止於至善」的功夫，而爲與愼獨同一層次的「即止於至善」的功夫，此亦即蕺山屢言愼獨是格致第一義，〔註23〕愼獨是格物下手處，〔註24〕格物致知是格此者也，致此者也，及愼獨是格之始事，〔註25〕而不能全幅直截地以格物即愼獨之故也。而蕺山在立知止說之時雖未有見於誠意功夫之爲主腦者，至誠意功夫建立後，即可屢言誠意即愼獨者。

　　格致與誠意功夫所處理論位置既如此不同，則只言「格致爲誠意而設」即可，至於所言「格致者誠意之功」則不可執泥地解釋，其實就「愼獨乃格物之下手處」及「愼獨乃格物第一義者」而言，則說誠意是格致之功夫實亦無不可，重要之分辨只在於格致與誠意乃爲用於不同層次脈絡之言功夫者，能於此處分辨清楚則熟爲熟之功夫即已非重點矣。雖然如此，但「功夫結在主意中方爲眞功夫」者，卻有重要意義在，此結在主意中之功夫乃通平天下及明德、親民、止善之敲門磚者，故「方爲眞功夫」，若不用功於此，光知個格致之義則於明明德於天下者即會落空了。此亦《大學古記約義‧格致章》言：「……其實曉得大學眞頭腦則格致誠正不作二觀，分言之可，合言之亦可，蓋大學八條目遞推之以求主腦之所在，而歸功於格致，若格非其格致非其致，則雖八者一齊俱到，其爲無頭之病一也。」〔註26〕之義也。即謂如無格致之眞功夫，則不知八目之主腦所在，故必有無頭之病也。

　　此外，蕺山亦常以《中庸》二十章言誠身與明善的關係釋大學誠意與格

〔註23〕參見下文：
　　　　「大學言格致而未有正傳，獨於誠意章言愼獨，明乎愼獨即格致第一義，故中庸止言愼獨。」（《全書》卷十九，頁 339，《論學書‧與錢生仲芳》，六十歲）
〔註24〕參見下文：
　　　　「中庸曰君子戒愼乎其所不睹，恐懼乎其所不聞，又曰不動而敬，不言而信，其要歸於愼獨，此格物眞下手處。」（《全書》卷三八，頁 849，《大學古記約義‧格致章》，五十二歲。）
〔註25〕參見下文：
　　　　「致知在格物，格此而已，獨者物之本，而愼獨者格之始事也。」（《全書》卷三八，頁 850，《大學古記約義‧愼獨章》，五十二歲。）
〔註26〕《全書》卷三八，頁 849，《大學古記約義‧格致章》，五十二歲。

致的關係，而仍以格致爲誠意功夫者。《中庸》原文言：「在下位不獲乎上，民不可得而治矣；獲乎上有道，不信乎朋友，不獲乎上矣；信乎朋友有道，不順乎親，不信乎朋友矣；順乎親有道，反諸身不誠，不順乎親矣；誠身有道，不明乎善不誠乎身矣。」蕺山則據此以釋大學格致誠意之事而言曰：「大學之要誠意而已矣，格致，誠意之功也；中庸之要誠身而已矣，明善，誠身之功也。」〔註27〕蓋依蕺山之意，明善是知的功夫，誠身是行的功夫，而格致之義因取於知止，故實亦是知的功夫，然知行是一，故明善之知是誠身之行之功夫，格致之知是誠意之行之功夫，凡此皆指一下手之法。而大學既言學者，故必自知而入，故格致乃以知之功夫言，〔註28〕然格致乃爲誠意而設，故誠意則必先格致也。同此格式更可言曰：「博文是約禮功夫；道問學是遵德性功夫；惟精是惟一功夫；明善是誠身功夫；格致是誠意功夫。」，〔註29〕此皆爲以知合行，以知爲行之下手法，以知爲行之功夫而言者，故謂格致是誠意功夫，同時也是中庸自明誠之義之所在。然而自明誠可言，自誠明亦可言，但大學由格致以至天下國家一路卻是自明誠之路，此即大學立教之旨，即先明而後誠，先致知而後誠意者，故由是亦可知格致與誠意是兩種不同型態的功夫，不在同一層次上，不若由誠意、正心一貫以達平天下之功夫者。茲再引三文以證上說：

> 承示格致之義，三復之餘已微同調，第其間不無手輕手重之勢，亦一時成見使然，非果相矛盾也。夫學者覺也，纔言學已從知字爲領路，豈惟學此知、困比知，即生知之知，亦是此知。則誠意之必先格致也，與誠身之必先明善也，夫人而知之，僕亦常竊聞之矣。一日有感於陽明子知行合一之説，曰知之眞切篤實處，即是行，夫眞切篤實非徒行字之合體，實即誠字之別名，固知知行是一，誠明亦是一，所以中庸一則互言道之不明不行，一則合言誠明明誠，可爲深切著明。惟是立教之旨，必先明而後誠，先致知而後誠意，凡以言乎下手得力之法，若因比而及彼者，而非果有一先一後之可言也。至於所以致知之方，不離誠之之目五者，而陽明子更加詮註，則曰

<hr>

〔註27〕《全書》卷十三，頁199，《會錄》，上欄左。

〔註28〕參見下文：

「格物不妨訓窮理，只是反躬窮理則知本之義自在其中。」（《全書》卷三八，頁854，〈大學雜言〉，上欄中。）

〔註29〕《全書》卷十九，頁360，《論學書・答史子復二》，六十歲。

博學者學此者也，審問者問此者也，慎思者思此者也，明辨者辨此者也，篤行者行此者也，可見舍此之外更無學問思辨可言。他日又曰：「約禮是主意，博文是功夫。」又總言之曰：「道問學是尊德性功夫，惟精是惟一功夫，明善是誠身功夫，格致是誠意功夫。」將古來一切劈開兩項功夫，盡合作一事，真大有功於學者。〔註30〕

大學言修身為本，中庸亦曰本諸身，而直推本於知天知人，并心意知物一齊穿貫矣。由知人以知天即下學上達之機，由知天以知人即一本萬殊之妙，是為致知在格物，致知在格物中庸明有疏義，曰明善是也。〔註31〕

商曰：大學之序原是如此，因知格致是誠意功夫，明善是誠身功夫，其旨一也。蓋以誠意為主意，格致為功夫，功夫結在主意中，并無先後可言。故格致無特傳。止言主意，誠不免古人之痛，然若不提起主意，而漫言功夫，將必有知非所知之病矣。陽明先生古本序曰：大學之道誠意而已矣，已是一語喝定然否。〔註32〕

以上釋格致與誠意功夫的不同意義。下段談誠意與八目的關係及八目功夫之彼此關係。

三、誠意說中之八目關係

誠意功夫為八目之主腦義，及其與格致功夫之兩層意義既已說明，則由誠意至平天下功夫間之關係，及八目功夫彼此間之體用對待關係則又有其可討論者。以下分兩部份談。

（一）由誠意到平天下功夫過程之實義

誠意既為八目中之主腦者，則意誠而後至天下平之過程便有其本末逐項之關係，此關係可分兩點釋義，首先，意識之事指人心之主宰處止於至善而不遷，故其人一生之生命事業之目標則定在止於至善而已，則就正心、修身、齊家、治國、平天下之諸事而言，因其皆止於至善中之事業，則皆為此人之一生事業，必為其念茲在茲欲不止息地努力完成之事業，是故此諸事業之入

〔註30〕 回前註。
〔註31〕 《全書》卷十三，頁185，〈學言下〉，下欄左，六十歲。
〔註32〕 《全書》卷九，頁139，〈商疑十則答史子復〉，六十歲。

手一步即此打開，此諸事業之逐項完成便有其可能，故蕺山言：

> 知止而后定靜安慮得，所謂知至而后意誠也，意誠則正心以上一以
> 貫之矣。〔註33〕

此「一以貫之」之義實只謂其入手一步已打開，逐項完成之可能已獲得，而非謂此諸事之實際事業已於意誠之一念中即已完成。此意誠與天下平間功夫過程之一義也。其次，意誠非以只誠在此意中即算完成，意既已為至善之地，實已為天命流行之本體，此天命流行必完成在現實世界之所有事上，故意誠之「一以貫之」義又勢必擴充至「完全完成」義，始為意誠之圓滿義，故蕺山又云：

> 由知止而後能得所謂知至而后意誠也，但得之分量必至天下平乃
> 全，雖至天下平，於誠意一關不增些子。〔註34〕

此即以誠意之功夫雖主在意上，但其功夫之擴充卻須至天下平後乃得其完整的完成義，此亦儒學理論中之功夫義，必直指現實世界人倫事業之功夫，而非只內修心性而已，只內修心性仍有其理論上之重要性及優先性，但必直下現實世界實做其事才是功夫之實義，然此三義又實分不得你我彼此，內修心性即在現實鍛煉中不真見其修，故八目之功夫雖得誠意為主腦，但仍須逐項推得開去，才見功夫之完成。

總上言，由誠意至平天下的過程在功夫理論義上，有由正心至平天下之可能性在誠意中已一以貫之之義，有誠意功夫的完全發揮又須在由正心至平天下之現實事業之實際完成才算完全完成之義，此二義備足，則由誠意至平天下之本末逐項關係才明。

（二）八目功夫之彼此體用對待關係

前文從誠意總釋八目，此處則就蕺山對八目之彼此體用對待關係之討論，以再申誠意說中對大學詮釋之義理開展。蕺山言：

> 合心意知物乃見此心之全體，更合身與家國天下乃見此心之全量。
> 〔註35〕
> 心中有意，意中有知，知中有物，物有身與家國天下，是心之無盡
> 藏處。〔註36〕

〔註33〕《全書》卷十，頁156，〈學言上〉，上欄左，五十九歲。
〔註34〕《全書》卷十二，頁177，〈學言下〉，上欄右，六十六歲。
〔註35〕《全書》卷十一，頁163，〈學言中〉，下欄中，六十歲。
〔註36〕《全書》卷十一，頁167，〈學言中〉，上欄右，六十歲。

　　大學一篇是人道全譜，試思吾輩坐下，只此一身，漸推開去，得家
　　國天下，漸約入來，得心意知，然此知不是懸空起照，必寄之於物，
　　纔言物，而身與家國天下一齊都到面前，更無欠剩。〔註37〕
　　身者天下國家之統體，而心又其體也，意則心之所以爲心也，知則
　　意之所以爲意也，物則知之所以爲知也，體而體者也，物無體又即
　　天下國家身心意知以爲體，是之謂體用一原顯微無間，又云大學八
　　條目，如常山之蛇，擊其首則尾應，擊其尾則首應，擊其中則首尾
　　皆應。〔註38〕

由上引諸文之釋八目彼此關係者，總其義可約之如下：即以心言亦該八目，
以物言亦該八目，八目之間體用一原顯微無間，全體在一個儒者生命事業中
全爲其所關切之對象，在現實事業的遂行中，無有隔閡，皆須推得開去；又
在天命流行之本體概念中，一體無間，皆收攝得進來。此上引四文之總義，
至其言之詳處乃蕺山用語施設之抽象發揮，茲不必詳述矣。八目彼此之體用
對待義既列之如上，蕺山更即以誠意總括諸義矣。蕺山言：

　　先生讚大學曰：大學之道，誠意而已矣，誠意之功，慎獨而已矣。
　　意也者至善歸宿之地，其爲物不貳，故曰獨，其爲物不貳，而生物
　　也不測，所謂物有本末也。格此之謂格物，致此之謂知本，知此之
　　謂知至，故格物致知爲誠意而設，非誠意之先又有所謂致知之功也。
　　必言誠意先致知，正示人以知止之法，欲其止於至善也。意外無善，
　　獨外無善也，故誠意者大學之專義也。前此不必在致知，後此不必
　　在正心，亦大學之了義也。後此無正心之功，并無脩齊治平之功也，
　　又曰慎獨乃誠意之功，誠無爲敬則所以誠之也，誠由敬入，孔門心
　　法也。〔註39〕

此文言誠意之前有致知之功，然只爲欲其止於至善而已。至以誠意爲言大學
功夫之專義時，則即致知、即正心至平天下之諸事皆不必更言其爲功夫者，
其義即以誠意爲慎獨，知誠意爲慎獨，則即誠意，即慎獨，即已含攝正心及
修齊治平諸事於誠意一事之中，故言功夫之專義、了義者，即誠意即無餘事
矣。故即誠義即總括諸義矣，蕺山又言：

〔註37〕《全書》卷三八，頁852，〈大學雜言〉，下欄右，五十二歲。
〔註38〕《全書》卷十，頁156，〈學言上〉，上欄右，五十九歲。
〔註39〕《全書》卷四○，頁917，〈年譜〉，六十二歲。

> 物有本末惟意該之，事有終始，惟誠意一關該之，物有本末，然不
> 可分貳，終始雖兩事只是一事，故曰誠者物之終始。〔註40〕

此即以誠意功夫該大學八目功夫於一事中，故即誠意即指向格致誠正修齊治
平之全事，其有「一以貫之」及「完全完成」之二義。故即事言、即物言，
誠意一關皆即終始即本末之。然此中更有深義，此即儒學理論言功夫皆即在
現實世界人倫事業之全幅事蹟中者，彼此一扣一合，在現實的實際完成上，
容或有時序先後之別，但就儒者立身於此世界中而欲以完成人格及完成現實
人間事業之誠意而言，必定皆是即天下國家身心意知物以為關心之全量，並
彼此扣合無一或漏者。以上言八目之彼此體用對待關係，並藉誠意功夫之即
物之終始義以言八目之一體全現及彼此扣合義。下文再談誠意及意的本體理
論以繼續開展誠意說對大學之詮釋者。

四、誠意說中之誠意與意的本體理論

　　大學八目以誠意為主腦之說既已建立，則糾結於誠意與意之理論及其所
引發之辯論即燦然可觀。本段將先討論蕺山之誠義與意的本體理論，及以意
為心之所存之說而有批評於朱子者。至於藉心意知物之說而有所辯論於陽明
之「四句教」及良知說者，將待下節言。此外，意在誠意功夫中已有本體義，
然就本體義之其它討論，將在下篇中再詳言，此處乃直接以意為此本體者，
並即對蕺山釋意之說作一細部的整理與討論。

（一）誠意之好善惡惡義及毋自欺義

　　大學誠意章句云：「所謂誠其意者：毋自欺也。如惡惡臭、如好好色，此之
謂自欺，故君子必慎其獨也。」，而蕺山在釋誠意之本義時，除在誠意說脈絡的
解釋上以之為八目之主腦者外，亦仍保存以大學原義釋誠意者，此即其好善惡
惡義及毋自欺義者。而此亦意以本體義當之後一切理論之基礎者。其言曰：

> 惡惡臭如好好色，蓋言獨體之好惡也，原來只是自好自惡，故欺曰
> 自欺，謙曰自謙，既自好自惡，則好在善即惡在不善，惡在不善即
> 好在善，故好惡雖兩意而一幾。〔註41〕

> 好惡云者，好必於善，惡必於惡，正言此心之體有善而無惡也，故

〔註40〕《全書》卷十二，頁 188，〈學言下〉，下欄左，六十六歲。
〔註41〕《全書》卷十二，頁 177～178，〈學言下〉，六十五歲。

好惡兩在而一機，所以謂之獨。〔註42〕

傳稱毋自欺，自之爲言獨也，……若曰不欺其自己而已，誰又肯欺
自己者。〔註43〕

以大學原義釋誠意時之好善惡惡及毋自欺二義，其實只討論了誠意功夫在內
修心性一面之義理，守住意識一路，使動容舉止所好必善，所惡必惡，亦即
爲發揮毋自欺義也；自之爲言獨也，即以天命之性言之獨者、自者，動靜依
止於此獨、此自、此意，則誠意之內修一面功夫之義理可見全貌矣。而誠意
說中之所以能以意爲本體，並即此意之本體義而發揮其心意關係之理論，及
意爲天命之性之說，及更藉此意之本體義以辯於陽明四句教及良知說之諸義
理發揮者，卻全爲藉此大學誠意章之好惡一機及毋自欺義之發揮者，即意若
不具此義，則蕺山即失卻此後一切之大學詮釋義理開展之基礎者。以下即一
一言之。

（二）誠意之意即天命之性

　　誠於意者既爲好善惡惡，又能毋自欺，則此意自已是天命之性中事矣，
蕺山言：

意根最微，誠體本天。本天者至善者也，以其至善還之至微，乃見
眞止，定靜安慮次第俱到，以歸之得，得無所得，乃爲眞得，此處
圓滿無處不圓滿，此處虧欠無處不虧欠，故君子起戒於微，以克完
其天心焉。欺之爲言欠也，所自者欠也，自處一動便有夾雜，因無
夾雜故無虧欠，而端倪在好惡之地，性光呈露，善必好惡必惡，彼
此兩關乃呈至善，故謂之如好好色如惡惡臭，此時渾然天體用事，
不著人力絲毫，於比尋箇下手功夫，惟有慎之一法，乃得還他本位
曰獨；仍不許亂動手腳一毫，所謂誠之者也，此是堯舜以來相傳心
法，學者勿得草草放過。〔註44〕

其中言「意根最微，誠體本天，本天者至善者也」及「端倪在好惡之地，性
光呈露，善必好，惡必惡」及「此時渾然天體用事，不著人力絲毫」者，即
爲以人之意識乃同於天命之性之流行者。故不著絲毫人力，只要不在自處有
所虧欠夾雜，即能得其圓滿，此說乃將誠意之好惡推向天命之性處言者。然

〔註42〕 《全書》卷十九，頁359，《論學書・答史子復》，六十六歲。
〔註43〕 《全書》卷十二，頁175，〈學言下〉，六十五歲，上欄右。
〔註44〕 《全書》卷十二，頁182，〈學言下〉，六十六歲，下欄中。

究於蕺山言意為至善之地之義及意之好善惡惡，善必好，惡必惡之義者，則以誠意為回至天命之性之功夫之說乃又理論上之必然者。以意為天命之性之說，正有其重要的本體理論上的意義，我們將在下篇談蕺山形上思想時再做討論，此處只討論蕺山於大學詮釋中對意之解釋的理論發揮。以下續言之。

（三）意為心之所存非所發

以上既言意之好惡乃通於天命之性者，則蕺山之意乃本而本者即可知矣。因此，對於朱子《四書集註》中釋誠意之意以心之已發言者即不能同意。依蕺山之見，意乃心之所存，非所發，大學言誠意以所存主者而言，反而是言正心時以所發言者。蕺山云：

> 意者心之所存非所發也，朱子以所發訓意非是。傳曰如惡惡臭如好好色，言自中之好惡一於善而不二於惡，一於善而不二於惡，正見此心之存主有善而無惡也。惡得以所發言乎！如意為心之所發，將孰為所存乎！如心為所存意為所發，是所發先於所存，豈大學知本之旨乎。〔註45〕

此即明指朱子以所發訓意之不是者。其中言一於善而不二於惡之自中之好惡者乃指的意言，此處可注意者有二：一為自好惡說到意為心之所存；一為自中說到意為心之所存。就好惡言，蕺山於晚年〈答葉潤山書〉中正有自意之好惡言意為心之所存之論旨者。蕺山言：

> 來教所云好惡何解，僕則曰：此正指心之所存言也。大學自知至而後此心之存主必有善而無惡矣，何以見其必有善而無惡，以好必於善惡必於惡也。好必於善如好好色，斷斷乎必於此也；惡必於惡如惡惡臭，斷斷乎必不於彼也。必於此而必不於彼，正見其存主之誠處，故好惡相反而相成，雖兩用而止一幾。〔註46〕

此所存主者即自天命之性來者，故方可必為有善而無惡矣。此外，就意之自中言及以所存言者乃正藉中庸未發之中而言者也。蕺山云：「意為心之所存，正從中庸以未發為天下之大本，不聞以發為本也，大學之教只是知本，身既本於心，心安得不本於意。」〔註47〕以知本釋大學，則必求個八目之本者，蕺山又另以身之本在心，釋身心關係，再以心之本在意釋心意關係，則意既

〔註45〕 《全書》卷卷十，頁156，〈學言上〉，下欄右，五十九歲。
〔註46〕 《全書》卷十九，頁356，《論學書・答葉潤山四》，六十五歲。
〔註47〕 《全書》卷十九，頁356，《論學書・答葉潤山四》，六十五歲。

為心本，所以為本者乃正天下之大本者，即中庸之中者，即其未發者。未發以所存言，故意為心之所存者也。此外，意既以中庸之中言，則蕺山又藉中庸之中和合於周子之中正，而再以中正之正合於正心之正，因而指〈正心章〉乃在發處言者。蕺山於〈答董標心意十問〉中問意與心分本體與流行否時曾釋義曰：

> 正之為義，有云方方正正，有倫有脊之義，易所謂效法之謂坤也，與中字不同，中以心言，正以事言也，中庸言中和，正字近和字義，周子曰定之以仁義中正，此中正二字從中和化出來。〔註48〕

正字既以和言，而中庸原文乃以「發而皆中節謂之和，……和也者天下之達道也。」則正心以所發言即有所據。蕺山言：

> 大學以好惡解誠意，分明是微幾，以忿懥憂患恐懼好樂決裂處解正心，分明是發幾故也。即以誠正二字言之，誠之理微，無思無為是也，正之理者有倫有脊之謂也，此可以得誠意正心先後本末之辨矣。〔註49〕

此即既以誠意之誠與正心之正比，亦以誠意之好惡與正心之忿懥、憂患、恐懼、好樂比，皆可得其本末存發之辨者。故蕺山亦於多處再言及此意者。最早於五十九歲時即已言：

> 大學之言心也，曰忿懥、恐懼、好樂、憂患而已，此四者心之體也，其言意也則曰好好色惡惡臭。好惡者此心最初之機，即四者之所自來，所謂意也，故意蘊於心，非心之所發也。〔註50〕

蕺山晚年時亦數度言此：

> 如惡惡臭、如好好色，全是指點微體，過此一關微而著矣，好而流為好樂，惡而流為忿懥，又再流而為親愛之辟，為賤惡之辟，又再流而為民好之辟，民惡之辟，濫觴之弊一至於此，總為不誠意故。然則以〈正心章〉視誠意，微著之辨彰彰矣，而世儒反以意為粗根，

〔註48〕《全書》卷九，頁138，答董生心意十問，六十五歲，另參見下文：
「程子言心指已發言之說，亦本之大學，大學言正心以忿懥、恐懼、好樂、憂患證之，是指其所發言也，中以體言，正以用言，周子言中正即中和之別名，中和以性情言，中正以義理言，知心以所發言，則意以所存言益明矣。」（《全書》卷十一，頁168，〈學言中〉，下欄左，六十歲）
〔註49〕《全書》卷十九，頁356，《論學書·答葉潤山四》，六十五歲。
〔註50〕《全書》卷十，頁156，〈學言上〉，上欄右，五十九歲。

以心爲妙體何邪？〔註51〕

〈正心章〉言好樂見此意之好者機，言忿懥見此意之惡者機，言恐懼憂患見忿懥之變者機，蓋好惡之性而爲四端矣，只爲意不誠則比心無主，往往任情而發，不覺其流失之有病如此者。〔註52〕

《大學》後五傳，篇篇有好惡二字，誠意之好惡其所存也，正心之好樂、忿懥、恐懼、憂患指其所發者言也。至修身之親愛賤惡則發而及於家者也，齊家之孝弟慈其所令反其所好則發而及於國者也，民好、民惡、好人、惡人則發而及於天下者也，故君子必誠其意。〔註53〕

由上可知義與心之存發關係除從意之好惡及意之以中言，到心之以正言即以和言，而得中和之已未發關係來定心意之存發關係外；亦可從〈正心章〉之忿懥、憂患、恐懼、好樂之性之發，與〈誠意章〉之好惡之所性之關係以言其存發者。此心意之存發關係又正爲蕺山不欲兩分心意之說而與朱子理論有重要之不同處者。

（四）意為心之體、心之主宰及心為天意為帝

意與心之存發關係既定，則蕺山得更進一步釋心與意的關係，而以意即心之所以爲心者，或即謂意即心之體者。蕺山〈商疑十則答史子復〉中有言：

商曰：說意仍是說心，意不在心外也，心只是箇渾然之體，就中指出端倪來，曰意。即惟微之體也。人心惟危心也，而道心者心之所以爲心也，非以人欲爲人心天理爲道心也，正心之心人心也，而意者心之所以爲心也，非以所存爲心所發爲意也，微之爲言幾也，幾者動之微吉之先見者也，即意也，今人精視幾而粗視意，則幾字放在何處，然否。〔註54〕

意爲心之所存，故意不在心外，只是心之渾然之體中的端倪，亦是心之所以爲心者，故即可謂意是心之體。意是心之體之義又曾言之於蕺山〈答董標心意十問〉中。董標問蕺山曰：「問意與心分本體流行否」，蕺山答曰：「來示似疑心爲體，意爲流行，愚則以爲意是心之體而流行其用也，但不可以意爲體，

〔註51〕 《全書》卷十二，頁 179～180，〈學言下〉，六十五～六十六歲。
〔註52〕 《全書》卷十二，頁 181，〈學言下〉，上欄左，六十六歲。
〔註53〕 《全書》卷十二，頁 182～183，〈學言下〉，六十六歲。
〔註54〕 《全書》卷九，頁 139，〈商疑十則答史子復〉，六十六歲。

心為用耳。……凡五經四書之言心也，皆合意知而言者，獨大學分意知而言之，故即謂心為用，意為體亦得。」〔註55〕就心與意之體用關係而言，最精確地說是只此一心耳，有其心之自身之體用者。心之用曰流行，心之體以意當之耳。故不可貿然驟言意為體，心為用，似心與意是相離之二事二物者。而就五經四書之言心者，亦皆合意知而言者，只大學分意知而言之，故既以言分之，則暫謂意為體，心為用亦得。然即謂意為體，心為用，實即是謂之「意是心之體而流行其用也」。

心與意既得以心之體為意者言，則蕺山要以心之主宰者言意，蕺山於〈學言下〉有言：

> 胡敬齋先生曰心有專主之謂意，朱子釋訓蒙詩曰意是情專所主時近之，大學章句以心之所發言，恐未然。愚謂敬齋亦近之而未盡也。心有專主蓋言有所專主也，有所專主仍是逐物心，即朱子情專所主之說。然讀大學本傳如惡惡臭如好好色，才見得他專主精神只是善也。意本如是，非誠之而後如是，意還其意之謂誠，乃知意者心之主宰非徒以專主言也。〔註56〕

此段為言意若以情專所主釋之，則即同於以心之所發訓意，然如好好色如惡惡臭者，絕非於所發後可言者，意本是此好善惡惡者，故意非情專所主，意即心之主宰本身者。蕺山另言：「心之主宰曰意，故意為心本，不是以意生心故曰本，猶身裡言心，心為身本也……」，〔註57〕《會錄》亦記曰：「先生論心意，曰以虛靈而言謂之心，以虛靈之主宰而言謂之意。又曰心如舟，意如舵，又曰心意如指南車。」〔註58〕以上皆為以心之主宰稱意者。

心與意既以意為心之主宰言，則蕺山得再以天帝關係釋心意關係者。蕺山言：「天一也，自其主宰而言謂之帝；心一也，自其主宰而言謂之意」。〔註59〕另言：「帝者，天之主宰，即所謂命也，自其出齊相見者而言謂之命，統言之則帝也，其在人心天也，而意帝也。」，〔註60〕心意何以能以天帝言，除以主宰關係釋義外，蕺山另言：

〔註55〕《全書》卷九，頁138，〈答董生心意十問〉，六十五歲。
〔註56〕《全書》卷十二，頁177，〈學言下〉，下欄右，六十六歲。
〔註57〕《全書》卷十二，頁180，〈學言下〉，上欄右，六十六歲。
〔註58〕《全書》卷十三，頁205，《會錄》，上欄右。
〔註59〕《全書》卷十二，頁177，〈學言下〉，下欄右，六十五～六十六歲。
〔註60〕《全書》卷三四，頁806，《周易古文抄・說卦傳・第五章》，六十六歲。

> 天穆然無爲，而乾道所謂剛健中正，純粹以精，盡在帝中見，心渾
> 然無體，而心體所謂四端萬善，參天地而贊化育，盡在意中見，離
> 帝無所謂天者，離意無所謂心者。〔註61〕

此盡在帝中見及盡在意中見者，則正指出其爲主宰及其爲本者、爲體者之義
也。故亦得藉此說以言其天帝關係者。

蕺山以意爲心之所存之說，有說到意爲心之體、心之主宰及天帝關係之
脈絡；另又有從心之體說到微、說到幾者之脈絡，以下即續申言之。

（五）意是微、是幾

意之爲言心之體者，則只是心之渾然之體指出就中之端倪者。就此端倪
而言，蕺山又以之爲微者。「曰意，即惟微之體也」。五十九歲於〈學言上〉
亦有言曰：「好惡者此心最初之機，惟微之體也。」；〔註62〕六十歲〈答葉潤
山書〉亦言：「今來教曰學至誠意，微之微矣，卓哉見也。意有好惡，然好惡
只是一機……故莫粗於心，莫微於意。」；〔註63〕六十五歲在〈答葉潤山書〉
第四亦言：「大學以好惡解誠意，分明是微幾。」；〔註64〕〈學言下〉亦言：「意
根最微。」。〔註65〕蕺山既以意爲微者，則先儒之以意爲所發之解即爲粗視了
意，此正蕺山欲批評者，故蕺山言：「不欲說粗意字。」，〔註66〕又詰問曰：「世
儒反以意爲粗根，以心爲妙體何邪？」，〔註67〕此由以意爲微體，以心爲粗者，
亦正可反證意爲心存之義者。

意之以微言，乃自周子言幾，及《易傳》言幾者而來。蕺山論功夫，一
本於中庸愼獨，一本於大學誠意，再則即是濂溪之主靜立極。濂溪於《通書》
中屢屢發揮幾字之義理，放在蕺山思想中，「幾」字亦有極重要地位，不僅在
愼獨功夫中以幾言獨，更在誠意功夫中以幾言意，意之微義即出幾字轉入者。
六十五歲著《原旨七篇》時有謂「動之微而有主者意也」，〔註68〕「動之微」
即《易傳》繫詞下第五章言幾之詞者：「子曰：知幾其神乎，君子上交不諂，

〔註61〕　《全書》卷十二，頁178，〈學言下〉，上欄中，六十五～六十六歲。
〔註62〕　《全書》卷十，頁156，〈學言上〉，下欄右，五十九歲。
〔註63〕　《全書》卷十九，頁340，《論學書・答葉潤山民部》，六十歲。
〔註64〕　《全書》卷十九，頁356，《論學書・答葉潤山四》，六十五歲。
〔註65〕　《全書》卷十二，頁182，〈學言下〉，下欄右，六十六歲。
〔註66〕　《全書》卷十九，頁358，《論學書・答史子虛》，六十六歲。
〔註67〕　《全書》卷十二，頁179～180，〈學言下〉，六十五～六十六歲。
〔註68〕　《全書》卷七，頁114，《原旨七篇・原心篇》，六十五歲。

下交不瀆，其知幾乎，幾者動之微，吉之先見者也……」，又言「微之爲言幾也，幾者動之微，吉之先見者也，即意也。」，蕺山既藉微以說幾，而幾則即指意而言，故亦得以微言意，此亦前段以微言意之另一證路。至於以幾言意之緣由者，乃因蕺山推崇濂溪，故匯合濂溪體系中之重要思想於自己的理論中，此即以幾合獨及以幾合意者，蕺山曾言：「既謂之誠意，便說不得無意，古人極口指點，曰惟微、曰幾希、曰動之微吉之先見，皆指此意而言，正是獨體，故誠意章再言愼獨。」，〔註69〕〈學言上〉亦言：「曰：意非幾也，意非幾也，獨非幾乎？」，〔註70〕〈學言下〉亦言：「或曰意非幾也，則幾又宿在何處？意非幾也，獨非幾乎？」。〔註71〕

　　以上爲由微出幾釋意，總前所言之以好善惡惡及毋自欺及天命之性及心之所存、心之體、心之主宰及心爲天意爲帝之諸義，皆爲蕺山在誠意說中對意之本體義之反覆再三的義理開展，此外亦有藉心意之存發關係而致辯於朱子之見者。接下來，我們再談蕺山的嚴分意念之別，以爲其與陽明之辯之入手者。

（六）意念之別

　　意之爲好惡一機、爲心之所存、爲心之體、爲心之主宰、爲微、爲幾，則蕺山論意之基本理論已規模全具。但在展開與陽明一系思想之論辯時，還有個意念之別在，意念之別即蕺山嚴分意念之說，嚴分意念後可用於與陽明之辯，而前論意爲心之所存者乃用於與朱子以所發訓意之辯者。「念近意」〔註72〕故蕺山之談念者從嚴分意念入，意者所好必善，所惡必惡，故意之好惡一機而互見，或曰兩在而一機者也，然念之好惡卻正兩在而異情者。蕺山云：

> 意者心之所存非所發也，或曰好善惡惡非發乎？曰意之好惡與起念之好惡不同，意之好惡一機而互見，起念之好惡兩在而異情，以念爲意何啻千里。〔註73〕

好惡一機之意乃本於天命之性者，故只爲心之所存而非所發，然則念者何耶？蕺山云：

> 心、意、知、物是一路，不知此外何以又容一念字，今心爲念，蓋

〔註69〕《全書》卷十九，頁346，《論學書‧答門人敬伯》，六十一歲。
〔註70〕《全書》卷十，頁156，〈學言上〉，下欄中，五十九歲。
〔註71〕《全書》卷十二，頁179，〈學言下〉，上欄右，六十五～六十六歲。
〔註72〕《全書》卷十二，頁181，〈學言下〉，下欄右，六十六歲。
〔註73〕《全書》卷十一，頁164，〈學言中〉，下欄左，六十歲。

心之餘氣也，餘氣也者動氣也，動而遠乎天，故念起念滅爲厥心病，
故念有善惡，而物即與之爲善惡，物本無善惡也；念有昏明而知即
與之爲昏明，知本無昏明也；念有眞妄而意即與之爲眞妄，意本無
眞妄也；念有起滅而心即與之爲起滅，心本無起滅也；故聖人化念
歸心。〔註74〕

可知蕺山以今心爲念，蓋心之餘氣也，餘氣動氣遠乎天者（有關氣的形上思
想，我們將在下篇處理，此處只直就引文而順釋之）。今心爲念之意甚費解，
然以念爲心之餘氣，則知蕺山以念爲非中氣周流之餘氣者，故未能如其未發
之體而發，故動輒離乎天命之性者，故有念之善惡、昏明、眞妄、起滅之諸
事者，至其擾亂心周則一也。故蕺山以聖人化念歸心之功夫匡正之，即還其
此心之中氣者，還其心之正者，還其意之誠者，還其天命之性也者。念之義
即如上述，然蕺山言「以念爲意，何啻千里」之意何在？

蕺山嚴分意念乃有其哲學史辯論上之功用者，是要藉念與意之別，而進
行辯論之資助者，藉念之說法，蕺山正可用以批評朱子、陽明之諸言者也。
蕺山言：

程子云凡言心者皆指已發而言，是以念爲心也，朱子云意者心之所
發是以念爲意也，又以獨知偏屬之動是以念爲知也，陽明子以格去
物欲爲格物，是以念爲物也，後世心學不明如此。〔註75〕

上所言者乃指以意爲已發者，以獨知屬動者，及以格去物欲言格物者皆指念
而言，非眞指意、指獨、指物言者，皆以心之餘氣言意言獨言物者。而意與
獨皆有體義，且是蕺山思想主腦所在，功夫發動皆是好惡一機者，而念之發
用卻是兩在異情，故以念爲意即不能把握住至善本體之功夫發動義，而此則
正皆蕺山之欲批評於朱子、陽明之理論所在，故念之義出，乃有助於蕺山批
評先儒之理論資助者。而其中使用最多者乃在意念之別上，蕺山用於意念之
別上可見於下引兩段問答中：

問一念不起時意在何處？曰一念不起時意恰在正當處也。念有起滅
意無起滅也，今人鮮不以念爲意者，嗚呼！道之所以嘗不明也。如
云生意可云生念否？念死道也，如云主意可云主念否？念忽起忽滅
無主者也，如云言不盡意，可云言不盡念乎？如云不以辭害意，可

〔註74〕《全書》卷十一，頁167，〈學言中〉，上欄右，六十四歲。
〔註75〕《全書》卷十一，頁168，〈學言中〉，下欄右，六十歲。

云不以辭害念乎？則意之不可謂爲念也彰彰矣。〔註76〕

質疑云：意有起滅，發一善意而忽遷焉，發一惡意而忽悔焉，是起
滅也，淺言之人有意欲做某事發某言而忽亡者，又有追憶而始得此
者，有終忘而不復省者，其起滅何如也？又曰念無主，意有主，心
有主而無主，固不可以念爲意，尤不可以意爲心，以念爲意，不過
名言之誤，以意混心則其弊有不可言者。……商曰：來教所云起滅，
相正指念而言，如云發一善念而忽遷焉，人盡皆然，念起念滅不嘗
所以忽忘忽憶，若主意一定，豈有遷者？心既有主而無主，正是主
宰之妙處，決不是離卻意之有主，又有箇心之有主而無主；果有二
主，是有二心也，豈知意爲心之所向乎，然否。〔註77〕

此即以念爲有起滅者言之，而意者因其爲至善之體天命之性者故可主於一而
不遷，且意爲心存爲心之帝，爲心之主宰，故意可爲心定向，非意外另有心
之好惡之主也，故不可以有起滅之念言意，意念之別既立，則蕺山可以陽明
意在事親之語爲以念爲意，因而破壞陽明良知說的理論系統者。蕺山言：「意
在乎事親等語，是以念爲意也。」，〔註78〕又言「只意在於事親，便犯箇私意
了」，〔註79〕依陽明之意，意在事親，則致其良知於事親之事上，則事親之意
可得而誠，而功夫即算完成。依蕺山之意，至善主宰之本體在意而不在良知，
故當意在事親時，若仍有個或善或惡之事親之事而有待良知知之且致知而後
意方可得誠者，則此在事親之意便非好惡一機之意，便非有善無惡之意的本
體所發動者，故蕺山以之爲以念爲意，以念爲意善惡夾雜非獨體之毋自欺者，
故謂之私意亦得。以上乃蕺山意念之別之全義。

　　本節由誠意說建立蕺山對大學之詮釋系統已完全展開，主旨重點即在一
個「意」字之認識上，並在此基礎下，蕺山更批評了王門教法之宗旨理論，
即四句教及良知說者。下節即將討論之。

第四節　蕺山對四句教及良知說的批評

　　宋明儒學之發展在明代則以陽明學爲最盛者，其中「良知說」及「四句

〔註76〕《全書》卷九，頁138，〈答董生心意十問〉，六十五歲。
〔註77〕《全書》卷九，頁141，〈商疑十則答史子復〉，六十六歲。
〔註78〕《全書》卷十一，頁169，〈學言中〉，下欄右，六十歲。
〔註79〕《全書》卷十二，頁181，〈學言下〉，上欄右，六十六歲。

教」乃正陽明出大學入之教法之核心理論者,而蕺山之釋大學自知止說勘入,
而逐漸完成誠意說之後,對於陽明學理論核心之「良知說」及「四句教」則
必須有一理論上之回應,本節處理蕺山對「良知說」及「四句教」之批評,
即為站在蕺山知止、誠意說之立場而言者。然觀乎蕺山與陽明之辯者,除了
誠意說理論發揮後之必須面對的兩套理論系統之比較問題而予致辯者外,亦
另有外在思想環境之要求而不得不辯之理由存在者。蓋陽明後學在王艮一系
漸流於情識之浮蕩,在龍溪一系則流於虛玄,浮蕩及虛玄乃蕺山所處時代之
學術風氣,然其理論基礎則自陽明學說中來者,因此若為糾正時弊則亦不得
不與之辯者。

　　然蕺山之對於陽明學說之態度,卻不是自始即批評,反而多有贊同之事
者,就「良知說」而言,猛烈的批評只在六十六歲時突然大肆出現,在此之
前則多言良知之諦義及大用者,就「四句教」而言,則有時直以龍溪為批評
對象,謂陽明只偶一言之,並非陽明核心思想者。雖然如此,蕺山批評陽明
對大學之詮釋者仍為事實,故此一批評之合理與否,則仍得以理論疏解之。

　　蕺山對「四句教」之批評乃集中於善惡問題之討論,尤其集中在心與意
之善惡問題,其中論旨頗多,而總以誠意說中之好善惡惡義為基礎;對「良
知說」的批評則從多方面進行,幾至欲完全摧毀「良知說」為止,不若批評
「四句教」之心意問題只在善惡的理論辯正上而已。蕺山對「四句教」中心
與意之批評者乃隨著誠意說之建立而同時處理者,故其言理脈絡與誠意說可
為一致者,然對「良知說」之態度卻是在六十六歲才大有轉變,在此之前迭
有肯定之語,甚或為之疏解諦義,至誠意說提出後,則亦只以此說為贊言而
已,然在六十六歲卻突然從理論上澈上澈下多重面向地予以批評,雖然論理
至精微,並非無據,然此種突然之轉變,確實改變過大。以下即將配合誠意
說的理論內涵而討論蕺山在「四句教」中對心意的批評,及就蕺山對「良知
說」詮釋及批評的時間發展次序,敘述蕺山對陽明「良知說」的看法。

一、蕺山對四句教的批評

　　前已言及,「四句教」乃陽明理論之核心,不論蕺山以之為龍溪私竊師意
也好,或即以為陽明教法也好,蕺山在誠意說建立後,因「四句教」與誠意
說理論所討論的主題相同,故不得不做理論上之辯明或疏解之工作。而蕺山
在誠意說中所言之確鑿者即意之所好必善,所惡必惡之善惡觀,而陽明「四

句教」中亦爲以善惡問題談心意知物四者，但卻有說法之不同，故此處即將就蕺山與陽明論心意知物之善惡問題爲討論之主軸，此實亦蕺山攻擊「四句教」之主要問題者，既爲以善惡爲論旨，而蕺山又以誠意說之好善惡惡爲宗，故而在「四句教」中亦只以心意之善惡爲討論焦點，因爲心意之善惡既定，則「四句教」的宗旨端緒即已全出矣。

　　蕺山對心與意之善惡問題的言論極多，大多從五十七歲指出陽明先生所謂「無善無惡心之體未必然也」〔註80〕之後直至六十六歲爲止皆不斷言之，可謂與誠意說思想之建立爲同一步驟且同一義理架構下之理論者。然蕺山對心意之善惡問題亦因所言太多，致言意駁雜，且常因論旨層次夾雜以致蕺山之本意常隱晦不清，似有矛盾。以下先建立蕺山談心意之善惡問題的幾個綱領，隨後再引文爲證。

　　陽明「四句教」言「無善無惡心之體，有善有惡意之動，知善知惡是良知，爲善去惡是格物」，而蕺山在誠意說中則屢言好善惡惡者，因此蕺山對「心之無善無惡」及「意之有善有惡」二句便極不能接受。茲綜合蕺山對此心意二句之意見如下：首先，在本體上言，亦即在本體之至善性之「善」及存有義之「有」上言，本體只是有善無惡，本體上說不得「無善無惡」亦說不得「有善有惡」。其次，在至善本體上之發動言，則只是個好善惡惡，即所好必善所惡必惡者。再就心而言，蕺山以「意爲心之體而流行其用也」之論旨爲依，亦接受所謂心之有善有惡之說，此即以心爲所發，以心爲粗機時言。然若言之深邃而直探心之流行發用時之有無動靜寂感上言時，蕺山亦接受當其藏體於寂時只是「無善無惡」者。然因蕺山在立誠意說後即以意爲心之體，爲心之所存，爲心之主宰，故言本體者可只以意當之，故前述四條綱領亦可約爲：意之本體有善無惡；意之發動好善惡惡；心之流行有善有惡；心之藏寂無善無惡。以下即將就此四條綱領釐清蕺山在「四句教」爭議中對陽明批評之意見，並說明蕺山理論之原貌。然此四說並非蕺山之原來文字，只爲提撮綱要而設，此點亦須言明。

（一）意之本體有善無惡

　　謂之「意」之本體者，乃就蕺山誠意說中以意爲心體而言者，故論本體時，在大學脈絡中直指意即可，意即至善本體，即獨體，即天命之性者。言

〔註80〕《全書》卷十九，頁338，《論學書・與履思十》，五十七歲。

意之本體有善無惡者，即直就意之以至善本體言，以獨體言，以天命之性言時，當即是有善而無惡者言。

首先，關於本體之有善無惡者，蕺山於更早年尚未批評「四句教」及尚未建立誠意說前即已藉對龍溪「四無說」之批評而提出。蕺山云：

> 龍溪四無之說，心是無善無惡之心，是為無心；意是無善無惡之意，
> 是謂無意；知是無善無惡之知，是謂無知；物是無善無惡之物，是
> 謂無物；并無格致誠正，其修齊治平，無先後，無本末，無終始，
> 畢竟如何是大學的我，曰不思善不思惡時見本來面目，不更洩漏天
> 機，在此龍溪意中事也幾何而不為異學。〔註81〕

此語乃割裂龍溪自本體說功夫之「四無說」，而直指「無善無惡」之心意知物為指實有其體之至善本體，因而據以攻擊龍溪此說直是捨棄了實有其體之心意知物之本體，故若無心意知物，自無格致誠正，因而亦無修齊治平，更無先後本末終始之可言。如此之「四無說」在蕺山於誠意說所致力之大學詮釋系統中即完全不可解，故其說為異學。由此亦可見出蕺山言本體之層次與王門不同，陽明「四句教」首言「無善無惡心之體」時，乃就至善本體再向上一翻，言其未發用之狀態，似「無極而太極」之意，而蕺山則只定執於至善本體本身之有善無惡之至善之性說本體，故當龍溪申引師說而謂心意知物皆無善無惡之時，蕺山則將之轉下一層，以其論本體是無善無惡則即謂無本體也，若本體非有善無惡而謂之有惡無善則至少還保有本體，只說錯了，今既謂無善無惡，則正無本體者，故亦無心意知物了。蕺山之說實不解龍溪之只是就「四句教」發揮本體在至善之體之上的無善無惡義，若論功夫則就良知與格物即可討到消息。然蕺山既不如此解釋「四無教」，則亦對「四句教」皆有批評，此批評姑不論其恰當於「四句教」否，卻可藉蕺山在批評時所設定之解釋及主張之理論見出蕺山學之內涵者。

蕺山在尚未立誠意說前即稱「論本體決是有善無惡」。〔註82〕又謂：

> 僕竊謂天地間道理只是個有善而無惡，我輩人學問只是箇為善而去
> 惡，言有善便是無惡，言無惡便是有善，以此思之，則陽明先生所
> 謂無善無惡心之體未必然也……〔註83〕

〔註81〕 《全書》卷十，頁145，〈學言上〉，上欄左，四十三歲前。
〔註82〕 《全書》卷四〇，頁906，〈年譜〉，五十七歲。
〔註83〕 《全書》卷十九，頁338，《論學書・與履思十》，五十七歲。

至五十九歲發揮誠意學之後即直以意為本體者，故即謂意之本體有善無惡，「年譜」五十九歲記載：「一於善而不二於惡正見意之有善而無惡」，〔註84〕此乃即就本體言者。《學言上》言：「意無所為善惡，但好善惡惡而已。」，〔註85〕「無所為善惡」者乃指本體言，本體既是有善無惡，故不可以善惡言，言善惡則似於本體之存有上有個有善又有個有惡者，而破壞了本體之有善無惡義，故本體無所為善惡，至於「好善惡惡」者乃指功夫發動言。六十歲〈答葉潤山書〉亦言：「意有好惡而無善惡。」，〔註86〕言無善惡即指本體之有善無惡，故無善惡的問題。有好惡乃就功夫發動言，此待下節言。「年譜」六十一歲項下記曰：

> 駁天泉證道記曰，先生言無善無惡者心之體，有善有惡者意之動，知善知惡是良知，為善去惡是格物，如心體果是無善無惡則有善有惡之意又從何處來？知善知惡之知又從何處起？為善去惡之功又從何處用？無乃語語絕流斷港乎。〔註87〕

此即當蕺山以本體問題看陽明所言之心之體時，若此本體為無善無惡者，則其已非天命之性之至善本體，而當本體既已如此，則有善有惡之意，因缺個做為主宰的至善本體為源，故即無來處，至於知善知惡之知及為善去惡之功亦將一無起處一無用處，故必欲言心意知物之善惡體用問題時，則必須先肯定一個至善本體者方可，故蕺山謂此種缺乏至善本體之說法實為「絕流斷港」語言道斷，心行路絕者。故蕺山續言：

> 他日先生有言曰，心意知物是一事，此是定論也，既是一事決不是一事皆無，因為龍溪易一字曰心是有善無惡之心，則意亦是有善無惡之意，知亦是有善無惡之知，物亦是有善無惡之物。〔註88〕

此一批評即又不分陽明言「四句教」時之格局而全從本體角度以言心意知物者，且為藉龍溪「四無說」易字言者，故心意知物皆是在有善無惡的本體基礎上言者，至於若分體用、功夫、流行、動靜等而言心意知物時，則亦可有不同的說法，後將論及，此暫不論。蓋蕺山此處所言者乃直就本體問題上詰難陽明，故亦只就本體問題上提出自己對心意知物的詮釋者。六十六歲於〈學言下〉再言：

> 王門倡無善無惡之說，終於至善二字有礙解者，曰無善無惡斯為至

〔註84〕《全書》卷四〇，頁911，〈年譜〉，五十九歲。
〔註85〕《全書》卷十，頁156，〈學言上〉，下欄中，五十九歲。
〔註86〕《全書》卷十九，頁340，《論學書·答葉潤山民部（廷秀）》。六十歲。
〔註87〕《全書》卷四〇，頁915，〈年譜〉，六十一歲。
〔註88〕同前註。

善，無乃多此一重之繞乎，善一也，而有有善之善，有無善之善，
古人未之及也，即陽明先生亦偶一言之，而後人奉以爲聖書，無乃
過與。〔註89〕

此說即可見出蕺山言至善本體時直接抓著「有善無惡」的概念而談，絲毫不
肯向上一步言者，雖然蕺山屢言「無極而太極」者，即非無見於無極之妙者，
但於論至善之本體時，卻不肯說到無善無惡，此或爲深厭於龍溪等王門後學
言有言無，終至虛玄浮蕩，而功夫用不到日用常行上之弊者，因而苦苦把關，
在本體上只以有善無惡定住大位，不肯多繞一重，再說個無善無惡，故謂之
「善一也，而有有善之善，有無善之善，古人未之及也」。然究其實，此殊非
「四句教」本義，然若非王門後學之不求出實功，且恣言有無，蕺山或可不
如此批評者，蓋若言有言無則致令等而下者，極易轉爲執無善爲本體，而於
功夫亦下不得善字，終至放棄事功，空談超玄哲理，此正時代之病，亦正蕺
山苦心致力於理論駁正之用心處。〈學言下〉另言：

告子以性爲無善無不善，孟子斷斷以善折之，已是千古定案，而後
人又有無善無惡之說，又以孟子爲註腳。〔註90〕

此即從天命之性謂至善本體，孟子言性善，千古之前已折告子之性爲無善無
不善之說，故蕺山見後人言無善無惡之說即不能同意，至謂「又以孟子爲註
腳」者，實爲蕺山以陽明學乃自孟子出，只是當以孟子解大學時即多所誤謬。
就本體言，孟子言性善，今王門解大學卻說個無善無惡，又妄意爲孟子學，
則其乖謬矛盾之處，正蕺山欲指出之所在。〈學言下〉再言：

陽明先生曰無善無惡者理之靜，有善有惡者氣之動。理無動靜，氣
有寂感，離氣無理，動靜有無通一無二，今以理爲靜，以氣爲動，
言有言無，則善惡之辨輾轉悠謬矣。〔註91〕

此文所言之理氣之動靜問題，在蕺山晚年形上思想格局中，乃以理即氣，理
在氣中，不在氣外言者，即取理氣合一之說者，故謂之「理無動靜，氣有寂
感，離氣無理，動靜有無通一無二」。而陽明以此一事之理氣者，分言動靜，
再藉之言有言無，遂令至善本體之解輾轉悠謬。依蕺山之意，理氣本不可分，
善惡亦不可言有無，言有無乃本體問題，本體則只是有善無惡，故假藉理氣

〔註89〕《全書》卷十二，頁176，〈學言下〉，下欄右，六十五～六十六歲。
〔註90〕《全書》卷十二，頁176，〈學言下〉，下欄右，六十六歲。
〔註91〕《全書》卷十二，頁176，〈學言下〉，下欄右，六十六歲。

之動靜來談善惡之有無皆謬也。然蕺山亦非全不談善惡之有無者，只於本體
處不談。而蕺山以意爲本體，故言意之本體必是有善無惡，若以心言，且是
就心之流行發用言時，則亦可言善惡之有無者。此容後再詳。

　　蕺山另言：「橫渠先生云：大易不言有無，言有無者諸子之陋也。不意陽明
子亦墮坑塹中。」〔註92〕此亦再證蕺山不於至善本體處言有言無之意，而佐以
張子之言大易者證之，故以陽明與諸子同陋，卻不肯定陽明在儒學史上所開發
的義理格局者。《論學書・答史子復》又言：「若意是有善有惡之意，則心亦是
有善有惡之心，知亦是有善有惡之知，并物亦是有善有惡之物。」〔註93〕此即
以意爲本體之格局下，若以「四句教」所謂「有善有惡意之動」之說立言，則
心意知物皆同有此有善有惡之本體基礎，則豈不乖謬至極，此文乃蕺山譏評龍
溪之說而言者，故又謂「竊以自附於龍溪先生之旨，非敢爲倡也」，〔註94〕意即
若順龍溪常言之「四句教」規模，則心意知物必皆有善有惡，並非蕺山自己亂
說的。於〈學言下〉亦引「四句教」而攻擊之，謂當「四句教」以無善無惡爲
本體之後，則意知物之言有無格致者將皆出毛病。蕺山言：

> 王門矯朱子之說，言良知復以四事立教，言無言有言致言格，自謂
> 儘可無弊，然宗旨本定於無，已是一了百當，故龍溪直說出意中事，
> 但恐無之一字不足以起教也，故就有善有惡以窮之，仍恐一無一有
> 對待而不相謀也，故又指知善知惡以統之，終病其爲虛知虛見也，
> 又即爲善去惡以合之，可謂費盡苦心，然其如言心而心病，言意而
> 意傷，言知而知岐，言物而物龐，四事不相爲謀，動成矛盾，本欲
> 易簡，反涉支離，蓋陽明先生偶一言之，而實未嘗筆之於書，爲教
> 人定本，龍溪輒欲以已說籠罩前人，遂有天泉一段話柄，甚矣，陽
> 明之不幸也。〔註95〕

此所謂「宗旨本定於無」，即謂言本體而以無善無惡當之時，無以起教，故求
之於意，然一有一無不能相謀仍不能起教，故求之於知，但本體已是無善無
惡，故知亦是無善無惡之本體之知，則其如何知善知惡，必是虛知虛見，遂
必言爲善去惡，此正其由本體之誤，即心病，而誤盡意知物，即意傷，知岐，

〔註92〕《全書》卷十二，頁179，〈學言下〉，上欄右，六十六歲。
〔註93〕《全書》卷十九，頁358，《論學書・答史子虔》，六十六歲。
〔註94〕同註87。
〔註95〕《全書》卷十二，頁181，〈學言下〉，上欄中，六十六歲。

物龐，故四事不相為謀，故矛盾支離之病生，最後蕺山以此「四句教」為龍溪以已說竊附於陽明之言者，似欲為陽明開罪，然若觀乎蕺山之攻陽明良知說之言語激烈者，則獨為「四句教」開罪又有何益乎？

　　以上從意之本體之至善、性之善及存有上之有言其有善無惡者，主旨在與陽明言「無善無惡心之體，有善有惡意之動」之辯，然觀乎蕺山之所言，亦可約為：「有善無惡意之體，好善惡惡意之動」者。「好善惡惡意之動」將於下段討論，以下將再以「有善無惡意之體」來配合蕺山意念之別的理論，討論另一個新問題，即蕺山攻擊慈湖無意之說及解釋孔子毋意必固我之說者。蕺山於〈學言中〉云：

> 慈湖宗無意，亦以念為意也，無意之說不辨，并夫子毋意之學亦不明，慈湖只是死念法，禪門謂之心死神活，若意則何可無者，無意則無心矣，龍溪有無心之心則體寂，無意之意則應圓等語，此的傳慈湖宗旨也，文成云慈湖不免著在無意上，則龍溪之說非師門定本可知，若夫子之毋意正可與誠意之說相發明，誠意乃所以毋意也，毋意者毋自欺也。〔註96〕

> 子絕四，首云毋意，聖人心同太虛，一疵不存，了無端倪可窺，即就其存主處亦化而不有，大抵歸之神明不測而已，惟毋意故并無必固我，自意而積成為我，纔說得私意，今意云私意，是以念為意也。〔註97〕

至〈商疑十則答史子復〉中又言：

> 質疑云：從心境界全是良知全體發現，不可以意言，故聖人有無意之爭，毋意解恐當從朱子說難言用工。商曰：此箇謂是良知全體發現，誠然，豈知即是意中好消息，聖人毋意正前教所謂有主而無主也，朱子曰私意也必下箇私字，語意方完，畢竟意中本非有私也，有意而毋意所謂有主而無主也，說分量得，說功夫亦得。意與必固我相類，因無主宰心故無執定心故無住著心故無私吝心，合之見聖心之妙，如以無私意為訓，則必固我難接去，至慈湖以不起意為宗，又當別論，不起意只是不起念，以念為意也。〔註98〕

〔註96〕《全書》卷十一，頁169，〈學言中〉，下欄左，六十歲。

〔註97〕《全書》卷十一，頁169～170，〈學言中〉，六十歲。

〔註98〕《全書》卷九，頁142，《問答·商疑十則答史子復》，六十六歲。

蕺山對慈湖言無意說之必辯者，乃在蕺山以意爲至善之主腦所在，才言意，便是本體，且是有善無惡之本體，不言本體，豈能曰無，故無意之說若落在本體之存有上言時，必遭蕺山批評無疑。慈湖言無意，龍溪言無心，皆悖於蕺山之有善無惡之意之本體之說者，故陽明既以慈湖無意不免執著以評之，則蕺山以爲陽明不支持慈湖明矣，而龍溪之言無心者，又被蕺山劃在與慈湖言無意之同一義理間架上者，故蕺山又以此推證「龍溪之說非師門定本可知」，此文藉龍溪以爲反對陽明學之攻擊對象。而不直指陽明來攻擊者。

　　至於孔夫子之言毋意者，因又涉及蕺山關切之意之問題，故蕺山以無意之說辨之於先，否則「無意之說不辨，并夫子毋意之學亦不明」。蕺山之解釋，乃先以無意之說是以念爲意，此正朱子以無私意解毋意者，亦爲以念爲意來解意者，依蕺山之解釋，慈湖言無意即朱子言無私意者，而朱子又以無私意解毋意，致孔夫子毋意之學亦不明。究蕺山之詮釋毋意必固我者，乃以誠意說之意的理論切入者，切入之後再向上一翻而談個有主而無主者，有主者即有主宰，即言誠意說中之意之爲至善主宰者，然蕺山從此意之有主向上一翻而至無主，即謂「子絕四，首云毋意，聖人心同太虛，一疵不存，了無端倪可窺，即就其存主處亦化而不有，大抵歸之神明不測而已」者，此一疵不存，了無端倪，化而不有，神明不測，皆指此無主之義者，毋意即有主而無主，藉此無主可言無主宰心，無主宰心是在有至善本體之主宰下所言之神明不測之無主宰心者，從無主宰心可言無執定心，即毋必，再可言無住著心，即毋固，再言毋私吝心，即毋我者。故意必固我一事，毋意則毋必固我者，此爲一貫而下者，故若以毋意爲無私意解之，則無法有此一貫而下之理論扣合，而以無私意解之者則謂之以念爲意也。

　　雖然蕺山於此處之解釋亦可通順，然不可謂不牽強，究其實皆只爲守住意以本體言時之是有而非無，及無論如何不以意爲私意之兩條理論主軸者。以上從本體問題談蕺山對陽明「四句教」之意見，雖爲批評陽明之說，然蕺山誠意說之義理規模正亦藉此更極擴深發揮矣。下段將就有善無惡之本體在功夫發動時必是所好必善所要必惡者言之。

（二）意之發動好善惡惡

　　意是心之體，是以所存言，今言發動非謂意爲所發，乃指意之作爲心之主宰時其宰心之方向乃好善惡惡者，故謂之發動，欲別於言心之以所發言者。本段言「意之發動好善惡惡」之重點，不在指明此好善惡惡者乃所好必善所

惡必惡者，此已於前節討論過，此處只將指出蕺山言善惡及好惡乃各有所指，並亦藉此一區別才能釐清其批評「四句教」之論旨所在。言善惡者指本體之性者，言善惡之有無者乃從存有上言本體者，言好惡乃直從此有善無惡之本體之至善之性發動時之向者機者而言，陽明謂「無善無惡心之體，有善有惡意之動」，而蕺山以本體是有善無惡言之，且以意為心之體，故言至善本體時多以意當之，故「無善無惡心之體」必改為「意之本體有善無惡」，至於此至善本體之功夫發動言，則必是一於善而不二於惡，即為好惡一機，所好必善所惡必惡者，故言發動則是好善惡惡。而陽明言「有善有惡意之動」則是以念為意，且在念之已發之後之有善有惡處言意者，故是粗視了意，若言意之以至善本體之發動言，則必只是「意之發動好善惡惡」者。

〈年譜〉五十九歲項下記曰：「傳曰，如惡惡臭，如好好色，言自中之好惡一於善而不二於惡，一於善而不二於惡，正見意之有善而無惡。」，〔註99〕「中」之為言至善本體也，即意也，言本體之性則是有善而無惡，而有善而無惡乃自大學誠意章言如惡惡臭如好好色之好惡一機中見出者，即必得有意之本體之有善無惡，方有功夫上之一於善而不二於惡之好善惡惡可言者。

蕺山曾自創一「四句教」如下：「有善有惡者心之動，好善惡惡者意之靜，知善知惡者是良知，為善去惡者是物則。」。〔註100〕言「有善有惡者心之動」乃以心之流行發用上言，發用之持有尚未在誠意上用功夫則必是有善有惡者，言「好善惡惡者意之靜」乃以意之靜與心之動配言，即以所存之意言，即指本體，本體之發動必是好善惡惡，主一而不遷，故以靜言，靜非動靜對待之靜，亦非與言發動義之動對立之靜，實為直指本體之發動，主一不遷，實有定向之事上言靜者。此或為蕺山極欲矯陽明「有善有惡意之動」一句，而特意下個「靜」字者，同此義者亦載於〈學言上〉之一段文字中：「意為心之所存，則至靜者莫如意，乃陽明子曰有善有惡者意之動何也？意無所為善惡，但好善惡惡而已。」〔註101〕此以「意為心之所存」言「至靜者莫如意」正指出此靜字之用，乃指其為所存有主之本體處者，正相對於心之動之言有善有惡者。意之本體有善無惡，本體發動好善惡惡，故下個「靜」字以別於心之以所發言動者。至於陽明所言之「有善有惡意之動」者，正誤於以意之

〔註99〕《全書》卷四○，頁911，〈年譜〉，五十九歲。
〔註100〕《全書》卷十，頁156，〈學言上〉，下欄左，五十九歲。
〔註101〕《全書》卷十，頁156，〈學言上〉，下欄中，五十九歲。

本體之發動，乃只談好惡，不談善惡之義者。談善惡則只是有善無惡，而不得再言有無，談發動，則又只宜在好惡一機，好善惡惡者言也。

有關心與意在「四句教」中之倒置悖謬之處者，蕺山六十歲於〈答葉潤山書〉中亦言：

> 意有好惡而無善惡，然好惡只是一機，易曰幾者動之微吉之先見者也，是也，故莫粗於心，其微於意，而先儒之言曰無善無惡心之體，有善有惡意之動，無乃以心爲意，以意爲心。〔註102〕

其言「以心爲意」者，乃指意以心之體言，故言體者應即指意，今以心之體言本體善惡之有無，乃「以心爲意」者。至於言「以意爲心」者，乃就有善有惡意之動者言，意以所存言，心以所發言，心之所發若不存主於意，則必是有善有惡，故有善有惡者，可言心之動者，而不可言意之動者，若言意之動者，就其機言則是好善惡惡，就其本體言則是有善無惡者，故言「有善有惡意之動」者，乃正以意爲心者。〈學言下〉又言：

> 意者心之所發，發則有善有惡，陽明之說有自來矣，抑善惡者意乎？好善惡惡者意乎？若果以好善惡惡者爲意，則意之有善而無惡也明矣……〔註103〕

此文則以陽明之「有善有惡意之動」之說，乃來自朱子以意爲心之所發而言者，意若以所發言，發則有善有惡，且發是動，故可曰有善有惡意之動，然蕺山以心才是在發處言，故改之曰「有善有惡心之動」方可，此「動」之義乃發用流行者，因其有依於理或不依於理，主於意或不主於意之情狀，故發用之後將有善惡之別，蕺山問「抑善惡者意乎？好善惡惡者意乎？」即問意之應是有善有惡呢還是好善惡惡，但這是兩個層次不同的問題，故當蕺山依大學誠意章言意之爲好善惡惡者回答之後，則言本體必是有善而無惡可知矣。

六十六歲〈答史子復書〉中則直言：「陽明先生曰有善有惡意之動，僕則曰好善惡惡者意之動」。〔註104〕此處所謂「好善惡惡者意之動」乃首次以「動」言意之好善惡惡者，然此義仍同於蕺山五十九歲所言之「好善惡惡者意之靜」之義，「好善惡惡者意之靜」之含義前已述及，然既謂之「好善惡惡」則實即是言其動者，故以動言，反而更能顯示出至善本體主於意而動之好惡一機者。

〔註102〕《全書》卷十九，頁341，《論學書·答葉潤山民部》，六十歲。
〔註103〕《全書》卷十二，頁177，〈學言下〉，下欄左，六十六歲。
〔註104〕《全書》卷十九，頁358，〈論學書·答史子復〉，六十六歲。

至於其言靜者，一則欲與陽明言「有善有惡意之動」者作一大倒轉，一則即欲強調意之爲至善本體之功夫發動必示循理主一者，故其雖以靜言，乃正欲強調本體之好惡一機之有主之動者。

　　然意之以動言，或以靜言，皆不礙其爲心之主宰之義者。因意不在心外，心意是一事，意誠則心正，故當意爲主宰時，即當意在好善惡惡時，即無所謂心之有善有惡之事者，此時乃只有心之有善而已矣。此即謂蕺山言心與意之不同乃只在評陽明學說時爲釐清概念而用之，若在蕺山誠意說之格局下，則意識而後心正而已，心與意在「誠意」之功夫中乃分不得二事矣，以上言「意之發動好善惡惡」，以下將從心處言蕺山對陽明「四句教」之矯正者。

（三）心之流行有善有惡，心之藏寂無善無惡

　　蕺山曾言：「先儒之言曰無善無惡心之體，有善有惡意之動，無乃以心爲意以意爲心乎？」〔註105〕蕺山批評陽明「四句教」之論旨主要是定在「意爲心之本體」之觀點上，故前二段從意處之批評實已得論旨大要，然蕺山對心卻又仍有處理，爲避免疏解上之含混駁雜，故本段獨立論心之問題而討論之。前二段已從意之本體及發動上之「有善無惡」及「好善惡惡」言，今再從心之在發處言時之流行發用狀及藏寂不動狀以言其「有善有惡」及「無善無惡」者。

　　五十九歲在〈學言上〉蕺山首立自己的「四句教」曰：「有善有惡者心之動，好善惡惡者意之靜，知善知惡者是良知，爲善去惡者是物則。」〔註106〕此處之言心者，即就心之在發處言者，而意既在所存處故將陽明「有善有惡意之動」者改爲「心之動」者，此正蕺山辯於朱子之存發觀念及陽明「四句教」說法後之綜合論旨之展現者。〈學言中〉有言：

> 陽明先生言無善無惡者心之體，原與性無善無不善之意不同，性以
> 理言，理無不善，安得云無，心以氣言，氣之動有善有不善，而當
> 其藏體於寂之時，獨知湛然而已，亦安得謂之有善有惡乎。〔註107〕

此所言之「心以氣言，氣之動有善有不善」者，乃正以氣言心，以氣之動有善有不善而可謂心之「有善有惡」者，至於言「無善無惡」者，仍在此氣之動之層次上言者，只當其藏體於寂，獨知湛然，則更不再言其「有善有惡」者，只言其「無善無惡」可有更恰切義。然因其是流行上之藏寂不動狀，故

〔註105〕《全書》卷十九，頁 341，《論學書·答葉潤山民部》，六十歲。
〔註106〕《全書》卷十，頁 156，〈學言上〉，下欄左，五十九歲。
〔註107〕《全書》卷十一，頁 164，〈學言中〉，下欄右，六十歲。

雖謂之「無善無惡」，卻非本體上之無善無惡者。〈學言中〉又有言：

> 心無善惡，而一點獨知，知善知惡，知善知惡之知，即是好善惡惡
> 之意，好善惡惡之意，，即是無善無惡之體，此之詞無極而太極。
> 〔註108〕

此則是從好善惡惡之意直通於知善知惡之知，皆就至善本體之自知自好處言
者，至其言心無善惡者，乃正欲從無善無惡之心處從中指出一點獨知及好善
惡惡之意之主宰地位者。後再以無善無惡之體及無極而太極言之者，則正欲
指此知善知惡之知及好善惡惡之意之向上一翻至神妙不測之本體者言之，即
所謂「藏體於寂」者，然此與前述至善本體之有善無惡義不同，至善本體是
太極，有善無惡是其實有之天命之性，就此本體再向上一翻至無善無惡者，
正如同於以無極說太極之義者，而此則正亦同於陽明言「無善無惡心之體」
之原義者，由此亦可見出蕺山非不能思考超越問題者，只時風流弊敗壞太甚，
故不得不矯枉過正而已。

至六十六歲〈學言下〉則於多處更談此無善無惡之心者：

> 心是無善無惡，其如動而爲好惡，好必善惡必惡，如火之熱水之寒，
> 斷斷不爽，乃見其所爲善者，孟子性善之説本此，故曰平旦之氣，
> 其好惡與人相近也者幾希，此性善第一義也，大學之好惡正指平旦
> 之好惡而言，故欺曰自欺，謙曰自謙，自之爲言由也，自之爲言獨
> 也。〔註109〕

此處所言「心是無善無惡」仍是就心之藏體於寂時言者，然就「其如動而爲
好惡」及「乃見其所爲善者」，卻是在至善本體之好善惡惡中見出者，即就意
之發動中見出，只意爲心之所存，不在心外，故就心中之意言者，並不逃於
心外，故直以心之動而爲好惡言者亦可，只是在蕺山立誠意說後，此好惡之
動實乃在心之主體處，即意處言者。

此外，蕺山之謂「心是無善無惡」義是否與本體之「意」有所衝突呢？
實則不然，言意不在心外，言心心中有意，心與意分不得兩事，論本體以意
當之，意仍在心中，論流行其用以心指之，心中仍有意，故論「無善無惡」
者，固同時是流行發用中之藏體於寂，更同時是本體之向上一翻言神妙不測，
而蕺山以心指之不以意指之，只更欲保留意之爲心之本體之立誠主宰功能，

―――――――――――――――

〔註108〕《全書》卷十一，頁164，〈學言中〉，下欄左，六十歲。
〔註109〕《全書》卷十二，頁176，〈學言下〉，下欄左，六十六歲。，

而將無善無惡留與心言，然雖留與心言，卻不宜謂之本體，只言「心無善惡」「心是無善無惡」「心可言無善無惡」，由此亦可見出蕺山重視「論本體決是有善無惡」這一層次上事，而不欲籠統虛玄言之之用心者。

〈學言下〉又言：「心可言無善無惡，而以正還心，則心之有善可知；意可言有善有惡，而以誠還意，則意之無惡可知。」〔註110〕心可言無善無惡者亦可就其藏體於寂時言，然若能以正還心，即能得意識以後之心正時，則必只是有善可知矣，至所謂意可言有善有惡者，實只在以意爲念，以意在心之發處時言者，但就意之作爲心之主宰者言，意誠，則其好善惡惡，故其有善無惡可知，故「意」實不以有善有惡言。蕺山此處或爲排比於心之可言無善無惡者，然就蕺山思考方向之殷殷看重者，實不以有善有惡言意較爲恰當。

〈學言下〉續言：

> 心無善惡信乎，曰乃若其意則可以爲善矣，乃所以爲善也，意有善惡信乎，曰乃若其知則可以爲良矣，乃所以爲善也，若夫爲不善非意之罪也，吾自知之，吾自蔽之，不能知所止焉耳。〔註111〕

此說之重點不在言心之無善惡，只藉此說一語帶過而後強調此意誠之功，則藉此意中自好自惡之端倪發動，則可有正心之功，則心之有善即可言矣；至其謂意之有善惡者實不必如此言，且其藉重於知而使意爲善之說亦無必要，此處之知及其爲良者，並非陽明之良知，而爲蕺山之知止之知，若順此一路，只多生葛藤，實混蕺山陽明系統而言義不清者。

由前所論者，蕺山既立誠意說，則對於意之有善無惡義及好善惡惡義自然堅持愈甚，即令有時或言意之有善有惡者，卻都不是肯定地直接言此，皆只在語意轉繞之後才勉強說出者，故蕺山言意之說實爲有明確宗旨之理論者。而當以之故陽明「四句教」時雖未必切中陽明本旨，然就反覆表達蕺山思想脈絡言，卻正能助其思想之擴深矣。至於蕺山在大學詮釋脈絡下所言之心者，及以心爲與陽明致辯之論旨者，卻非蕺山理論之重點，此乃因蕺山重意，而言心時只附在論意時言者，故由心之在發處言及在氣之動處言之有善有惡者，及在藏體於寂之無善無惡者，都不能缺少意之理論以爲基礎，否則便不得要領。似乎對「四句教」的批評工作放在意之有善無惡及好善惡惡處即已論旨明確，再言心時，只是附帶解釋，已非評論之主旨矣！

〔註110〕《全書》卷十二，頁178，〈學言下〉，下欄右，六十六歲。
〔註111〕《全書》卷十二，頁178，〈學言下〉，上欄右，六十五～六十六歲。

總結本節所言之蕺山對陽明「四句教」之批評者，首先，蕺山屢屢徘徊於以「四句教」爲陽明本旨或龍溪竊附之作之兩種立場上，並未有定論；而就「四句教」之批評言，則分別放置在多層次上論理。首先，論本體是有善無惡，故以「無善無惡心之體」言本體之無善無惡者即錯誤。其次，論本體則以意當之，故以「有善有惡意之動」釋意亦錯誤。再其次，論本體之發動是好善惡惡，且是在意處之發動，故以「有善有惡意之動」談自至善本體之功夫發動也是錯誤。若以心言，則心是以流行之用言者，在流行上談善惡，則可以是有善有惡。但若用功夫於其所存之意上後，則心可言有善不必再言有惡。又若就心之藏體於寂，不言其動時，則其亦可言無善無惡。然當其主於意而動時，則又必是好善惡惡，而終至有善無惡之境矣。總之蕺山之批評「四句教」，全是守住「意之本體有善無惡」，「意之發動好善惡惡」兩層言者，絕不肯多繞一重談有談無遂至虛玄，不見實功。此正蕺山欲矯時儒學風流弊而有以用心若此者。

二、蕺山對「良知說」的批評

陽明談良知，以良知爲儒學義理的主腦所在，其言致良知於事事物物者，正以良知爲心之本體者。而蕺山對陽明良知說之態度，早年亦頗能善解此義，然因蕺山爲矯時弊，談功夫或本體皆欲守住經典詮釋之立場以批評它說，而良知說既已溢出大學詮釋義理間架，則不啻是一隱藏的衝突，只待蕺山理論繼續發展，終究是會批評此說。果然，蕺山立知止說、誠意說之後，陽明之「四句教」中之心與意者便不得不批評，而批評心意之善惡問題的理論成熟後，對「知善知惡是良知」一語便再不能相容。

蕺山對「良知說」的態度有不斷的轉變，早年守住陽明之說，爲之註解，隨後逐漸轉爲以慎獨說中之獨知解良知。然而在對「四句教」批評之後，一則以在「四句教」中「無善無惡心之體，有善有惡意之動」之後的「知善知惡是良知」一語也有理論上的乖謬，故必須批評良知；二則以在知止說中已建立對知的解釋以取代良知故必須批評良知；再則以良知之作爲吾心之本體已與大學言明德之本體有重覆之不當故必須批評良知；此外，良知本自孟子而來，在蕺山未批評良知說前則隨同陽明之以孟子解大學之良知，至批評良知說之後，則以孟子學與大學詮釋不同，故不能以良知解大學；又，在建立知止說時所談之「知」本不與良知混，至批評良知說後，則混知止說之知與良知之知爲一而又有批評於良知說者。總之，蕺山對良知之批評都出在蕺山

欲守住解釋大學之立場，而當蕺山以誠意說建立對大學的全面解釋後，因陽明未重誠意，至兩套理論不能相容，故不得不攻之矣。

以下即將分三段討論之，即：「中年對良知說的解釋」；「六十六歲前後對良知說的批評」；及「從明明德批評良知」。

（一）中年對「良知說」的解釋

蕺山子劉洵於蕺山「年譜」六十六歲項下曾談到其文對陽明思想的態度有三重轉變，其言曰：

> 按先生於陽明之學凡三變，始疑之，中信之，終而辨難不遺餘力。始疑之疑其近禪也；中信之信爲聖學也；終而辨難不遺餘力，稍其言良知以孟子合大學，專在念起念滅用功夫，而於知止一關全未勘入，失之粗且淺也，夫惟有所疑然後有所信，夫惟信之篤故其辨之切，而世之競以玄渺稱陽明者，烏足以知陽明也與。〔註112〕

劉洵所謂「始疑之疑其近禪也」一語，在蕺山遺著中找不到證據，或因早年著作未及收錄之故。然中年以後卻常見蕺山以陽明非禪之說批評後學近雜於禪之事者。〔註113〕至於劉洵言「中信之信其爲聖學也」，則正本段所將討論之中年對良知說的解釋之時期。蕺山於五十四、五歲以後至六十六歲前一段時間皆極能接受良知教法，故屢爲之解釋，「年譜」五十歲、五十四歲各記曰：

> 先生訪陽明文集，始信之不疑……一反求諸心而得其所性之覺，曰良知。因示人以求端用力之要，曰致良知。良知爲知見，知不囿於聞見，致良知爲行見，行不滯於方隅，即知即行，即心即物，即靜即動，即體即用，即功夫即本體，即上即下……特其急於明道，往往將向上一機輕於指點，啓後學躐等之弊有之。〔註114〕

> 文成指出良知二字，直爲後人拔去自暴自棄病根，今日開口第一義，須信我輩人人是箇人，人便是聖人之人，聖人人人可做，於此信得及，方是良知眼孔，因以證人名其社。〔註115〕

〔註112〕《全書》卷四〇，頁 926，〈年譜〉，六十六歲。

〔註113〕「陽明先生宗旨不越良知二字，乃其教人惓惓於去人欲存天理，爲致良知之實功，何嘗雜禪。」《全書》卷四〇，頁 915，〈年譜〉，六十一歲。另於它處亦多見此義，茲不多引。

〔註114〕《全書》卷四〇，頁 896，〈年譜〉，五十歲。

〔註115〕《全書》卷四〇，頁 904，〈年譜〉，五十四歲。

此處值得注意者乃五十歲項下而記之「急於明道，往往將向上一機輕於指點，啓後學躐等之弊。」，此正於蕺山批評「無善無惡」說時可見之心態者，五十五歲〈答履思書〉中有言：

> 逆來深信得陽明先生良知只是獨知時，一語親切，從此用功保無走作，獨只是未發之中，未發之中正是不學不慮眞根底處，未發時氣象安得有勝心習氣在，學者只爲離獨一步說良知，所以面目不見透露，轉費尋求，凡所說良知都不是良知也。致良知三字便是孔門易簡直截之旨，今日直須分明討下落耳，若不計下落分明，則知善知惡四字亦無用處，終歸之不知而已……只在功利上著腳本，與良知無涉，即自以爲良知，亦只落在應用邊，所謂差之毫釐，謬以千里者也。良知喫緊處，便只用在改過上，正是愼獨功夫……念已發矣，機已赴矣，覺亦無及矣，正緣失之於未發者，先不可救也。若是從愼獨後所發，又何須更加辨別，更加決斷乎。……只向事物上求善惡，而不從一念未超時，求個有善無惡之體，是以生出種種葛藤，終日求此良知，而尚未見有入手功夫之可言也，須知良知無聖凡，無大小，無偏全，無明昧，若不向獨上討下落，便是凡夫的良知……此僕所以云知善知惡四字，亦總無處用也。〔註116〕

此說非批評良知者，反而是以蕺山愼獨功夫的理論架構來給良知一種適切的詮釋。良知既只是獨知，獨知功夫不是離於愼獨之外另有個知，實只是「獨」中一點善必知之、惡必知之的實際，而獨又只是未發之中，是知在善惡之先，是「幾者動之微，吉之先見者也」的先見之知，故若配愼獨功夫理論而言，致良知即愼獨功夫，此時蕺山因愼獨功夫理論之發展已有規模，故談良知時乃取義於愼獨說者，亦由此獨只在未發之中之取義，正預存了晚年批評「知善知惡是良知」是知在善惡之後的基礎者。蕺山詮釋陽明良知，卻以自己的愼獨說給良知賦義，則良知不必更有深義，故蕺山又屢謂之「良知只是獨知時」。〔註117〕

　　蕺山除以獨知判良知外，仍有以仁義一關爲良知當用之處說良知，故前文續言：

〔註116〕《全書》卷十九，頁337，《論學書‧答履思六》，五十五歲。
〔註117〕參見本文第二章第三節，〈獨知與良知〉，或《全書》卷十，頁159，〈學言上〉，下欄右，五十九歲；或《全書》卷十一，頁164，〈學言中〉，下欄中，六十歲；或《全書》卷十一，頁167，〈學言中〉，上欄左，六十歲。上述諸處皆言及此義。

孔門説個慎獨，於學人下手處已是千了百當，只爲頭面未見分明，
故陽明又指個良知，見得仁義不假外求，聖賢可學而至，要人喫緊
上路去，非與古人有差別，故曰良知只是獨知時，吾黨今日所宜服
膺而弗失也。〔註118〕

此即謂良知之知見，須於孔門仁義判得分明，方是聖門良知之用。其另作「尋
樂説」中除道盡聖學之樂處外，亦直以義利一關爲良知當判斷處者。其言曰：

有不善未嘗不知，知之未嘗復行也，聖人直是無所不知耳，然致知
之功夫又自有説，子曰不義而富且貴，於我如浮雲，義利一關正是
良知當判斷處，於此判斷得分明便是致知功夫。〔註119〕

此即謂良知之知善知惡除應先求之未發之中使善惡必先知之之外，更要緊的是
此善惡之知應直求之於人倫事業之中，即義利之辨之日用常行事上，如此則有
望學之眞樂地也。此外，在蕺山詮釋良知脈絡上，上説之以「樂」説聖學者，
乃正有王艮後學之學風，然王艮學流於情識，故蕺山亦屬規之。其言曰：

良知一點，本自炯炯，而乘於物感，不能不恣爲情識，合於義理，
不得不膠爲意見，情識意見紛紛用事，而良知隱覆於其中，如皎日
之下有重雲然，然其爲良知自若也。覆以情識即就情識處一提便醒，
覆以意見即就意見處一提便醒，便醒處仍是良知之能事，更無提醒
此良知者。〔註120〕

從良知定主意則誠，從情識定主意則欺且僞，今人有一於貪財好色
者，心下畢竟打不過，便是僞也。〔註121〕

此亦正顯示蕺山立慎獨功夫也好，立誠意功夫也好，皆爲欲避去王門後學之
流弊者，然就陽明良知説而言，或因陽明向上一機，易啓後學躐等之流弊，
或因後學學不見道，紛紛流於情識，故蕺山雖言良知，卻必須一一爲之收攝，
不敢放步大走，故良知縱有大用亦須愼用，故蕺山又認爲良知只是陽明在孔
門之學未見分明時指個良知，非與古人有差別者，此亦蕺山欲顯示以慎獨立
教方才是學人眞下手處之意也。

　　蕺山談良知不似陽明直下人心掏出個良知以爲吾心之本，並即上通天命

〔註118〕同註116。
〔註119〕《全書》卷八，頁118，〈尋樂説〉。
〔註120〕《全書》卷十，頁161，〈學言上〉，下欄中，五十九歲。
〔註121〕《全書》卷十二，頁179，〈學言下〉，上欄左，六十五～六十六歲。

之性者，如此易簡直截；蕺山乃一則以獨知配慎獨說解之，一則又以仁義禮智四德中之智德配之，其言曰：

> 智者良知靜深之體，良知貫乎四德，而獨於智見其體，蓋深根寧極之後，正一點靈明葆任得地處，故曰復其天地之心乎。〔註122〕

> 仁統四端，智亦統四端，故孔門之學先求仁。而陽明子以良知立教，良知二字，是醫家倒藏法也。〔註123〕

此乃蕺山爲陽明之良知在天命之性中再求個本體者，仁義禮智乃天命之性，在中庸即喜怒哀樂四氣當之，今良知爲智德，則智德之性禮義便賦予良知。然此說雖蕺山欲爲良知找天命之本體，卻似較陽明說良知之格局爲更窄，良知不必只由智見體，良知即天理之別名，即獨中見出之天命至善之性者，蕺山處處說小了良知，莫怪乎晚年信筆直攻良知，似欲不擊潰之誓不終止。

（二）蕺山對良知說的批評

　　蕺山對陽明良知說的猛烈批評，皆在六十六歲之時發生，然依蕺山思想發展的脈絡看來，實又在理論上有不得不批評之勢矣。蕺山詮釋大學自知止說轉入誠意說後，則配合誠意說而發展了對陽明「四句教」中心與意的善惡問題的批評，此一工作至六十六歲時期可謂已完成且確定了，然而就在確立了對「無善無惡心之體，有善有惡意之動」之批評論旨之後，更加上中年對良知的解釋基礎，遂一轉而下，直似不摧毀良知說不終止，而不若中年以前之能善意會解良知之要義及疏通良知說與慎獨誠意的理論互通性者。

　　依蕺山對良知說猛烈批評之理論內容看來，蕺山乃首先以良知說爲陽明承自孟子而來者，故不合解釋大學之本旨，由此亦可見出蕺山乃在一心回歸經典詮釋之思路上，藉經典文字之詮釋以發揮思想之學者，故兩者之差異雖在各自建立之理論上，而蕺山卻殷殷以不合經典詮釋批評陽明，此可注意者一。其次，在蕺山知止說確立之後，在大學經典詮釋上之知字即已全以知止說之論旨解之，故陽明良知說之出現即有礙蕺山之知止說，此又蕺山以陽明不必更言良知只知止之義足矣來批評良知說之另一可注意者。又就知字而言，蕺山除以知止說釋之外，爲配合立誠意說後之意爲主腦義，故復以意誠之好善惡惡義詮釋知者，而當陽明「四句教」中言個「知善知惡是良知時」，

〔註122〕《全書》卷十一，頁 169，〈學言中〉，上欄右，六十歲。
〔註123〕《全書》卷十一，頁 169，〈學言中〉，上欄右，六十歲。

便以好善惡惡解知善知惡者,然因陽明先置個有善有惡意之動在前,故蕺山認為陽明之知善知惡是在善惡已形之後之知者,非在善惡未形之前之知者,未形之前之知即未發之中之知,即善必先知之惡必先知之之知,即知即行,知善即好善,知惡即惡惡,今若善惡已形之後方才知之,則此知已無好惡之功,遂為無用之知矣,而此一對知善知惡之知之無用之說法亦為蕺山批評良知說之最用力處者。

可見若非在「四句教」中之言知善知惡之事者,蕺山或不必對良知說有如此之批評,然歸根結底,蕺山對良知說之批評也好,對「四句教」之批評也好,又都結在意之理論上,批評心意之善惡問題的關鍵乃在意之好善惡惡,批評良知說之關鍵其實也在知善知惡之知置於有善有惡之意之後而來者,故蕺山則屢言陽明因把意字看壞看粗,方才把知字說壞者。然本章第三節談誠意說時已述及,自蕺山以知止說勘入大學詮釋系統中之後,則誠意說已呼之欲出,待誠意說確立則「四句教」乃必須批評者,至心意之善惡定,則良知說自無法逃過批評矣。以下即一一引述蕺山之言以為論旨。

蕺山以良知說乃承自孟子學之說法早已出現,四十三歲以前的《學言上》文字中已言及:「有不善未嘗不知是謂良知,知之未嘗復行也是謂致知,大學之知即孟子之良知,大學之致知即孟子之良能。」〔註124〕此時蕺山自己的理論體系尚未建立,故無任何批評意味,但以良知得於孟子說之義已見,甚至還以孟子之良知良能詮釋大學,然此正蕺山日後批評陽明之說者,蕺山在六十一歲《學言中》即改變說法,而不以良知良能為解大學之本旨,其言曰:

> 孟子言本心、言良心、言人心、言不忍人之心、言四端之心、言赤
> 子之心,不一而足,最後又言良知良能,益勘入親切處,凡以發明
> 性善之說,此陽明先生之教所自來也,其曰致良知亦即是知皆擴而
> 充之之意,然以之解大學殊非本旨。〔註125〕

此文直以陽明之教來自孟子,但殊非解大學之本旨。六十三歲〈答韓參夫書〉中更言「豈知陽明立言之病正是以大學合孟子,終屬牽強」,〔註126〕晚年著良知說時更言「陽明子言良知,最有功於後學,然只是傳孟子教法,於大學之

〔註124〕《全書》卷十,頁145,〈學言上〉,上欄右,四十三歲前。
〔註125〕《全書》卷十一,頁170,〈學言中〉,下欄左,六十一歲。
〔註126〕《全書》卷十九,頁352,《論學書‧答韓參夫》,六十三歲。

－108－

說終有分合」，〔註127〕此皆顯示蕺山論學宗旨定在確實詮釋經典，故而面對陽明與蕺山理論差異之事，則以陽明不合大學本旨之意攻之，而不論陽明自身理論發揮脈絡上之問題者。

此外，蕺山因知止說之建立，故以說知止、致知即可，不必更言良知者評陽明良知說。此一論旨亦得見於五十九歲〈學言上〉之文字中，蕺山言：

> 陽明先生言良知即物以言知也，若早知有格物義在即止言致知亦
> 得，朱子言獨知對睹聞以言獨也，若早知有不睹不聞義在即止言慎
> 獨亦得。〔註128〕

此文之義已述於第一章談不睹不聞處，其要旨即爲蕺山以格其物有本末之物致其知所先後之如釋格致者，故良知說中之致良知於事事物物之說即可被取代，而直以知止義說大學即可，不必更言良知。六十六歲著「良知說」中亦有此義，其言曰：

> 且大學所謂致知，亦只是致其知止之知，知止之知即知先之知，知
> 先之知即知本之知，惟其知止、知先、知本也，則謂之良知亦得。
> 知在止中，良因止見，故言知止則不必更言良知，若以良知之知知
> 止，又以良知之知知先而知本，豈不架屋疊床之甚乎。〔註129〕

此即蕺山之以知止義詮釋大學，而不必以良知說詮釋大學之意，另文更直云：「但其解大學處，不但失之牽強，而於知止一關全未勘入，只教人在念起念滅時，用個爲善去惡之力，終非究竟一著。」，〔註130〕此即以陽明不解大學之知止義，更在「四句教」之知善知惡處只是個念起念滅中事者攻之，然而陽明良知說並非依於大學詮釋之理論意旨，則蕺山之批評只有挖深自己理論之意義，未必有攻擊陽明之實功也。

蕺山對陽明良知說批評最力者在知善知惡說上。蕺山之論旨有兩個層次，首先在詮釋知善知惡或詮釋良知時，是以之爲即同於好善惡惡之意的功夫發動者，因此即知即行，知在行中，知行本是一；其次在陽明「四句教」中立「知善知惡是良知」規模後，蕺山以之爲在「有善有惡意之動」之後之知者，是知在善惡外，有不善方知之，知之後方欲行，如此知行兩事，良知

〔註127〕《全書》卷八，頁129，《說‧良知說》，六十六歲。
〔註128〕《全書》卷十，頁159，〈學言上〉，下欄右，五十九歲。
〔註129〕《全書》卷八，頁130，《說‧良知說》，六十六歲。
〔註130〕《全書》卷十九，頁352，《論學書‧答韓參夫》，六十三歲。

之良意蕩而不存。蕺山於六十六歲著「良知說」時即申此二層論旨，其言：

> ……至龍溪所傳天泉問答則曰：「無善無惡者心之體，有善有惡者意之動，知善知惡是良知，爲善去惡是格物。」益增割裂矣。即所云良知亦非究竟義也，知善如惡與知愛知敬相似而實不同，知愛扣敬知在愛敬之中，知善知惡知在善惡之外，知在愛敬中更無不愛不敬者以參之，是以謂之良知；知在善惡外第取分別見，謂之良知所發則可，而已落第二義矣。且所謂知善知惡蓋從有善有惡而言者也，因有善有惡而後知善知惡，是知爲意奴也，良在何處？又反無善無惡而言者也，本無善無惡而又如善知惡，是知爲心祟也，良在何處？
> 〔註131〕

此中所謂知愛知敬，即知在愛敬中，即知在行中，知行一事者，而陽明之知善知惡是知在善惡外，知非好善惡惡之功夫，知行分兩事，故是第取分別見。至於從「四句教」之無善無惡之心之後所見之知善知惡是知爲心祟；從有善有惡之意之後所見之知善知惡是知爲意奴也。故而良在何處？此亦即蕺山六十歲於〈學言中〉所言「專以念頭起滅處求知善知惡之實地，無乃粗視良知乎？」〔註132〕之義。蕺山在〈學言下〉另有一段文字處理同一問題且言之極明，亦可視爲除「良知說」一文外批評良知最見力道的代表著作。其言曰：

> 予嘗謂好善惡惡是良知，舍好善惡惡別無所謂知善知惡者，好即是知好，惡即是知惡，非謂既知了善，方去好善，既知了惡，才去惡惡，審如此亦安見其所謂良者，乃知知之與意只是一合相，分不得精粗動靜，且陽明既以誠意配誠身約禮，惟一則莫一於意，莫約於誠意一關，今云有善有惡意之動，善惡雜揉向何處討歸宿，抑豈大學知本之謂乎？如謂誠意即誠其有善有惡之意，誠其有善固可斷然爲君子，誠其有惡豈不斷然爲小人，吾不意良知既致之後只落得做半箇小人，若云致知之始，有善有惡，致知之終，無善無惡，則當云大學之道正心而已矣。始得前之既欲提宗於致知，後之又欲收功於正心，視誠意之關直是過路斷橋使人放步不得，主意在何處。〔註133〕

此即以良知之諦義應在好善惡惡，故知與意是一事，若曰「有善有惡意之動，

〔註131〕同註129。
〔註132〕《全書》卷十一，頁169，〈學言中〉，下欄右，六十歲。
〔註133〕《全書》卷十二，頁178～179，〈學言下〉，六十六歲。

知善知惡是良知」則似欲在知後方去作功夫，而功夫必是在誠意中，故將有誠其有惡之義之荒謬結論，至令成了半個小人之事矣。此皆陽明不以誠意爲功夫主腦，視之爲過路斷橋而有以致之者。蕺山以己意詮釋良知，又以己意詮釋「四句教」，致令「四句教」與「良知説」頓生種種葛藤，其中以知善知惡之事最有病害，故蕺山屢屢致辯於此，其言曰：

> 有善有惡意之動，知善知惡知之良。二語決不能相入，則知與意分明是兩事矣。將意先動而知隨之邪？抑知先主而意繼之邪？如意先動而知隨之，則知落後著不得爲良；如知先主而意繼之，則離照之下安得更留鬼魅。〔註134〕

> 知在善不善之先，故能使善端充長而惡自不起；若知在善不善之後，無論知不善無救於短長，勢必至遂非文過，即知善反多此一知，雖善亦惡。〔註135〕

> 起一善念吾從而知之，知之之後如何頓放此念，若頓放不妥，吾慮其剜肉成瘡；起一惡念吾從而知之，知之之後如何消化此念，若消化不去，吾恐其養虎遺患，總爲多此一起。纔有起處，雖善亦惡，轉爲多此一念，纔屬念緣，無滅非起，今人言致良知者如是。〔註136〕

> 然鄙意則謂良知原有依據。依據處即是意，故提起誠意用致知功夫，庶幾所知不至蕩而無歸，毫釐千里或在此，然否。〔註137〕

以上皆證知善知惡之謬者，然蕺山對良知之批評除順「四句教」批評脈絡在善惡處言之外，尚有以「明德」批評良知者。下段申之。

（三）以明德批評良知

　　人人心中有個良知，故良知是吾心之本體，此陽明良知本義。而蕺山對良知之批評卻正以陽明之良知爲本體，轉駕明德之上，致大學經文解釋益生煩擾，故主張大學言知即可，不必更加良字，此即蕺山以明德批評良知説之論旨。蓋大學言知只是功夫，即格致是誠意功夫，言功夫則同於明善是誠身功夫、博文是約禮功夫、惟精是惟一功夫之義者，言知之功夫即知止、知本、致知等功夫之義，既言功夫則即明明德中上一明字之義。今既更言良知，則

〔註134〕《全書》卷十二，頁179，〈學言下〉，下欄右，六十六歲。
〔註135〕《全書》卷十二，頁184，〈學言下〉，上欄左，六十六歲。
〔註136〕《全書》卷十二，頁184，〈學言下〉，上欄左，六十六歲。
〔註137〕《全書》卷九，頁142，《問答・商疑十則答史子復》，六十六歲。

只是知止之功夫達於至善之地，正顯示知止功夫乃德性之良知也，仍只是功夫，今若言致良知，則似以良知爲本體，以致爲功夫，則本體功夫一齊俱到，大學之能事畢矣，不必更言誠意，然此非大學本旨。爲符合大學原義，故言知者則只是致知、知上之知，不必更言良知，否則不徒誠意功夫無可用之處，更明德之本體無處安放矣。此即蕺山以明德之本體不可被良知之本體義取代，而批評陽明良知說有本體義之不當之論旨者。以下引文以申之。

> 大學言明德即是良知，不必更言良知，明明德還其本明而止，不必更言致也，止至善者明明德之極則也，而功夫乃始乎知止……致知只是致其知止之知，格物只是格其有善無惡之物，如曰致良知則明明德又頓在何處？而并誠意正心之說不皆架屋而疊床乎。〔註138〕

此文即以陽明之良知義已同於明德之本體義，然明明德中有功夫有本體，不必陽明再言致良知者。就大學之言知者實只是明明德上明字之功夫義，更言致良知，則只使大學原文複雜難解矣。此文乃最早從明德與良知之本體義衝突上批評良知說者，其餘之文字皆六十五、六歲以後所做，〈學言下〉續言：

> 學首言明明德，又繼之曰止於至善，蓋就明德中指出主宰，有所謂至善者，而求以止之，止之所以明之也。〔註139〕

此即以明德爲主宰，即至善者，其有功夫，即止之，即明之，正見大學義理間架分明，不容陽明恣意發揮者。另言：

> 致知在格物，則物必是物有本末之物，知必是知所先後之知，……在朱子則以物爲泛言事物之理，竟失知本之旨，在王門則以知爲直指德性之旨，轉駕明德之上，豈大學訓物有二物，知有二知邪？〔註140〕

此即站在詮釋大學經文之立場上不容朱子錯解物字，亦不容陽明錯解知字，而陽明之誤即以如爲本體，直指德性之旨，轉駕明德之上矣。又言：

> 大學言明德不必更言良知，知無不良即就明德中看出，陽明特指點出來蓋就功夫參本體耳，非全以本體言也。又曰良知即天理，即未發之中，則全以本體言矣，將置明德於何地？至後人益張大之搬弄此二字益晦，陽明之旨以良知爲性體，則必有如此良知者，獨不曰知得良知卻是誰？又曰此知之外更無知，輾轉翻駁總要開人悟門，

〔註138〕《全書》卷十一，頁170～171，〈學言中〉，六十一歲。
〔註139〕《全書》卷十二，頁176，〈學言下〉，下欄右，六十五～六十六歲。
〔註140〕《全書》卷十二，頁177，〈學言下〉，上欄中，六十五～六十六歲。

> 故又曰致知存乎心悟，自是陽明教法，非大學之本旨，大學是學而
> 知之者。〔註141〕

此即以陽明欲指出良知，乃就功夫參本體，但最終卻使良知成本體，即以良知爲性體，則必另再找個知此本體者。則功夫愈見重覆，不得不求於心悟，但是，求心悟是陽明教法，蕺山不以其爲大學本旨，大學是學而知之者。此處蕺山之言學而知之，非與大學八目是一貫之義有所衝突者，說學而知之只強調大學之重本末先後功夫之別，而不欲陽明後學之以識認本體當做功夫，而不更求實地實行之事者。若得致力於知本末知先後知所止焉，則知此修身爲本，則知誠意是主腦，意誠則正心以上即一以貫之，皆可一一打開，此大學之學有漸次，有功夫有本體之義理間架，非陽明之心悟及致良知之可詮釋者。然再深究之，蕺山只不以良知爲本體，然良知若以本體言，則陽明之心悟自是就良知之本體發用之功夫，即本體中有功夫也，此儒學功夫理論之通義，亦蕺山功夫理論之通義，只因蕺山不願以良知取代明德之本體義遂致辯如此而已。〈學言下〉又言：

> 明德之上可加明字，功夫即本體也；良知之上只可加致字，加不得
> 知字，功夫之外無功夫也。〔註142〕

此即以明德爲本體，本體上可加功夫，即「明」明德。但正由此功夫中可見本體；然良知只應以知言，故只是同於知止之功夫義，功夫之上加不得功夫，故致良知只是同於知止一層上之功夫，若言知良知，則必致乖謬，功夫之上加不得功夫矣。此文即以良知爲功夫而不爲本體時，致字只是知字之功夫義上的一個強調語，不是功夫，故改陽明致良知之即本體即功夫義爲只功夫義者；又，知良知上之知字卻爲功夫字，故是於良知之知字之功夫義上再加知之功夫，故爲功夫之上再加功夫，故至乖謬矣！由此文可知蕺山以良知之知合於知止之知之義，故致良知只是致知，即知止、知先後、知本末之致知，若陽明之致良知，則爲以致之功夫義加於良知之本體上，故與明明德之義重複，又使大學之知有二義，此正蕺山不取者矣！〈學言下〉又言：

> 大學首言明明德，則德性自然之知，業已藏在其中，本明起照，何
> 患不知，只患不知止不知本，則一點莽蕩靈明，於學問了無干涉，
> 故首章特揭修身爲本，後章又言知其所止，而致知格物之義已無餘

〔註141〕《全書》卷十二，頁 177，〈學言下〉，上欄左，六十五～六十六歲。
〔註142〕《全書》卷十二，頁 177，〈學言下〉，上欄左，六十五～六十六歲。

蘊。〔註143〕

此即蕺山對大學原文之詮釋，不必有良知之摻入，則已見條理分明矣。

蕺山由明德之本體義批評良知說之不必言者，以六十八歲〈答史子復書〉中所言最詳，幾可為本段之總註腳，茲引重要處以為總結：

> 知上之知合下求之至善之地，正所謂德性之良知也，故言知止則不必更言良知，陽明子之言良知，從明德二字換出，亦從知止二字落根，蓋悟後喝語也，而不必以之解大學，以大學原有明德知止字義也，今於一章之中，必分格物之物非物有本末之物，必分致知之知非知本知止之知，且以為猶有所不足也，必撰一良字以附益，豈不畫蛇而添足乎？若曰以良知之知知止，以良知之知知本，則又架屋疊床之甚矣。大學言致知原以功夫言，不特致字以功夫言，并知字亦以功夫言，乃明明德一句中，上明字脫出，非下明字脫出。今若加一良字則知字似以本體言，全是下明字脫出矣，所以又有知良知，悟良知之說，則又架屋疊床之尤甚矣？夫曰知良知，悟良知，則本體功夫一齊俱到，此外更有何事宜乎？誠意一關不免受後人之揄揶矣。〔註144〕

以上乃蕺山以明德批評良知說之全部義理。而蕺山詮釋大學理論之面貌，亦因透過對陽明「四句教」及「良知說」之批評而更見完備。同時，觀於蕺山在中庸與大學詮釋中對朱子、陽明等人的批評之語，其實都是守在經典詮釋的立場上發言，雖亦因此發揮了自己的理論，但蕺山卻又不是站在自創理論的立場上發言。然而蕺山學力之深厚卻也正由經典的詮釋而鍛鍊出者，蕺山可謂繼朱子而後能傾力於重述古人著作，整理理論架構，而建立個人完整的儒學理論體系的第一人。此種論學方式的特色，正蘊育蕺山晚年在形上思想發展上能有邁越古人之宏觀見解，而成其為理學殿軍之學術地位者。

下章將再談蕺山跳過宋明儒學諸大家之思想，而回溯至濂溪思想系統的詮釋與重建上。正透過中庸大學的詮釋，蕺山檢視了宋明諸儒在學庸詮釋的所有理論，而見出其重建學庸功夫與本體思想的全貌，更透過濂溪的詮釋，可見出蕺山以濂溪把握宋明諸儒的理論綱要，並在中庸、大學、濂溪思想的徹上徹下地檢視之後，我們才得以在下篇中整理出蕺山晚年整個形上思想的全貌來。

〔註143〕《全書》卷十二，頁178，〈學言下〉，上欄左，六十五～六十六歲。
〔註144〕《全書》卷十九，頁361，《論學書·答史子復二》，六十八歲。

第四章 從主靜立人極到周濂溪詮釋系統的建立

第一節 蕺山詮釋濂溪思想的理論脈絡

在宋明諸儒中，最爲蕺山所推崇的就是周濂溪，曾言「孔孟之後，論性學惟濂溪爲是」〔註1〕又言「濂溪明道之語淳而無弊，餘亦便須善會」〔註2〕蕺山對濂溪思想的推崇，就表現在蕺山以《太極圖說》中言「主靜立人極」之功夫爲其畢生所守之功夫綱領上。（而與愼獨說、誠意說並列爲三）「主靜立人極」是功夫，此一功夫路數與蕺山性格相契，因蕺山早年即喜靜坐，喜談收斂身心，談靜存，故早年即深契濂溪之旨，並從此而後，談功夫則以收斂爲主，尤其表現在愼獨功夫理論的建立上，功夫既以收斂爲主，談本體便不喜虛玄，因此又反映到在誠意說建立之後對陽明「四句教」的批評之上。可謂由於蕺山獨契濂溪主靜功夫的路徑，遂決定了一生論學的方向，因此在功夫理論上，得出愼獨理論及誠意理論。

愼獨說與誠意說是蕺山功夫理論的兩套精華，「主靜立人極」是其三，然而在「主靜立人極」說上，蕺山僅只是守著濂溪的格局，爲之做解釋罷了，而不若愼獨說及誠意說般有著許多的創造性的發揮，然而雖然只是爲濂溪功夫理論做詮釋，蕺山在談「主靜立人極」說時，亦極能發揮在愼獨、誠意說

〔註1〕 《全書》，卷十三，頁207，《會錄》，下欄左。
〔註2〕 《全書》，卷十三，頁204，《會錄》，上欄左。

中的相關理論而予以闡釋，更重要的是對濂溪《太極圖說》及《通書》思想中若干重要關鍵問題，亦做了相當的處理，尤其是對《太極圖說》的闡釋，實爲構成蕺山自己形上思想體系的重要來源之一。

本章談蕺山對濂溪思想的詮釋，首先即要從蕺山對濂溪「主靜立人極」功夫的闡釋作起，此外，「涵養與省察」功夫的問題，因與主靜說相近，故本章亦將討論，另有關「主敬」功夫及「無欲故靜」的思想亦相近於主靜說，亦一併在此討論。

主靜只是功夫，從功夫必說到本體，如愼獨說中的獨體及誠意說中的意爲至善本體者。故談主靜必接著立人極，因此，嚴格說，與愼獨、誠意功夫有同等理論地位的應是「主靜立人極」而不只是「主靜」，靜字畢竟只是形式語，不若獨與意之能有體義，故須藉「極」以爲其體，蕺山在濂溪思想詮釋脈絡上有時標「無極而太極」以爲此體，有時又從《通書》之「幾」字以爲代表「主靜」功夫之本體也，而以幾與獨與意並列，這都是常見的話語。然而以極也好、以幾也好，都只是在爲主靜說找到本體者，因此，我們可以說，蕺山主靜功夫的建立，也是完成在本體理論上的，即在幾或極的理論上，因此本章亦將討論《太極圖說》中的太極思想及《通書》中的誠與幾。

以下即先談「主靜立人極」的功夫，再談對《太極圖說》及《通書》的詮釋。

第二節　主靜立人極

「主靜立人極」乃周子《太極圖說》中語，實爲周子於易學之發揮中，定出的聖人之功夫事業者，是聖人因之與天地合德、日月合明、四時合序、鬼神合吉凶的功夫入徑，《太極圖說》中原本說出個天地之終始變化過程，故周子以聖人善於體此，而以主靜爲功夫入路，亦能得出聖人事業合於天道的聖人之終始之境界出來，此即立人極焉。至於蕺山對主靜立人極功夫的繼承，一則爲「立人極」之事業做義理的說明，一則爲「主靜」功夫做概念的釐清，以下先說「立人極」之義理解釋方面：

一、立人極的義理說明

宋元學案於《太極圖說》後附有蕺山的解釋，其云：

而一陰一陽分見于形神之際，由是縠之為五性，而感應之塗出，善
惡之介分，人事之所以萬有不齊也。惟聖人深悟無極之理而得其所
謂靜者主之，乃在中正仁義之間，循理為靜是也。天地此太極，聖
人此太極，彼此不相假而若合符節，故曰合德。若必捐天地之所有
而畀之于物，又獨鍾畀之于人，則天地豈若是之勞也哉！自無極說
到萬物上，天地之始終也。自萬事反到無極上，聖人之終而始也。
始終之說，即生死之說，而開闢混沌七尺之去留不與焉。知乎此者，
可與語道矣。主靜要矣，致知亟焉。〔註3〕

蕺山以所謂「立人極」也，只是聖人一生事業終始之循理而行，故人極實聖
人自身之太極，聖人之太極與天地之太極能君合符節即聖人事業之完成，至
於此聖人之事業者，即為在萬事萬物上之循理而行、上合天理，此即聖人一
生生死之間的事業，至於天地的事業，即為一陰一陽分見于形神之際，得以
縠為五性，感應出善惡、萬有不齊之人事來者，此天地之終始也，而天地與
聖人各有其終始則正為聖人能立人極之基礎。除此而外，蕺山亦於〈學言上〉
之兩處談及此主靜立人極的基礎，其言云：

周子之學以誠為本，從寂然不動中，抉誠之本，故曰主靜立極，本
立而道生，千變萬化，皆從此出，化吉凶悔吝之途，而返復其至善
之體，是主靜真得力處，靜妙於動，動即是靜，無靜無動，神也，
一之至也，天之道也，嗚呼至矣！〔註4〕

天樞萬古不動，一氣而運旋，時通時復皆從此出，主靜立極之學本
此。〔註5〕

首段之義乃以周子之誠道為天道之本，主靜立極即為返此本，則千變萬化皆
能攝入，則能化吉凶悔吝而得返至善之體。次段意在指出天道之一氣通復自
有其理，人道循此得以立極，故主靜立極之學本此。而立人極之要求，即在
要求聖人之能與天地合德者。欲使人與天地合德，蕺山更為此而做《人極圖
說》，仿《太極圖說》言天地之終始者以言人事之大業者，可謂對濂溪在《太
極圖說》中所言主靜立人極義，做了最佳的理論發揮。

　　《人極圖說》中云：

〔註3〕《宋元學案》，卷十二。
〔註4〕《全書》，卷十，頁145，〈學言上〉，下欄左，四十三歲前。
〔註5〕《全書》，卷十，頁151，〈學言上〉，上欄左，五十七歲。

無善而至善心之體也，繼之者善也，成之者性也，繇是而之焉達於天下者道也。放勳曰：父子有親、君臣有義、夫婦有別、長幼有序、朋友有信，此五者五性之所以著也。五性既著萬化出焉，萬化既行萬性正矣。萬性一性也，性一至善也，至善本無善也。無善之眞分爲二五，散爲萬善，上際爲乾，下蟠爲坤，乾知大始，吾易知也；坤作成物，吾簡能也。其俯仰於乾坤之內者，皆具與吾之知能者也。大哉人乎，無知而無不知，無能而無不能，其惟心之所爲乎！易曰天下何思何慮。天下同歸而殊塗，一致而百慮，天下何思何慮。君子存之，善莫積焉；小人去之，過莫加焉。吉凶悔吝，惟所感也，積善積不善，人禽之路也，如其不善以改於善，始於有善終於無不善，其道至善，其要无咎，所以盡人之學也。〔註6〕

《太極圖說》自太極說來，即是自天道說來，是天命之性下貫的程序，故蕺山以濂溪爲性學，但《人極圖說》乃從人極說來，是聖人之太極，故從人言，即從人心言，故蕺山《人極圖說》首言心體。言無善而至善心之體也者，乃即周子言無極而太極之仿照義，蕺山能接受無極而太極之義並自認爲朱陸之體會皆不見道，此於下節處將詳言，此處應注意者是，《人極圖說》乃蕺山五十七歲時所做，後雖有改訂然終仍以「無善而至善」言「心之體」，雖謂仿「無極而太極」立言而宗旨明確，然觀於蕺山晚年批評陽明「四句教」中言「無善無惡心之體」中之無善者，仍可以見出此處主張「無善而至善」與彼處批評「無善無惡」似有表面上之扞格。然究其實，在批評「無善無惡心之體」處是言其本體之至善之性是確有非無，是言其此性是善，及此善是有者。而謂「無善而至善」者，其實是談此至善之性之宇宙論義的存有上之無，即如謂太極只在一陰一陽中見者，而以天地之間實無此太極之一物之存在言其無此極之義也，故欲尋此太極，則即在天地萬物中見其一一之生生之理即可，太極只是此生生之理，太極之此理只在天地萬物之形器中見，理在氣中，非理生氣，理氣非二物等諸義乃同樣的道理。尋此至善之性非在虛玄的形上世界中求，非在人心主觀之尋思中求，而只在人倫事業百善孝行中尋，故人心之極（即人心之體）即應達於天下，於父子、君臣、夫婦、長幼、朋友中行此至善之事，尋此至善之體，此至善之自爲一物之義乃是無，此至善其實是無此至善者。由此處所談之「無善而至善」義，即可見其與蕺山批評陽明之

〔註6〕 《全書》，卷一，頁42，《人譜·人極圖說》，五十七歲。

「無善無惡」義乃不同層次之事，蕺山以後者為反對此性是善，而蕺山之意是主張此性是善，至於「無善而至善」則是在宇宙論意義的探究下，主張此至善之性做為理言，須在氣中見，不是另有一理實存此世界之中，而應於人倫事業中去尋找，故此至善是無，非此善性是假。由此一分疏中亦可見出蕺山實善能體會此「無極而太極」之無極義，而於誠意說中對「四句教」的批評實為晚年思想之暢意發揮，雖然所言仍有宗旨，但卻是為對矯時弊而設，故語多驚人，容易說得太過，且易誤釋前儒之意，然若仔細分疏，亦非不能見出其論理之宗旨，實未自相悖謬也。

蕺山於另處亦談及對「無善」的解釋，蕺山云：

> 有讀人譜，疑無善二字者，曰人心止有好惡一機，好便好善，惡便惡不善，正見人性之善，若說心有個善，吾從而好之，有個不善，吾從而惡之，則千頭萬緒，其為矯揉也多矣，且謂好惡者心乎？善惡者心乎？識者當辨之。〔註7〕

此處蕺山之意則以心體之發動只為好惡一機，也自能好惡，在好惡一機之心體中才能所好必善、所惡必惡，若以為在好惡一機之心體之外有個善、有個不善方能好之惡之，則心體之大用義已減殺，故為千頭萬緒、矯揉多矣，蕺山此言出於《會錄》之中，著作年代不詳，但因義理發揮不深，應為中年之作，然究其論旨，實正與前謂不以善為一物之說有相同之義者。

蕺山著《人極圖說》以立人極，大抵要說明人在五倫中之行為實可由之以定萬化、萬性，而知俯仰乾坤之內者，皆此人倫事業之可達者，而大哉人乎無知而無不知，無能而無不能，只要能知其不善以改於善，始於有善而終於無不善，則即是盡人之學也。是故人極由之而立也。蕺山晚年著《讀易圖說》時，亦於自序中言及欲以《讀易圖說》為《人極圖說》之衍旨，旨在發明天地人二極之道皆同此義理，即皆此易此極也，此正藉形上學之角度，再為立人極之旨找尋更完整的理論體系以為佐證，茲引其說於後，以為蕺山立人極之道之終結。

> 余嘗著人極圖說以明聖學之要，因而得易道焉。盈天地間皆易也，盈天地間之易皆人也，人外無易，故人外無極，人極立而天之所以為天，此易此極也；地之所以為地，此易此極也。故曰六爻之動，三極之道也，又曰易有太極，三極一極也，人之所以為人，心之所

〔註7〕《全書》，卷十三，頁204，《會錄》，下欄左。

以爲心也，惟人心之妙無所不至而不可以圖像求，故聖學之妙亦無
所不至而不可以思議入，學者苟能讀易而見吾心焉，盈天池間皆心
也，任取一法以求之，安往而非學乎。因再述諸圖，而復衍其說於
後以補前說之未盡，總題之曰讀易圖說，誠亦自媿瞀見矣，殆繇是
發軔焉，庶存跬步之一跌云。〔註8〕

《讀易圖說》乃蕺山六十六歲所做，正爲立人極之道乃通天地人三極之道者
做了最佳的註腳，以上釋立人極之義理，下節釋主靜功夫之概念。

二、主靜功夫之概念釐清

　　立人極之學已明於前，然何以濂溪以主靜爲功夫以立人極呢？蕺山對主
靜功夫原本就極深契，則於主靜功夫含義之疏解上亦極用力，以下即一一申
言之。

　　首先，宋元學案《太極圖說》之後所附蕺山話中即已言此：「惟聖人深悟
無極之理而得其所謂靜者主之，乃在中正仁義之間，循理爲靜是也」。此「循
理爲靜」即成爲蕺山詮釋「主靜」功夫之綱領，而此處所言「聖人深悟無極
之理」者，非在強調太極本無極也，只在「無極而太極」及「一陰一陽之謂
道」的生生之理中，以此靜字爲此理之主一所歸，即在中正仁義之事之循理
主一者是。蕺山於〈學言上〉有言：

　　　　動中有靜，靜中有動者，天理之所以妙合而無閒也，靜以宰動，動
　　　　復歸靜者，人心之所以有主而常一也，故天理無動無靜，而人心惟
　　　　以靜爲主，以靜爲主則時靜而靜，時動而動，即靜即動，無靜無動，
　　　　君子盡性至命之極則也。〔註9〕

此言人心以靜爲主，旨在強調人心之功夫須有所主，以靜定之方能爲君子盡
性至命之極則。又言：

　　　　周子主靜之靜，與動靜之靜迥然不同，蓋動靜生陰陽兩者缺一不得，
　　　　若於其中偏處一焉則將何以爲生生化化之本乎，然則何以又下箇靜
　　　　字，曰只爲主宰處著不得註腳，只得就流行處討消息，亦以見動靜
　　　　只是一理，而陰陽太極只是一事也。〔註10〕

〔註8〕　《全書》，卷二，頁50，《讀易圖說·自序》，六十六歲。
〔註9〕　《全書》，卷十，頁150，〈學言上〉，下欄左，五十一歲。
〔註10〕　《全書》，卷十，頁151，〈學言上〉，下欄右，五十七歲。

此處言動靜與陰陽之不偏於一者，則同於蕺山對「一陰一陽之謂道」之解釋者，蕺山以自太極以降之二五變化實只是陰陽二儀相生不已之生生之理，陰陽互生非誰生誰，亦非以太極爲一物而生陰生陽，故動靜之間亦不偏於動或偏於靜。而言主靜者亦非於動靜陰陽層次上之言靜，只在陰陽動靜之生生之理處藉靜字指其有理者，而動靜實只一理，太極陰陽實只一事，此一理一事即此主靜功夫之所對，只主宰處無以名之，故就動靜流行處藉靜字以名之，而主靜之意實即循理者是。故又言：

> 或曰周子既以太極之動靜生陰陽，而至於聖人立極處偏著一靜字何也？曰循理爲靜，非動靜對待之靜。〔註11〕

> 主靜之說大要主於循理，然昔賢云道德言動皆翕聚爲主，發散是不得已事，天地萬物皆然。則亦意有專屬，正如黃葉止兒啼，是方便法也。〔註12〕

此即以靜實即指循理之義也，至其謂道德言動皆翕聚爲主，發散是不得已事之義者，蕺山弟子黃宗羲於《宋元學案》所附〈梨洲太極圖講義〉中乃有所發揮，其言：

> 聖人以「靜」之一字反本歸元，蓋造化、人事，皆以收斂爲主，發散是不得已事，非以收斂爲靜，發散爲動也。一斂一發，自是造化流行不息之氣機，而必有所以樞紐乎是，運旋乎是，是則所謂靜也，故曰主靜。學者須要識得靜字分曉，不是不動是靜，不妄動方是靜。
> 〔註13〕

此即以一斂一發間之所以樞紐、運旋者爲下靜字之要點處，是即在收斂發散之氣機流行之間，以主靜功夫貞定方向者，然此說是否合於蕺山原意者，仍有待商榷。蕺山似欲以翕聚配主靜言，而梨洲卻以斂散際之樞紐者言靜，然究其實，若以梨洲之一斂一發爲動靜對待層次上事，故其樞紐者爲主靜者，此說乃正合蕺山原意者，而蕺山之以翕聚爲主者，若以之即爲非動靜對待之主靜義者，即道德言動中之主靜爲主者，則此說與梨洲所釋亦無不同，只師生二人言斂聚發散之語意層次不同耳。此外，至梨洲謂「不是不動是靜、不妄動方是靜」者，蕺山亦有此義，其於〈學言上〉有言：「聖學之要只在愼獨，

〔註11〕《全書》，卷十，頁160，〈學言上〉，下欄中，五十九歲。
〔註12〕《全書》，卷十，頁159，〈學言上〉，下欄左，五十九歲。
〔註13〕黃宗羲，《宋元學案》，卷十二。《黎洲太極圖講義》。

獨者靜之神動之機也，動而无妄曰靜，慎之至也，是謂主靜立極。」〔註 14〕此說中以動而无曰靜，即梨洲謂不妄動是靜之義，而以不妄動別於不動，亦正說明主靜功夫之眞義處也。主靜之義至此已見得大要，而蕺山另處亦將主靜功夫之釋義做更多的發揮，以下申言：

首先，主靜既是循理爲靜，則此靜字自不是動靜對待之靜，而既以循理爲主，則循理只是在事業之中循理，即在行動之中循理，故蕺山直言：「靜中功夫須在應事接物處不差，方是眞得力。」，〔註 15〕此即謂主靜功夫不是指的不做一事之靜，反而是在日用常行，人倫事業中求此主靜功夫者，即循理爲靜事者。依此義，蕺山另言：

> 問未發氣象從何處看入？曰從發處看入；如何用功夫？曰其要只在
> 慎獨；兼動靜否？曰功夫只在靜，故云主靜立人極，非偏言之也。
> 然則何以從發處看入？曰動中求靜是眞靜之體，靜中求動是眞動之
> 用，體用一源，動靜無端，心體本是如此。〔註16〕

此即以未發氣象之看人舉例，以明主靜功夫須在動中見之之理，因未發氣象之看人，並非爲守著枯槁死坐之相，實正欲看出主一之理而已，理在事中見，故須於發處看人，故謂之「動中求靜是眞靜之體」，至於所謂「靜中求動是眞動之用」者，實即欲指出在主靜功夫格局下的人倫事業，才是眞能成事之聖德大業，即「眞動之用」。

此外，大學言知止而后定靜安慮得，因其中有靜宇，故蕺山亦欲將之拉入主靜功夫關係中談，蕺山言：

> 定靜安慮得，皆知止以後必歷之境界，學者必歷過此五關，方於學
> 有眞得，今人漫言主靜，無首無尾，何怪一霍即散。〔註17〕

此言似欲爲主靜功夫循個首尾，使此功夫不致因孤離而霍散，然大學言知止而后之五關自有其義，蕺山此說似只有此附，而難有實義，然蕺山卻又另引羅念菴語而直接以知止歸靜言，其謂：

> 至羅念菴又溯濂溪無欲作聖之旨，而求端於靜……又曰知止而後有
> 定，定而後能靜，知止所以歸靜也，馳而雜焉不可謂之止，故歸靜

〔註14〕 《全書》，卷十，頁 144，〈學言上〉，上欄左，四十三歲前。
〔註15〕 《全書》，卷十三，頁 205，《會錄》，上欄右。
〔註16〕 《全書》，卷十，頁 149，〈學言上〉，下欄左，五十一歲。
〔註17〕 《全書》，卷十二，頁 176，〈學言下〉，下欄左，六十六歲。

言乎其功也……〔註18〕

此處之意，似欲以知止之功夫可得一靜，反過來說，歸於靜也才是能得眞正知止的一項功夫。此爲蕺山在確立主靜功夫說之後而以主靜配它事而言者，在此種心態下，蕺山也以孟子養浩然之氣者爲主靜中事，〔註19〕也以《人譜》「證人要旨」之事業爲歸於主靜功夫者，〔註20〕也以陳白沙言「靜中養出端倪」爲主靜功夫之同調者，〔註21〕也說出「主靜立人極，只是誠意好消息」的話，〔註22〕至於主靜與愼獨功夫的關係就更密切了，我們幾乎可以說愼獨功夫理論就是在蕺山接受濂溪主靜立人極功夫的心理氣氛下出現的，因此主靜立人極與愼獨，除名相不同之外，其內涵義理實是一個，不見蕺山正謂：「……此之謂天命之性，率性之道，而苟非君子，實有是愼獨之功，從主靜以立人極，則亦何以使二儀之不忒其位，四氣之各序其功，天地萬物之各得其所，此之謂修道之教，大哉易也，斯其至矣。」〔註23〕此即愼獨與主靜立人極二事是一事之表示。

更進而言之，主靜功夫可謂是蕺山功夫理論思想的泉源，愼獨功夫是蕺山從主靜立人極轉出的功夫思想，而至體系燦然大備者，誠意功夫是在蕺山詮釋大學以對治陽明後學學風浮蕩虛玄而困苦建立者，而其立論之精神，則依然是主靜不妄動之格局者。雖然蕺山在主靜立人極功夫項下的理論發揮不多，只是以詮釋濂溪思想爲主，不若愼觸及誠意二說之理論發揮之多，然究其實，在宋明儒學發展中，主靜立人極說在濂溪已倡其旨，然而深爲儒者重視討論的大學、中庸，卻人言言殊，蕺山由學庸以建立愼獨、誠意說，本就有理論創造的意味，故言之甚詳，而於主靜立人極說，其實只要把握宗旨，不失濂溪本義即可，蕺山既推崇濂溪之語淳而無弊，則當不必多費唇舌以爲主靜說再添義理也。以上談主靜立人極功夫，以下將從無欲故靜及主敬功夫及涵養與省察三項與主靜功夫關係密切之理論，再予深究蕺山在主靜一路功夫項下的理論意旨。

〔註18〕　《全書》，卷八，頁131，《說·艮止說》。
〔註19〕　《全書》，卷八，頁129，《說·養氣說》。
〔註20〕　《全書》，遺編卷四，頁1000，遺編《論學書·答履思一》，五十六歲。
〔註21〕　蕺山云：「靜中養出端倪，今日乃見白沙面」。見《全書》卷十二，頁179，〈學言下〉，下欄右，六十五、六十六歲。又云：「靜中養出端倪，即意、即獨、即天」。見《全書》卷十二，頁204，《會錄》，下欄左。
〔註22〕　《全書》，卷十二，頁179，〈學言下〉，下欄中，六十六歲。
〔註23〕　《全書》，卷十，頁157，〈學言上〉，下欄右，五十九歲。

第三節　與主靜立人極相關之功夫思想

一、無欲故靜

濂溪於《太極圖說》中提出主靜立人極功夫，卻於主靜項下自註「無欲故靜」。蕺山爲發揮此義，所言亦甚詳。以下分「何謂無欲」、「何以無欲故靜」、「無欲之方」三段言之：

（一）何謂無欲

《會錄》中曾記曰：「先生愛舉天下何思何慮，誠無爲，無欲故靜，有所向便是欲等語。」，〔註24〕其中蕺山以有所向便是欲解無欲故靜，正以欲爲有所向者，而其理論基礎則在天下何思何慮，誠無爲處，若就此而言，則能做到何思何慮者，亦只天地之運行之自身，即宋儒每引孔子之言曰：「天何言哉，四時行焉，百物生焉」之義，即如無爲以誠言者，亦以誠體本天之義理先撐住後方可，故蕺山之有所向便是欲，其實指的已是聖賢人格中之事業，其只須守貞於天理行事，不雜有私念在中間，則已無事，有所向只的是私念摻雜之有所向，無此私念之摻雜，則一如誠體本天，故誠即無爲，亦如天何言哉，四時行焉，百物生焉，放天下何思何慮，此即無欲故靜之無欲所取義之來源。此外，《會錄》中亦載言：

> ……朱子曰不以一毫私欲自累，不以一毫私欲自蔽，周子曰無欲故靜，此是作聖要領，此外更無別法。〔註25〕

此則正以朱子之不以私欲自累自蔽釋周子無欲故靜者，其義正爲以私欲解有所向便是欲者。此外蕺山於〈學言上〉又言：

> 周子說無欲，有甚奇特，欲原是人本無的物，無欲是聖，無欲便是學……欲與天理只是一個，從凝處看是欲，從化處看是理。〔註26〕

此說以欲原是人本無的欲，只因凝了，便不成天理，能化去此欲則是天理，則是無欲，則是聖矣。然蕺山此說實尚未安排欲之形上來源的問題，只言其在無欲功夫中化掉之後，其可爲人之本無之物，若直謂人本無欲，則豈不人人是聖，故蕺山以凝處言欲，仍指的是私欲之凝，私欲能去，人心自然回復

〔註24〕《全書》，卷十三，頁204，《會錄》，下欄右。
〔註25〕《全書》，卷十三，頁214，《會錄》，上欄右。
〔註26〕《全書》，卷十，頁145，〈學言上〉，下欄中，四十三歲前。

天理，只此一心之私欲之疑與化分得欲與天理，故謂欲與天理只是一個亦可，因其都是人心中事，只爭此心願化去此欲與否而已矣。

〈學言上〉又言：

> 只無欲二字，直下做到聖人，前乎濂溪，後乎白沙，亦於此有得。
> 〔註27〕

此正前言無欲是聖者之義，即以無欲功夫為入徑，則可得聖人之境界言。此外，由此文中亦可見出蕺山對陳白沙之重規，言主靜提到他，言無欲也提到他，此正蕺山學術宗旨傾向可見端倪處者，當注意之。以上談無欲，然何以無欲故靜，以下續言。

（二）何以無欲故靜

無欲之義已述於前，然濂溪言無欲故靜，蕺山為此曾釋之曰：

> 先生曰，吾輩心不能靜，只為有根在，假如科舉的人，他只著在科舉上，即不專為此，總是旁枝生來，所以濂溪先生教人只把無欲兩字作丹頭。〔註28〕

> 吾日來靜坐小菴，胸中渾無一事，浩然與天地同流，不覺精神之困憊。蓋本來原無一事，凡有事皆人欲也，若能行其所無事，則人而天矣。〔註29〕

> 多事不如省事，有事不如無事，以一事還一事則事省，以事順事則事無，問何以能之，曰無欲。〔註30〕

靜則能循理而動，心中有主且合天理行事，故主靜功夫乃蕺山所求者。今言無欲故靜，究其實，只是指出無欲即靜，而不必視為無欲是主靜功夫，如此層層相疊，必失蕺山本旨。無欲與主靜實即是一事，就所引第一段文視之，心不能靜，其病在有根，其實就是有私欲，有雜念，故或過於執著，或過於紛擾，知能主靜自無此事，今心不能靜，而云無欲做丹頭，只是換一種理解角度，理解到不能主靜即因有欲，放在道理上知得此後，便知若能無欲便能掃此，即能使心得靜，故以無欲做丹頭，一樣能得主靜結果。

前引文第二段乃從無事談無欲，無欲方能無事，無事亦是主靜結果，然

〔註27〕　《全書》，卷十，頁160，〈學言上〉，下欄右，五十一歲。
〔註28〕　《全書》，遺編卷二，頁982，《遺編問答》。
〔註29〕　《全書》，卷十三，頁127，《會錄》，上欄右。
〔註30〕　《全書》，卷十，頁149，〈學言上〉，下欄右，四十八、四十九歲。

無事非不做一事，只是行所無事之無事，而有事亦非指實際投身人倫事業之事，而是指有人欲紛擾於行事之際者，故若能行其所無事，即若能無人欲摻雜於聖德大業中，則即人而還天，去人欲而見天理也。亦即還至主靜功夫之成效也。

所引第三文之言事又與第二文不同，此事只一般之日用常行之事，日用常行之中有道理存焉，能做到事省事無是處事之高明處，而蕺山以無欲當之，即謂在無欲中心能得靜，而於肆應萬事之際自能調理有歸。

就以上所言，心靜也好，以人而天也好，事省事無也好，都是主靜項下所求之目標，而蕺山以無欲當之，實即無欲就是主靜，是主靜功夫的另一種理解方式，或另一種表達而已。若解之為無欲方能主靜，主靜功夫又以無欲為功夫，則失之支離。無欲故靜，實即無欲即靜，做到無欲即是做到主靜之意。

（三）無欲之方

無欲即是無私欲無雜念，吾心一於天理而行，而能做到無欲便是做到了主靜，然而無欲如何做到呢？此時蕺山則由知處言無欲之方。其言云：

> 問無欲而後可言良知否？曰只一致知便了。若言致知又言無欲，則致知之上又須添一頭腦，就如今所謂無欲只是此心之明，所言有欲只是此心之昧，有欲無欲止爭明昧，相去不遠，但能嘗明不必更言無欲。〔註31〕

此說中可見出蕺山言功夫之透澈與簡潔，言只一致知便了，正見致知功夫之能徹上徹下也。言誠意、言慎獨、言主靜皆然，言其一則不必更言其它，絕非誰還是誰的功夫，只是正證明蕺山可以從多處切入儒學功夫本旨而已，此其言功夫之透澈也。言能嘗明不必更言無欲則正蕺山功夫之簡潔，不必多添無謂的頭腦，然簡潔實以透澈為基礎，蕺山在致知處說得透澈，故亦可藉致知來說明無欲，而謂「所謂無欲只是此心之明，所言有欲只是此心之昧，有欲無欲止爭明昧，相去不遠」，前言已以無欲為無私欲，此處以知切入者，正見此知之為知善知惡、好惡一機之知者，能提起此知用事，則無私欲雜念用事之餘地，故即已無欲，故「有欲無欲止爭明昧」矣。另處蕺山又言。

> 淵問曰：如何復得心之本體？先生曰：其要在於無欲，淵復問如何便得無欲？先生曰：有所見便無欲，惟知止然後能定，惟知至然後

〔註31〕《全書》，卷十三，頁201，《會錄》，上欄中。

　　意誠。又曰：論學者大本，原在無欲……。〔註32〕

此言「有所見便無欲」，又以知止言者，皆證蕺山以好善惡惡知善知惡之義言此見此知，亦同前引文之義，即當其於知止義明，則可以做到無欲。此處以知說無欲者，實亦因蕺山言任一套功夫時之皆能徹上徹下者，故即致知即無欲，亦即無欲即主靜，而即主靜即慎獨且即誠意之說亦正不待言耳。

二、主　敬

　　宋明諸儒談敬之功夫自伊川始，而朱子承之，因宋明談敬字頗多，且敬之功夫與主靜功夫格局相若，故蕺山談敬之功夫處亦多。究蕺山之宗旨而言，首先，主靜是其功夫主旨，一如慎獨與誠意之終身守之，故是淳而無弊之學，至於敬字則不然，敬之淳而無弊，乃因其與主靜功夫是一事時，若敬與主靜稍有不類，則蕺山便將稍置批評。然敬與主靜之類與不類卻決定於蕺山不同時期對敬之不同定義而已。其次，誠與敬常合而言之，因此蕺山亦在多處討論了誠與敬的關係。簡言之，即以敬爲誠之功夫，且敬之功夫要旨全在不著力、無事上，此與無欲故靜之旨相同，此不敬之功夫與主靜功夫格局相同之處。以下一一申言之。

（一）敬與主靜

　　六十五歲於〈學言下〉蕺山有言：「主靜，敬也，若言主敬便贅此主字。」〔註33〕此文最重要的意義在於直接以敬釋主靜，即謂敬即主靜。至於所謂「若言主敬便贅此主字」者，則是蕺山自己對敬之義理的把握問題，蕺山於〈學言下〉又有言曰：「主一之謂敬，心本有主，主還其主，便是主一，今日乃打破敬字。」〔註34〕此即以敬即主一，主一即心之有主者還其所主即是，心之有主者自是通於誠體、獨體、至善本體之天命之性者，主於天命之性則以一心肆應人倫諸事時自能循理不悖，此即心之主一者。然主一即是敬，若再言主敬，則是以敬爲本體，主於敬耳；而非以敬爲功夫，敬即主一。依蕺山意，敬是功夫，似主靜是功夫，不似慎獨之雖爲功夫，另有獨體義在，故蕺山以主敬乃贅此主字，然主敬與敬之此種分別，蕺山自己也不太嚴守，於它處談敬時，又常直言主敬者，故此處只須重視蕺山以敬即主靜義，不必太重視蕺

〔註32〕《全書》，卷九，頁143，《問答·與門人祝開美問答》。
〔註33〕《全書》，卷十二，頁174，〈學言下〉，下欄右，六十五歲。
〔註34〕《全書》，卷十二，頁188，〈學言下〉，下欄中，六十六歲。

－127－

山言敬與主敬之分別。蕺山六十六歲著《證學雜解》時有言：

> 問學貴靜乎？曰然。眾人失之於動，君子得之於靜也，學貴敬乎？
> 曰然。眾人失之於肆，君子得之於敬也，學貴致知乎？曰然。眾人
> 日用而不知，君子得之於知也，三者古人皆言之，然則熟爲要？曰
> 人心之體無不知也，亦嘗止而嘗靜也，而受病各有輕重，其言靜也
> 者，爲躁者藥也，其言敬也者，爲肆者藥也，其言知也者，爲昏者
> 藥也。語曰，醫不執方，善學者各視其所受病，得門而入，無不會
> 歸，然則有異乎？曰，周子之主靜，蓋到頭語也，程子主敬，徹上
> 下而一之也，至朱子自謂一生學問從致知入，然補傳之說，後人或
> 疑其太迂；陽明子又自謂一生學問從致知入，然良知之說，後人或
> 疑其太徑。總之知無內外，學無內外，以爲外也，而滯於聞見，將
> 熟爲其內者；以爲內者，而囿於靈明，將熟爲其外者，合之兩是，
> 離之兩傷，善乎程子之言曰：涵養須用敬，進學則在致知；又曰致
> 知在所養，養知莫善於寡欲，分合之間儘是無弊，學者詳之。〔註35〕

本文爲處理主靜、敬與致知三項事者，並爲蕺山生平最後著作之一，故可視爲
其晚年定見，本文主旨在指出，主靜、敬、與致知三種功夫進路都可會歸於聖
門，只周子言主靜及程子言主敬無弊，而朱子與陽明釋致知卻若非太迂，即太
徑，然蕺山提起主靜及敬，並以己意釋致知以代朱王之釋致知後，三事皆同等
無弊矣。而蕺山之所以會提起三事並談者，實出於程子之語，即「涵養須用敬，
進學則在致知」者，其中言致知、言敬、言涵養，涵養又與主靜相近，即便不
全相同，而蕺山自周子所承之主靜功夫理論，亦早已成爲蕺山接受程朱談敬、
涵養、存養、靜存等理論時之來源，故蕺山併主靜、敬、與致知之三事而談。
另就本文內容之義理而言，學貴於靜者乃靜存之靜，失之於動者乃動而省察之
動，即以主靜說慎獨時，慎獨是未發之中的功夫，故是靜存之功夫，故非於念
慮已發後之動察功夫，然慎獨由致中攝致和，故是徹上下的功夫，慎獨即主靜，
故周子主靜是徹上下功夫。而敬者原是誠之功夫，故敬入誠，不敬無以入誠，
肆則不敬，則無以入誠，然既由敬入誠，則因誠是本體，是同於天命之性的本
體流行，故由敬入誠後之主敬功夫亦是徹上下的功夫。至於致知功夫者，蕺山
此文旨義駁雜，暫不疏解，因致知之義在大學詮釋中已有定解，此文卻恣意發
揮，勉強疏之，只增困擾，且徒然無功而已。

〔註35〕《全書》，卷六，頁112，《證學雜解·解二十二》，六十六歲。

　　故就本文言，其中與主靜與敬有關之論旨者，即在於蕺山以主靜爲到頭語及以主敬爲徹上下而一之之語者，由此即可見出，蕺山晚年實對主敬功夫之重要性已提至與主靜同一地位矣，而其所謂「善學者各視其所受病，得門而入，無不會歸」者，正見蕺山言功夫之靈活變應者。就慎獨與誠意功夫而言，所談者雖是功夫理論，但卻太偏重本體理論部份，即太偏重在功夫之本體依據處做討論，而主靜也好、敬也好，甚至下節將談之涵養與省察也好，卻是直接談的功夫的方法。可謂在本體理論方面，獨體也好、意也好、太極也好，皆是直通天命之性，皆是至善本體之化身。而在功夫方面，主靜一路也好，敬之一路也好，涵養、省察一路也好，卻是實實在在、活活潑潑地言功夫，各視其所受病，皆可得門而入，無不會歸也。

　　當然主靜與敬與靜存與涵養與省察者亦非無其本體者，言其爲功夫者只在強調其字面義乃直就功夫語詞以凸顯功夫方式，學者可即在日常生活的體會中把握所說功夫之運作方式，因此上述諸功夫語詞易爲各受病諸人得門而入。至於在功夫理論的完整建立上，自然必有本體理論以配合之，即如慎獨及誠意者是，然主靜之功夫亦有循理爲靜之理者以爲本體，也有立人極之人極、太極者以爲本體；而主敬者亦以誠爲本體，靜存者亦在此中處存養中體，即獨體；涵養與省察雖無已發展完成的本體理論，然就其涵養之養及省察之察的對象而言，亦不能非是天命之性至善本體矣。蕺山言敬與主靜者，在五十九歲《學言上》另有一文亦極應注意者，其言曰：

　　　伊洛拈出敬字，本中庸戒慎恐懼來，然敬字只是死功夫，不若中庸
　　　說得有著落，以戒慎屬不睹，以恐懼屬不聞，總只爲這些子討消息，
　　　胸中實無箇敬字也，故主靜立極之說最爲無弊。〔註36〕

本文爲五十九歲時之作，與前文六十六歲時所作者對敬字之態度即有不同，其以敬字爲死功夫者，即不可能以程子言主敬是徹上下而一之者，由此亦可見蕺山對敬字之義理發揮並不形成固定體系。其謂之死功夫者，即未以敬爲直探本體之眞實功夫，故只是虛懸的形式而已，故當以中庸之慎獨理論架構下的戒慎恐懼做功夫時，胸中實無個敬字，即此處可有仁義禮智，可有主靜，可有誠意，卻無這個死死的敬的功夫格式在此。然此說雖以「敬字只是死功夫」，「不若中庸說得有著落」者言，即不同於晚年對敬之功夫之看重之意，然細究之，五十九歲時之蕺山早已以主靜立人極之說爲宗歸，並正由之大力

〔註36〕《全書》，卷十，頁159，〈學言上〉，上欄右，五十九歲。

發展中庸愼獨的理論，此時蕺山全力致力於中庸之詮釋工作，故而才會指出敬字乃「本中庸戒愼恐懼來」，「只爲這些子討消息，胸中實無個敬字也」，因此我們可以說，蕺山此言是站在頌揚中庸理論之完備的心態下說出的，而敬之理論原自有其可臻至高明處，其可與中庸理論有所會通，但畢竟不致於「胸中實無個敬字也」，或可言敬之功夫乃行於無事，實不著力，不必斤斤於「主於敬」視敬，但畢竟只要說到通透處，敬之功夫終不會是死功夫，否則蕺山自己前此之言敬者，及後此之言敬者豈不自相矛盾矣。

　　然此文之中仍有可注意者，即是對主靜立人極功夫之重視，乃蕺山一生言功夫從未忽略、輕視或置於次要地位者，反而只有主敬功夫在不被蕺山置於與主靜同義之時，主敬會被蕺山忽視而已。此義亦正本段言主靜與敬之重點處。蕺山談功夫，一愼獨即誠意與主靜立人極皆義義相通，故當以敬爲主靜時則此敬必同於言愼觸及誠意者之既有本體理論配合又能直探天命之性之徹上下功夫，即另有誠之本體之配合者，而若以敬非主靜時則其必只爲一虛懸空泛的功夫形式而已，故是死功夫矣。由此再進一層亦可反省蕺山眞正在功夫理論中確實建立了理論體系者仍只有愼獨、誠意與主靜立極三者，其它同爲功夫之理論且被蕺山談到者，或只爲詮釋它說而設，或因各期定義不同而理論不一致，或因缺乏本體理論之配合而體系不完備者。此即在主靜與敬之關係之討論中可見出者。

　　下段續談敬的功夫作用特性及其與誠的關係。

（二）敬為誠之功夫及以無事、不著力言敬之功夫

　　蕺山談敬，義理雖不一致，然其中仍有重要義理在，即當敬與誠字配合，以敬爲誠之功夫時，敬亦爲一徹上下功夫，既徹上下，則其功夫便簡潔單純，即順天命之性之自然循理而已，即無事、不著力之間而已，以下即申言之。

　　蕺山言誠有多處，在大學詮釋系統之誠意說中談誠，在中庸詮釋系統之自誠明、自明誠、誠者天之道也、誠之者人之道也處談誠，也在周濂溪詮釋系統之誠神幾中談誠，各處皆有其所言之不同重點，茲不一一贅述。此處只將討論蕺山以敬之功夫談誠之義理內容者。蕺山於《會錄》中有言：「爲學之要一誠盡之矣，而主敬其功也，敬則誠，誠則天。」〔註37〕誠之爲爲學之要，又是一個徹上下的理論，故一誠盡之矣。由於誠字之哲學意涵來源太多，此處暫時不去

〔註37〕　《全書》，卷十三，頁216，《會錄》，下欄左。

處理它，讓我們直接看蕺山此言中的誠敬關係。顯然蕺山以主敬爲得誠之入徑，主敬誠之功也，此義蕺山於另二處亦言及，其謂「主敬所以存誠也，存誠所以誠身也，誠身要矣，主敬亟焉。」，〔註38〕又言：「敬齋云敬無間斷便是誠，予謂心有間斷只爲不敬，故若敬則自無間斷，敬則所以誠之也，此謂自明而誠也，非敬即是誠。」，〔註39〕總此三說皆以敬爲誠之功，敬則所以爲誠者，前言敬即主靜，今言敬爲誠之功，則可見誠字有本體義在，除在誠意說中因強調意之爲至善本體而稍忽略誠字以外，幾乎中庸、濂溪之談及誠者皆有本體義，諸如中庸之「誠者天之道也」及濂溪《通書・誠上》章之言。而以敬爲誠之功者，正取敬字之功夫義也，誠字可言功夫，亦可指本體，故不若敬之只以功夫言者，故誠敬合言時，蕺山便以敬則所以誠之也，而言敬爲誠的功夫。

　　至於在以敬爲功夫之事談敬時，蕺山又更進一步拓深敬之功夫方式之義，其實卻是不著力之間與無事之間而已者。蕺山言：

> 識仁一篇總是狀仁體，合下如此，當下認取，活潑潑地，不須著纖毫氣力，所謂我固有之也，然誠敬爲力，乃是無著力處，蓋把捉之存，終屬人爲，誠敬之存，乃是天理，只是存得好便是誠敬，誠敬就是存也。〔註40〕

> 道本無一物可言，若有一物可言便是礙膺之物，學本無一事可著，纔有一事可著，便是賊心之事，如學仁便非仁，……祇有誠敬一門頗無破綻，然認定誠敬執著不化，則其爲不誠不敬也亦已多矣。天道即其人而已矣，學如其心而已矣。〔註41〕

> 敬則心中無一事，心中無一事便包容得浩浩太虛。〔註42〕

凡此三說皆以無事、不執著、不著力說敬之功夫，其實就與主靜功夫中之無欲故靜的道理是一樣，不著人爲，便是不雜人欲之私，則「靜中浩浩其天，自有一團生意不容己處，即仁體也〔註43〕故不須著纖毫氣力，因爲道本無一物可言也，只此便能包容得浩浩太虛矣。可謂在主靜功夫格局下，主敬功夫亦如主靜一般，宗旨皆在收斂爲主，旨在無欲無事不著力中談也。然而更進一步談，敬

〔註38〕《全書》，卷十九，頁354，《論學書・復沈石臣二》，六十四歲。

〔註39〕《全書》，卷十二，頁190，〈學言下〉，下欄右，六十六歲。

〔註40〕《全書》，卷十，頁146，〈學言上〉，上欄右，四十三歲前。

〔註41〕《全書》，卷十，頁148，〈學言上〉，上欄中，四十八、四十九歲。

〔註42〕《全書》，卷十三，頁202，《會錄》，下欄左。

〔註43〕《全書》，卷十九，頁341，《論學書・答葉潤山民部》。六十歲。

字既以之爲誠之功夫，誠又已是本體中事，則敬之功夫自已是從本體發動者，故渾然是天理、天道用事，則更何須人爲之著力，心中必是浩浩太虛，光明坦蕩，知善知惡，好善惡惡，一依於天理而行，剛健勇猛，豈容賊心用事矣！以上談蕺山對主敬功夫之全部處理，下段續談涵養與與省察之事者。

三、涵養與省察

有關蕺山對涵養與省察功夫的看法，從早年到晚年都只有一個一致的意見，就是涵養與省察同等重要，且無先後之別，其實是一事而已。然而在哲學史上，湖湘學派以先識仁體後養其心言察識先於涵養，而朱子卻主張省察之前須先有涵養功夫，這一個哲學史上的爭辯今人已能釐得清楚，〔註44〕此處不再多論。本段討論蕺山對涵養省察功夫的看法，主要焦點在於：涵養與存養、靜存、主靜等功夫的關係爲何，以及蕺山以涵養與省察並重時是否會影響主靜功夫的格局，亦即，此處討論涵養與省察的問題，主要目的仍在藉以拓深蕺山主靜功夫的相關義理而已。以下分涵養與省察之實義及涵養與靜存、主靜之關係二段以討論之。

（一）涵養與省察之實義

蕺山對涵養與省察二者關係的主張，其所言之諄諄者皆是欲駁回子之以涵養功夫須在省察功夫之先之說，但也未曾附和湖湘學派之先察識後存養之說，六十歲於〈學言中〉有言：

> 君子之於學也，必大有以作之，則八卦之義盡是矣。然約之不過存養省察二者而已……更何先後功夫之可分乎！後儒或言涵養是主人，省察是奴婢；或言無事時存養，有事時省察。未免落於偏旨。
> 惟程子涵養須用敬，進學則在致知，二語庶幾其無病與。〔註45〕

首先，就此文之意而言，是直斥朱子以涵養爲先、省察爲後之說，依蕺山意，兩者實無先後之可說，更進而言之，兩者實是一事而已。對於兩者或有比重

〔註44〕 參見蔡仁厚，《宋明理學南宋篇》，（台灣學生書局，72 年增訂版）「有關先涵養與先察識之論辯」，頁 97～101。及劉述先《朱子哲學思想的發展與完成》（台灣學生書局，73 年 8 月增訂版）「朱子晚年對於涵養、致知問題之定見」頁 118～136。以及勞思光，《中國哲學史第三卷上》（香港友聯出版社，1980 年再版）「朱熹之敵論─湖湘學派」，頁 343～360。

〔註45〕 《全書》，卷十一，頁 162，〈學言中〉，下欄中，六十歲。

不同或有概念不同卻無先後分別之義者，蕺山曾言：

> 涵養與克治是人心雙輪，入門之始，克治力居多，進步之後，涵養
> 力居多，及至車輕路熟時，不知是一是二。……〔註46〕

> 就性情上理會則曰涵養，就念慮上提撕則曰省察，就氣象上銷鎔則
> 曰克治，省克得輕安即是涵養，涵養得分明即是省克，其實一也，
> 皆不是落後著事。〔註47〕

至於此兩者二事是事之道理，蕺山便以「省察是存養之精明處」〔註48〕及「省察二字正存養中喫緊功夫」〔註49〕來說明。《學言上》有言：

> 問涵養曰勿忘勿助，學人大概是助病，幾時得個忘也，涵養全得一
> 緩字。〔註50〕

此為對涵養之討論，以在勿忘勿助間致此涵養之緩功即為要點處，然在此勿忘勿助間之最得力處即是以省察而得者，蕺山云：

> 省察二字，正存養中喫緊功夫，如一念動於欲，便就欲處體，體得
> 委是欲，欲不可縱，立與消融，猶覺消融不去，仍作如是觀，終與
> 消融而後已；一念動於忿，便就忿處體，體得委是忿，忿不可逞，
> 立與消融，猶覺消融不去，仍作如是觀，終與消融而後已。是勿忘
> 勿助中最得力處。〔註51〕

此義即為於人心動念之有欲有忿處，如實地察之，察之而後繼續在勿忘勿助之間予以消融，故省察之功乃涵養中不可廢者，故蕺山可謂之涵養與省察實是一事而無先後之可分者。以上乃蕺山之本義。然深究之後，當可見出蕺山之以二者一事之說之能成立者，其實是在現實行動中見出者，故可見出二者功夫之生動活潑地流貫於道德言動之中，而朱子則執著於義理分疏，故必於兩者間分個邏輯先後而止，如果蕺山以朱子心態討論問題，則亦未嘗不能於「省察是存養之精明處」也談出個先後次序的道理來。

　　其次，再就六十歲於〈學言中〉所言之「或言無事時存養、有事時省察，未免落於偏旨」者言，蕺山此語是落筆太快，必須善為之解。其實，此處所

〔註46〕《全書》，卷十，頁151，〈學言上〉，下欄中，五十九成。
〔註47〕《全書》，卷十二，頁184，〈學言下〉，下欄右，六十六歲。
〔註48〕《全書》，卷十三，頁204，《會錄》，下欄左。
〔註49〕《全書》，卷十一，頁172，〈學言中〉，下欄右，六十三歲。
〔註50〕《全書》，卷十，頁151，〈學言上〉，下欄中，五十九歲。
〔註51〕同註49。

言之有事無事，是指一般行動中之有做事時或沒做事時而言，若涵養與省察
只在這一層次上分辨，則其連同涵養是主人，省察是奴婢之義，確實是有落
於偏旨之嫌。依蕺山談涵養與省察問題的格局，其實是擺在道德言動事項上，
換言之，即是已在主靜功夫的格局中談涵養與省察的，故又可合有事無事而
談，蕺山言：

> 無事時存養，有事時省察，若無事時存養不得力，且就有事時省察，
> 有事時省察不得力，且就無事時存養，若兩者皆不得力，只合查考
> 存養是存養個甚，省察是省察個甚，此時揭出一個本心，便須不由
> 人不存養不得，亦并無存養可說，且不由人不省察不得，亦並無省
> 察可說，方是真存養真省察。〔註52〕

此文所言之無事有事是已守在道德言動之事業中事者，而其所謂「若兩者皆
不得力，只合查考存養是存個甚，省察是省察個甚，此時指出一個本心……
方是真存養，真省察」之查考者，正同於湖湘學派之察識仁體者，識得什麼
是仁者，即蕺山所問存養省察個什麼的什麼，如此才談得上真存養省察，而
湖湘學派在識得仁體後之存養功夫則正蕺山之涵養功夫者，然蕺山涵養與省
察是一事，只省察是涵養中最得力處而已。故依蕺山，談涵養與省察實不離
於道德言動之事業中，故一方面涵養與省察在道德言動之行動中互為夾雜，
不分一二，皆有大用於此，一方面涵養與省察都在道德言動之義理中，有所
貞主，不是一般行動之有事無事間，不是情緒欲念之或動或靜間作個涵養省
察功夫，而是已在循理為靜之主靜功夫格局下而有之涵養與省察，因此，蕺
山之涵養乃上合孟子養心、養性、養氣功夫及程子養知功夫言者，而此時之
涵養與省察即又可以動靜範疇分之而不致落於偏旨矣。蕺山曰：

> 孟子言養心又言養性又言養氣，至程子又言養知，又每謂學者曰且
> 更涵養，養之時義大矣。故曰苟得其養，無物不長；苟失其養，無
> 物不消。涵養之功只在日用動靜語默衣食之間，就一動一靜一語一
> 默一衣一食理會則謂之養心；就時動時靜時語時默時衣時食理會則
> 曰養氣；就即動即靜即語即默即衣即食理會則曰養性；就知動知靜
> 知語知默知衣知食理會則曰養知。其實一也，就其中分箇真與妄，
> 去其不善而之於善，即是省察之說。〔註53〕

〔註52〕《全書》，卷十一，頁170，〈學言中〉，下欄右，六十一歲。
〔註53〕《全書》，卷六，頁111，《證學雜解·解二十》，六十六歲。

此即蕺山之涵養不是在一般起居坐臥洽公休閒時之涵養，而是儒門日進聖德的道德言動功夫，而省察就是在其中分箇眞妄善不善的功夫而已，也正由於此，涵養功夫必貫動靜語默衣食之間，此動靜即可謂於道德言動之實際行動中之活動形式上之動靜，至於另有謂「靜時存養、動時省察」之說者，亦爲存養省察在道德言動之實際行動時之活動形式區別上之動靜之別而已。蕺山云：「問服官之要，曰靜時存養，動時省察。」〔註54〕服官在儒者眼中不是爲私利，是學而優則仕之爲百姓謀福的儒者份內之事，故是道德言動之行動中事，故其存養與省察之動靜之別則只有活動形式上之劃分，沒有功夫上之實質差別。蕺山另謂：「或問躬行之學，曰靜時存養，靜時行也；動時克治，動時行也。」〔註55〕此言雖提到涵養省察之動靜區別，但已是在躬行之學之格局上談，故動靜之間，旨在道德功夫之實行中，其動靜之分，因而亦已無道德言動之功夫義理上的實質差別，只有活動形式上之區別而已矣。

　　總結上言，涵養與省察，沒有先後，只是一事，且皆德行中事，非私欲情念中之功夫，其貫連道德言動之實際行動之一切事，故含日用動靜語默衣食之全部事項。其自身可再分動靜，然只有活動形式之別而無實質義涵。

　　蕺山言涵養與省察之義已明於前，然觀於蕺山用語，涵養即存養，兩者實無分別，至於涵養與靜存、主靜功夫之關係，則須有以釐清如後。

（二）涵養與靜存、主靜之關係

　　說主靜是在周子主靜立人極的功夫項下談的，談主靜則非動靜對待之靜而是循理爲靜，而說到極致處就要看立人極了。立人極則是聖人合於天道之一生事業，故主靜功夫在蕺山的詮釋下與涵養省察的理論已經很有距離了。涵養省察當然也是定在道德行動中的功夫，但因蕺山其實只是承襲了前儒的討論而處理涵養與省察的關係之爭，並沒有爲這對概念建立如主靜立人極的立人極這一部份的本體理論，或似愼獨、誠意的本體理論，因此涵養與省察仍只是虛懸在功夫的外表上，雖可謂之仍爲道德行動中事，但畢竟仍然缺乏整體理論的搭配，即缺乏專屬的本體理論，如言敬時可以說個敬則誠、誠則天一般。因此，涵養與主靜功夫理論乃只有表面的相似性，因而主靜功夫理論的細緻發展後，遂不復是涵養與省察說所能企及的了。

　　當然，此說或評之過苛，然爲釐清兩者關係，故不得不暫時分別如上，

〔註54〕《全書》，卷十，頁153，〈學言上〉，上欄中，五十九歲。
〔註55〕《全書》，卷十，頁148，〈學言上〉，上欄左，四十八、四十九歲。

然此是初義，若更進一步反省，則涵養省察亦有其所隱含的本體，即同一個天命之性至善本體者，只是蕺山未將此理論以體系化地發揮出來罷了，觀於蕺山所言之「查考存養是存養個甚，省察是省察個甚，此時揭出一個本心」者，此所養所察之本心，即涵養省察做為道德言動事業中之必無先後之分及二事是一事之理據，其實兩者皆本心之發動中事，本心乃天命之性流行中事，只此一事，更無先後，然此義在蕺山詮釋涵養省察中並未大力發揮，故而涵養與省察雖然保持了功夫理論中的功夫作用方式一面，但仍缺乏功夫理論中的本體意涵一面。慎獨、誠意皆能發揮功夫理論中的功夫本體之內涵一面，故能建立體系，主靜功夫原亦只在功夫作用的方式上建立，但其既能以循理為靜釋主靜，又能有立人極的本體理論配合，故亦能建立有完整體系的功夫理論，然涵養與省察則不然。經由以上反省，則亦可再證蕺山功夫理論實為以慎獨、誠意、主靜立人極為重點，其餘諸功夫則只附帶討論而已。

　　至於靜存與涵養的關係，亦是只有表面上的相似，靜存可以說成靜時存養，而蕺山在談慎獨功夫時，因朱子在大學解獨為獨知，且為念慮已發後之事，又在中庸解慎獨為察之於將然，是已有形跡後之事，而蕺山不喜此說，以之為屬之動念邊事，故強調於靜存處用功夫，因此使靜存功夫在蕺山思想系統裡有了極重要的地位，故年譜中有云：「專用慎獨之功，謂獨只在靜存，靜時不得力，動時如何用功夫？先儒以慎獨為省察之功，先生以慎獨為存養之功。」〔註56〕此處所謂「動時如何用功夫」之義，純指在念慮之已發未發處談，故蕺山云：

　　　問慎獨專屬之靜存，則動時功夫果全無用否？先生曰，如樹木有根
　　　方有枝葉，栽培灌溉都在根上用，枝葉上如何著得一毫，如靜存不
　　　得力，纔喜纔怒時便會走作，此時如何用得功夫，苟能一如其未發
　　　之體而發，此時一毫私意著不得，又如何用功夫，若走作後便覺得，
　　　便與他痛改，此時喜怒已過了，仍是靜存功夫也。〔註57〕

由此可見出蕺山之重靜存，實是在私念害事之時談的，而不必是在涵義與省察之同時做為道德言動事業中之二事一事的格局中談的，故雖然蕺山有時混用靜存與存養，有時混用存養與涵養，但就蕺山在使用靜存與使用涵養時，二者是在處理不同的問題的。在處理靜存時，與其相對的事件是念慮已發，是喜怒樂走作，在靜存處用力其實就是慎獨的義理內容，既談慎獨就是要謹

〔註56〕《全書》，卷四十，頁895，〈年譜〉，四十九歲。
〔註57〕《全書》，卷四十，頁895，〈年譜〉，四十九號。

凜獨體，就是要強調「於此敬則無所不敬，於此肆則無所不肆」。〔註58〕更進而言，從念慮之已發未發中談功夫時，則自是未發時存養方為第一要務，已發後省察自己是落後著了。當然，若依此說，則蕺山是把已發的事件融攝在未發的功夫中談，強調的是由慎獨功夫在此貞定之事，故蕺山也事實上以已發已在未發之中，致中即事致和來說此，這是蕺山中庸詮釋系統中的固定模式，蕺山論功夫定然不在念慮上討消息，是故以靜存攝念慮已發、喜怒走作，又以未發攝已發再以致中攝致和，這些都是靜存義理的格局，也可以說，靜存功夫，全是配合中庸談慎獨功夫而設言的。

至於靜存與涵養省察的關係則應疏解如下，朱子於涵養省察中分個先後動靜，然當蕺山發揮慎獨理論之以致中攝致和取靜存捨動察後，朱子義之涵養省察說在蕺山思想中已可全廢，可謂實即已無動而省察之功夫之此事，解慎獨時則守住在中的本體中靜存之即已完了，在念慮已讓後之動察一事，不僅做不成功夫，根本就不能稱其為功夫矣。接下來，當蕺山廢去朱子義之涵養省察功夫之後，其以己意所言之涵養省察者，其皆已為本心發動之真功夫，若積極言之，皆可同於靜存之事，然蕺山並未如此發揮，只是先藉靜存說以批評朱子思想，並建立慎獨理論，此時乃以朱子義之省察說視省察，並謂此義可廢，最後更依己意以本心解涵養省察，而使其成為道德言動中之事業，然究竟仍未整體地為涵養省察建立清楚的本體理論體系矣。

總之，涵養與省察在蕺山釋義後實在是對虛懸的功夫，只因朱子不解南軒意而強調涵養應先於省察，蕺山遂改之而主張涵養與省察並無先後之分。但因此一不分的涵養與省察功夫，其實並不是掛搭在任何一套配合了本體理論的功夫理論，故既與蕺山詮釋周子的主靜立人極理論無關，又與蕺山詮釋慎獨的靜存理論無關，而蕺山也沒走入湖湘學派察誠仁體的解釋格局上，遂使此一對理論單獨且孤立地出現，然因主靜功夫強調了靜，靜存功夫也強調了靜，涵養卻與省察二事一事，遂必須有以疏解如上，否則會因表面上的矛盾，而誤解主靜與靜存之所言矣。

最後，再引一文以為本節之總結論，蕺山於〈學言中〉曾有一長文討論了主靜立極功夫自周子以降之發展，正可為前所述諸事之最後證詞。蕺山云：

> 自濂溪有主靜立極之說，傳之豫章延平，遂以看喜怒哀樂未發以前氣象為單提口訣，夫所謂未發以前氣象，即是獨中真消息，但說不

〔註58〕《全書》，同前註。

得前後際耳。蓋獨不離中和,延平姑即中以求獨體,而和在其中,此慎獨真方便門也。後儒不察,謂未發以前專是靜寂一機,直欲求之思慮未起之先,而曰既思即是已發,果然心行路絕,語言道斷矣。故朱子終不取延平之說,遂專守程門主敬之法以教學者,特其以獨為動念邊事,不為無弊,至湖南中和問答,轉折發明內有以心為主,則性情各有統理,而敬之一字又所以流貫乎動靜之間等語,庶幾不謬於慎獨之說,最後更以察識端倪為第一義為誤,而仍歸涵養一路,可為善學延平者,然終未得中庸本旨。〔註59〕

由此文可見出,蕺山自始至終皆以周子「主靜宜極」功夫為宗旨,並由之以轉入慎獨功夫,可謂一脈相承之事。此中該注意者,是主靜立極功夫及慎獨功夫理論,甚至看未發以前氣象一事,皆有本體理論的搭配,即皆透過人極、獨體、中體而直探天命之性,故是有本體的功夫理論,但朱子不能體會此,在未發已發之分別中,都只能把握動靜對待的形式上義理,遂轉引程子主敬功夫。主敬功夫也是徹上下的,由敬入誠亦直探天命之性,故可不謬慎獨之旨。然蕺山謂朱子歸於涵養一路之事是善學延平,只未得中庸本旨者卻不然。朱子確實是未得蕺山所釋之中庸本旨,因朱子在已未發之間所言與蕺山差異極大,然朱子之言涵養者,卻未必即善學延平,延平觀喜怒哀樂未發以前氣象者,是直接體會未發之中的中體,是宜探天命之性的本體,而朱子的涵養,卻失去一個所對的至善本體,只是在動靜之間的涵養,尚未談到對天命之性的體會,不同於從主靜功夫之走上循理為靜,而貞定於立人極上;亦不同於從靜存功夫走上慎獨理論,而有獨體之本體理論以為貞定處。故朱子之涵養,在功夫形式上固然類似延平之說,但若細究蕺山在主靜、靜存、慎獨等功夫理論的本體義理時,則可知兩說實不為一事也。

以上談涵養與省察之總結,實亦從主靜功夫至其相關功夫理論之總結矣。下節以後談蕺山對濂溪《太極圖說》及《通書》之詮釋者。

第四節 蕺山對《太極圖說》的詮釋

蕺山在《太極圖說》的思想詮釋中,其所處理的幾個重要理論,嚴格說,是屬於蕺山形上思想部份,而不是主靜立人極功夫理論中所必涵的本體理論

〔註59〕《全書》,卷十一,頁 164～165,〈學言中〉,六十歲。

基礎，兩者雖有相關性，但仍非必須一一對應的理論關係，一如在中庸詮釋系統中，蕺山對中庸其它重要理論所作的詮釋，如「性、道、教」及「喜怒哀樂」的處理，是屬於蕺山形上思想的內容之一，而不直接與慎獨的功夫理論發生關聯，只爲保持中庸詮釋系統完整性，故論之於前。同樣地，本文中之《太極圖說》之處理及下節之《通書》思想的處理，也是和「主靜立人極」整套合功夫與本體理論不直接相關，只爲保持濂溪詮釋系統的完整面貌，故論之於此。而「性、道、教」與「喜怒哀樂」的理論也好，《太極圖說》與《通書》中的理論也好，都共同構成蕺山形上思想的重要內容之一，本文亦將在下篇討論蕺山的形上思想時再做一整體性的討論。

蕺山在對《太極圖說》之解釋中有兩套主要的理論，一是對「無極而太極」的詮釋，一是對「一陰一陽之謂道」的解釋。此即本節所將討論者。至於太極二字者，蕺山則以之爲天理，爲易，這是蕺山對形上本體概念的融貫式處理，蕺山云：「程子以天理爲宗，其太極之別名乎」〔註60〕此以明道之天理即爲太極之說法，正是蕺山融貫的形上本體概念中之事者。又云，「春秋之際，易其在孔門乎，吾道一以貫之，渾然太極也。」〔註61〕此文以太極說易者，凡此皆蕺山晚年能融貫式地理解所有形上本體概念後之所言者。又言：「朱子曰天以陰陽五行化生萬物，氣以成形，而理亦賦焉，此天字即理字，即太極字。」〔註62〕此處則又以太極即天，即理，皆是在形上本體概念的融貫之義理格局下說的。有關蕺山對形上本體概念的融貫說，我們將在下篇討論到。簡言之，形上世界即本體者，本體則即是生生之理，生生之理是天道的至善本體，任何指示天道至善本體的形上概念皆是同一個生生之理，故不論以任何名相言，其實質意義皆相同，太極即此形上本體概念之一，故能融貫地匯通於其它諸形上本體概念，即易、理、性、天命、天理等，故依蕺山之思想，濂溪的《太極圖說》者即爲對太極之做爲形上本體者，做一圖像式的解說，然蕺山形上思想有異於濂溪處，故對《太極圖說》的解釋乃帶有部份的批評色彩，本節即將藉「無極而太極」及「一陰一陽之謂道」二文予以揭示，在「無極而太極」文中，主要將藉蕺山對朱陸之爭的檢別以顯出蕺山思想的底蘊，然此底蘊之更清楚的展露則爲對「一陰一陽之謂道」的理解，簡言之，

〔註60〕 《全書》，卷二，頁60，《易衍‧第三十章》，六十六歲。
〔註61〕 《全書》，卷二，頁60，《易衍‧第二十六章》，六十六歲。
〔註62〕 《全書》，遺編卷二，頁986，《遺編學言》，上欄左。

蕺山是以氣化流行的一元宇宙論及形上形下合一的世界觀來理解「一陰一陽之謂道」，並於此處與濂溪的太極陰陽五行似有層貫的思想不類，此義即將詳言如後。以下即先申說蕺山對「無極而太極」的註解。

一、無極而太極

濂溪《太極圖說》中首云：「無極而太極」，朱熹與陸象山卻據此有一場大辯論，〔註63〕象山欲去此「無極」字，或謂其與《通書》思想不類，恐非周子所做，或謂「無極」思想乃源自道家，恐與儒學義理不合。而朱子則以周子之言「無極」乃「周子灼見道體，迴出常情，不顧旁人是非，不計自己得失，勇往直前，說出人所不敢說底道理。」〔註64〕依朱子意，「周子所以謂之無極，正以其無方所、無形狀，以爲在無物之前，而未嘗不立于有物之後，以爲在陰陽之外，而未嘗不行乎陰陽之中，以爲通貫全體，無乎不在，則又初無聲臭影響之可言也。」〔註65〕總之，朱子保留周子之「無極」概念，而其解釋則以太極是實有而無形來說「無極而太極」者。

在朱陸太極之辯中，蕺山的態度是兩者皆不取。首先，蕺山接受周子言「無極」之說，故以象山不眞知濂溪者。其次，蕺山對由太極與陰陽等概念所說出之一套形上理論者，又與朱子不類，故蕺山雖與朱子共同接受「無極」之說，但對有關太極的整套理論卻與朱子不同。蕺山「年譜」六十歲記曰：「十一月辯解太極之誤」，其文錄於〈學言中〉，蕺山云：

> 子曰易有太極，太極之說夫子只就二四六八與六十四中看出，非實有一物踞其上也。周子則云：無極則有極之轉語，故曰太極本無極，蓋恐人執極於有也，後之人又執無於有之上，則有是無矣，轉云無是無，語愈玄而道愈晦矣。宜象山之斷斷而訟也，然惜乎象山如太極之說，而不足以知濂溪也。〔註66〕

依蕺山此說之「蓋恐人執極於有也」之義，實與朱子對無極之解釋相同。然蕺山云：「後之人又執無於有之上」之旨，蕺山似暗指朱子，然依朱子之意，朱子亦非如老氏之以無加於有之上之義，蕺山若以此指朱子，實有不公。但

〔註63〕此爲哲學史上之一大公案，參見《宋元學案》卷十二，「附朱陸太極圖説辯」。
〔註64〕《宋元學案》（台灣，世界書局出版，72年5月）卷十二，頁295。
〔註65〕前引書，頁295。
〔註66〕《全書》，卷十一，頁162，〈學言中〉，上欄右，六十歲。

就蕺山反對執無於有之上之觀點而言，象山的態度又和蕺山相同，故贊之曰「宜象山之斷斷而訟也」。蕺山於另處亦言：「太極本無極，是直截語。如後人參解乃曰太極本於無極耳，信如此，豈不加一重障礙，宜象山斷斷而訟也。」〔註67〕蕺山之意，即周子言無極只是為免人以太極為實有一物，故謂之無，即無此太極之為一物之義。而後人則不僅以太極為實有一物，更於太極之上還以為有一無極之物者。然究其實，蕺山此說，不論其為對誰之批評，若以之為批評朱熹者，則顯非合理。蕺山晚年為易傳做註釋時對「是故易有太極」一段曾解之曰：

> 於是聖人分明指示道體，曰易有太極，蓋曰道，即乾坤之生生不息者是，是以乾坤列而四象與八卦相蘊而生，此易道之所以為至也，強名之曰太極，而實非另有一物立於兩儀四象之前也，周子曰無極而太極，又曰太極本無極，斯知道者也。愚按無極太極又是夫子以後破荒語，此無字是實落語，非玄妙語也，朱陸之辨在朱子以為太極之上必有無極，既不足以得大易之旨，而陸子以為太極之上決不當有無極，亦豈足以得濂溪之旨，然象山曰陰陽已是形而上者，況太極乎，近之矣。〔註68〕

此文中蕺山對無極之旨皆同於前言，其對朱子之批評為「以為太極之上必有無極」者，實不公允，而蕺山批評象山以太極之上不當有無極是未得濂溪之旨者，應為允當。然更深一層看蕺山批評朱子未得大易之旨，及說象山以陰陽已是形而上者況太極乎，是近於易道之旨者，則涉及蕺山對太極陰陽之總體看法，下段再言。總之，蕺山對周子無極說之立場，與朱子同而與蕺山異，但蕺山仍批評朱子者，問題實不在執「無極」之有無，而在對「一陰一陽之謂道」之理解的形上思想中，而在此一問題上，反而是象山與蕺山同，而朱子之說，則正蕺山欲反對者。

二、一陰一陽之謂道

　　蕺山於《太極圖說》中所發揮的理論即在對「無極而太極」及「一陰一陽之謂道」的解釋中，其中掌握「無極而太極」更深刻的義理還須在對「一陰一陽之謂道」的解釋中見，事實上，蕺山乃藉「一陰一陽之謂道」而講出

〔註67〕《全書》，卷十二，頁186，〈學言下〉，下欄左，六十六歲。
〔註68〕《全書》，卷三十四，頁798，《周易古文抄·易繫辭下》，第一章，六十六歲。

一套形上觀點，也是蕺山晚年整體形上思想的重要理論之一。在「一陰一陽之謂道」的義理中，蕺山的主要主張，即是形下世界天地萬物的生成變化中，就是太極之理的運行與展現的本身，形上世界的本體概念，如太極、理、易、性等，並不須另有一潔淨空曠的世界存在在那兒，即太極不必以理的身份獨立存在，即取消形而上的概念世界之現實存在性，而直就形下世界展現其道理之運行。此說也涉及蕺山的性氣觀，即理在氣中見，非理生氣，乃理寓於氣。就世界之元素言，只此一氣。理雖在氣中見，蕺山卻不以理爲另一獨立存在的元素，不似朱子之理氣二重世界觀者。既然形上世界之獨立存在性要取消，則由太極而下之陰陽，由陰陽而下之五行三者之各自以「理」之身份的獨立性亦不應強調，放太極即在陰陽中見，陰陽即在五行中見，更進而言，太極、陰陽、五行皆即在形下世界中見。而所謂「一陰一陽之謂道」者，即是將太極拉在陰陽中見的意思，有一陰一陽之義理，即可謂之爲道，不必更言太極，當然，即五行亦可謂是天道之義理，亦不必再言陰陽。此「一陰一陽之謂道」者，若以蕺山形上思想角度詮釋，則可稱其乃藉陰陽作用之姿態所呈顯的氣化流行之事實而直指之爲天道流行的實際，以流行爲天道本身，藉陰陽作用之姿所現示的氣化流行直指道體耳。

「一陰一陽之謂道」乃易繫辭中語，亦爲周子引於《通書》之中，蕺山於周子《太極圖說》中之言太極、陰陽、五行之言語者，其實是採批判的態度，就蕺山屢屢發揮「一陰一陽之謂道」的觀念言，周子表達方式實一不同於蕺山，但蕺山或因對周子推崇太高，反而未曾直接批評周子，但觀乎蕺山所述，其論旨之與周子不類之事實，實已極明顯，此亦蕺山以易繫詞語中之「一陰一陽之謂道」者來表達其對太極、陰陽、五行等事的整體思想，而不就周子之「太極動而生陽，動極而靜，靜而生陰，靜極復動，一動一靜，互爲其根，分陰分陽，兩儀立焉」之任一句話，截之以爲理論表達的核心觀念之緣由也。

蕺山五十七歲著《聖學宗要》時，其於《太極圖說》之註語中即已將前所述諸觀念表達清楚，其言曰：

> 「一陰一陽之謂道」，即太極也。天地之間，一氣而已，非有理而後有氣，乃氣立而理因寓也。就形下之中而指其形而上者，不得不推高一層以立至尊之位，故謂之太極，而實無太極之可言，所謂「無極而太極」也。使實有是太極之理爲此氣從出之母，則亦一物而已，又何以生生不息，妙萬物而無窮乎？今曰理本無形，故謂之無極，

無乃轉落註腳。太極之妙，生生不息而已矣。生陽生陰，而生水火木金土，而生萬物，皆一氣自然之變化，而合成之只是一箇生意，此造化之蘊也。惟人得之以爲人，則太極爲靈秀之鍾，而一陽一陰分見于形神之際，由是殽之爲五性，而感應之塗出，善惡之介分，人事之所以萬有不齊也。〔註69〕

此外，蕺山弟子黃宗羲亦有〈太極圖講義〉一文，所言正最足以發明蕺山之旨者，其言云：

通天地，互古今，無非一氣而已。氣本一也，而有往來、闔闢、升降之殊，則分之爲動靜。有動靜，則不得不分之爲陰陽。然此陰陽之動靜也，千條萬緒，紛紛膠轕，而卒不克亂，萬古此寒暑也，萬古此生長收藏也，莫知其所以然而然，是即所謂理也，所謂太極也。以其不紊而言，則謂之理，以其極至而言，則謂之太極。識得此理，則知「一陰一陽」即是「爲物不貳」也。其曰無極者，初非別有一物依于氣而立，附于氣而行。或曰因「易有太極」一言，遂疑陰陽之變易，類有一物主宰乎其間者，是不然矣，故不得不加「無極」二字。造化流行之體，無時休息，中間清濁剛柔，多少參差不齊，故自形生神發、五性感動後觀之，如愚賢不肖、剛柔善惡中，自有許多不同。世之人一往不返，不識有無渾一之常，費隱妙合之體，徇象執有，遂物而遷，而無極之眞，竟不可見矣。聖人以「靜」之一字反本歸元，蓋造化、人事，皆以收斂爲主，發散是不得已事，非以收斂爲靜，發散爲動也。一斂一發，自是造化流行不息之氣機，而必有所以樞紐乎是，連旋乎是，是則所謂靜也，故曰主靜。學者須要識得靜字分曉，不是不動是靜，不妄動方是靜。慨自學者都向二五上立腳，既不知所謂太極，則事功一切俱假。而二氏又以無能生有，于是誤認無極在太極之前，視太極爲一物，形上形下，判爲兩截。蕺山先師曰：「千古大道陸沈，總緣誤解太極」。「道之大原出于天」。此道不清楚，則無有能清楚者矣。〔註70〕

由上可知，蕺山以一生生之理攝此太極、陰陽、五行者，而此理即在形下中

〔註69〕《全書》，卷五，頁93～94，《聖學宗要》，五十七歲（本文亦收錄於《宋元學案・卷十二》之中）。

〔註70〕《宋元學案》（台灣，世界書局出版，72年5月）卷十二，頁293。

見，即在天地造化人倫萬事中見出，故蕺山之形上思想可謂簡潔明朗至極。有關蕺山從陰陽、理氣觀念所構做出的整套形上思想者，本文將在下篇論述，此處僅再就有關「一陰一陽之謂道」的其它文字做一簡述。

四十三歲前，蕺山已於〈學言上〉談到對陰陽、五行關係的看法：

> 五行即陰陽也，謂陰陽生五行，猶剩一生字，謂陰陽統五行，猶剩一統字，五行者陰陽變化之妙也，聖學之要只在慎獨，獨著靜之神，動之機也，動而无妄曰靜，慎之至也，是謂主靜立極。〔註71〕

此即合五行於陰陽之旨，而不以陰陽與五行有各自獨立之自存性，否則生生之理在萬物中之展現便難以打開，變得由形上世界一層層下貫至形下世界的造生過程，而不能即於萬物之間，展現生生之理者是。實言之，理只有一個，即生生之理、太極、陰陽、五行，皆此生生之理的不同抽象層次上的樣態，而非此三者之分為三層之性，而由上生下者。而即在此天地萬物中之生生之理之運行中，即可見出此太極、陰陽、五行之各種變化樣態之玄妙不測者，此即陰陽變化之妙者。〔註72〕〈學言上〉又有言：

> 只此動靜之理，分言之是陰陽，合言之是太極，故曰一陰一陽之謂道，即分即合是太極，非分非合是無極，故曰陰陽不測之謂神。〔註73〕

動靜是一氣流行生生之理之變化中，在一陰一陽層次上的功用形式，即此動靜即見「一陰一陽之謂道」之生生之理，此即此動靜之分言。合言之，則只在「一陰一陽之謂道」中即見出太極，故太極可盡在動靜之分合中見，從分處見謂之陰陽，又即陰陽中可見太極；從合處見，又只太極中事而已。然太極之理，原無是理，原只在天地造化一氣流行之遍處而已，故又可不必以動靜之分合言，而此不在動靜之分合言處可見太極之義，即正指出太極本無極

〔註71〕《全書》，卷十，頁144，〈學言上〉，上欄左，四十三歲前。

〔註72〕蕺山言陰陽五行者另有一文茲引之如下：「五行無定形，水火者其象也，天地之用莫大於水火，水火之家自微而著，故木金以配益之，四氣不可無統，故土以君之，總之一水火也，水火者陰陽之別名，燔灼之火，淵流之水也，陰陽者先天之體也，水火者後天之用也，體對待以上本，用流行以成化。」（《全書》，卷十，頁144，〈學言上〉，上欄中，四十三歲前）。本文之重點正在顯示陰陽五行其實一事，只在抽象的展現姿態上有體用之別，而其實都只是對生生之理的抽象表態的不同形態的描寫，五行各具其性，因此萬物可各就五行以描述、或曰分類，陰陽亦為二姿，萬物亦可在陰陽中得其分類，故曰水火者陰陽之別名，兩者只劃分的抽象形態不同耳。

〔註73〕《全書》，卷十，頁150～151，〈學言上〉，五一～五七歲。

之義理。故非分非合是無極。然即分即合，非分非合，無極也好太極也好，
又皆由之見一氣流行之妙運，皆天地大德生生之理中事，故「一陰一陽之謂
道」之神妙不測亦可見矣。故謂之「陰陽不測之謂神」意即天地之變化中有
屈申、往來、升降、明暗、開闔之諸事者，即此是陰陽變化之神妙不測處，
此變化之總合，成此造化之全體，故陰陽之變化是既神妙而難測者。然此中
之真意，卻惟生生之理而已。

　　蕺山六十歲於〈學言中〉亦開始大談太極問題，其言曰：

> 河圖左畔陽居內而陰居外，右畔陰居內而陽居外，陽左陰右皆以內
> 者為主，蓋陽生於陰陰生於陽也，至周子圖太極左畔言陽之動而反
> 以陰居內，右畔言陰之靜而反以陽居內，將以內者為主乎，外者為
> 主乎，內者生氣也，外者偏氣也，似與圖意不同，雖各有取義，而
> 終以河圖為正。蓋河圖陽生於陰，而周子以為太極動而生陽，河圖
> 陰生於陽，而周子以為太極靜而生陰，是河圖之二氣自相生，兩周
> 子皆以太極生之也。自相生則不必有太極，若以太極生兩儀，則太
> 極實有一物矣。為此言者蓋擬夫子贊易之說，而誤焉者也。毫釐之
> 差千里之謬也。〔註74〕

此文言陰陽左右內外之義此暫不論。然其中最重要的觀念闡釋，在於蕺山之
以陰陽為二氣相生，而非由太極而生者。陰陽是指氣而言，其實通天地皆氣
也，形上世界中之太極、陰陽、五行皆生生之理之不同抽象樣態，不同作用
姿態的化名。是在作用中與氣為一，而非離氣而外之獨立之理。當氣之以陰
陽姿態展現生生之理時，其實仍是一氣周流之自相生生之作用而已，故為二
氣之自相生。而周子以太極生陰陽，則似太極是一有實存義之存在者，並由
之以生陰陽之另一層存在者。而做蕺山，理不自存，且理在氣中，而盈天下
之理亦只一生生之理，若曰太極、陰陽、五行是理時，其義則只是一氣流行
之生生之理中有以指出其形而上者之至尊之位者，曰太極；太極只是生生之
理之至尊之位之此種樣態而已，而陰陽之理者，亦只此一氣流行之生生之理
中之恆有往來、升降、動靜之此種對立之樣態者，而五行者則仍只為以金木
水火土五種作用樣能言此一氣流行之生生之理之千殊萬變可如此解釋而已。
故當一氣流行以五行概念解釋，則通天下之變化皆此五行者，同樣道理，一
氣流行之以陰陽解釋時，通天下之變化皆可以陰陽之不測之變化以釋之，而

〔註74〕《全書》，卷十一，頁162，〈學言中〉，上欄中，六十歲。

通天下之變化豈非又正可以此至尊之太極，即天理，即易道，即天命之性者解之矣。故只看陰陽時，可言其二氣相生；只看五行時，可言其五行相生。而不應直列一變化之層級，而謂之太極生陰陽，再生五行者。凡此諸說，再深究之，又實皆以一氣流行的宇宙論及理寓於氣的理氣關係為其深一層之理論基礎者。此待下篇言。而此文之言，乃正可明白指出蕺山對周子於《太極圖說》中對太極、陰陽、五行關係之不同意見者。〈學言中〉續言：

> 太極圖說言太極生陰陽，陰陽生五行，五行生成萬物，物鍾靈有人，人立極有聖，聖合德天地，似一事事有層節。豈知此理一齊俱到，在天為陰陽，在地為剛柔，在人為仁義，人與物亦復同得此理，蠢不為偏，靈不為全，聖不加豐，凡不加嗇，直是渾然一致，萬碎萬圓，不煩比擬，不假作合，方見此理之妙。〔註75〕

此文所謂「似一事事有層節，豈知此理一齊俱到」者，正欲打破太極、陰陽、五行以獨立自存之「理」的身份，自成一生存變化規律的形上體系，此三者皆「理」之不同樣態而已，在一氣流行的生生之理中，此三者一次全現，一齊俱到，同時表現在天之陰陽、地之剛柔、人之仁義者。此亦蕺山對周子《太極圖說》之批判之又一例也。〈學言中〉又言：

> 乾坤合德而無為，故曰一陰一陽之謂道，非迭運之謂也，至化育之功實始乎繼體之長子，而長女配之，成乎少男，而少女配之，故曰繼之者善也，成之者性也，今日繼靜而動亦非也，以斯知人心之獨體，不可以動靜言，而動靜者其所乘之位也，分明造化之理。〔註76〕

「乾坤」即陰陽作用之另一種表達，乾坤合德，即一陰一陽之間，然一陰一陽之間即是道體流行之自身，故曰「一陰一陽之謂道」。談無為及非迭運之謂也者，只強調一陰一陽之間其實只是一氣流行生生之理之自相生生，故乾坤合德之際，亦是依於此生生之理之運行，而非有乾坤之獨立之理之運作，故雖合德，其實只是無為。又，一陰一陽之間亦只是生生之理的自相生生，而不須以陰陽為實有一理之自相迭運，陰陽之迭運是氣化流行之陰陽的樣式之迭運，非陰陽自身之迭運。是故，道體之運行，以氣化流行為主，實際活動在造化人倫之事業中，是在化育之功，造化之理，繼善成性中之事者。同樣地，看獨體亦然，動靜只其所乘之位，即如一陰一陽只是一氣流行之樣式、

〔註75〕《全書》，卷十一，頁163，〈學言中〉，下欄左，六十歲。
〔註76〕《全書》，卷十一，頁164，〈學言中〉，下欄右，六十歲。

姿態，非有陰陽之獨立實存之理在，故獨體不可以動靜言，動靜非另一層之獨體的實際，獨體有動靜之姿態，即以動靜爲所乘之位，獨體卻不是動靜。言人心之獨體不可動靜言，即又蕺山批評周子之「太極動而生陽，動極而靜，靜而生陰，靜極復動」之又一例證者。

「一陰一陽之謂道」是蕺山強調生生之理遍在流行，且是道體的本身，是以氣化流行、人倫事業中之陰靜陽動之樣態直接展示此道體本身。而不是要強調一陰一陽之際的相互迭運，似以陰陽爲獨立運行之理旨者。此本文之主旨。〈學言中〉又言：

> 聖人定之以仁義中正，而主靜立人極焉，分明爲中庸傳神，蓋曰致中和而要之於愼獨云，愼獨所以致中和，而周子先言定之以仁義中正，亦陰陽之外別無太極耳，故曰一陰一陽之謂道。〔註77〕

蕺山以濂溪爲中庸註腳，言中正仁義即中和之事，一中和則天地位萬物育，故仁義中正之際即道體本身，仁義中正即人倫事業之運行，只此是氣化流行的陰陽之姿，只此即是道體，不必更言太極之理，太極之理即在陰陽之姿中，陰陽之姿即展現在人倫事業中仁義中正之事者，故曰一陰一陽之謂道，太極已在此「一陰一陽之謂道」中矣！

以下再引《會錄》中一段文字以爲本節之總結：

> 濂溪太極圖說，前面是一段，惟人也以下又是一段，將天地與人分作兩橛，如此說是先有個太極之理，貯在空虛，而人得之以爲道，不知盈天地間皆是此個，天得之以爲天，地得之以爲地，人得之以爲人，物得之以爲物，即至根荄鱗介，無不各具五行之性，即此是陰陽之理，即此是太極之妙，故曰陰陽之上更無太極也。〔註78〕

此文是最清楚地表示太極、陰陽、五行都只是指向同一個理，且都只表現在具體萬物之上者，而所謂陰陽之上無太極者，推而言之，五行之上亦無陰陽，更進而言之，只此生生之理，更不必言太極、陰陽、五行矣。而此生生之理又只在事物中見，故理在氣中，只此一氣耳，故曰盈天地間皆氣也。

以上爲蕺山談「一陰一陽之謂道」的義理，蕺山於《太極圖說》中之思想發揮者，即「無極而太極」和「一陰一陽之謂道」二項，下節再談蕺山在《通書》中的思想發揮。

〔註77〕《全書》，卷十一，頁 166～167，〈學言中〉，六十歲。
〔註78〕《全書》，卷十三，頁 212，《會錄》，下欄右。

第五節　蕺山對《通書》的詮釋

蕺山在對《通書》思想的詮釋中，嚴格說，眞是只是做到了詮釋而已，並未有更多的理論創見的發揮。而蕺山詮釋的重點，則又只在誠與幾的兩個概念中，前文曾謂蕺山在《通書》思想的討論中，並不直接與「主靜立人極」的功夫理論有嚴密的對應解釋性。但又曾言，蕺山功夫理論的完成，都需要配合著本體理論的建立，才能成其爲一套完整的功夫理論，一如愼獨功夫理論與獨的本體理論的配合，及誠意功夫理論與意的本體理論的配合，以及主靜立人極功夫理論與立人極本體理論的配合等。那麼，蕺山在中庸有關性、道、教思想的詮釋，及對喜、怒、哀、樂四氣流行的詮釋，及在《太極圖說》中太極與陰陽的形上思想，以及《通書》中誠與幾的本體思想等，與前述配合了本體理論的功夫理論兩者間的關係應如何呢？事實上，在蕺山晚年形上思想中，從蕺山融貫式地處理形上本體概念的方式裡，可以獲得解答。意即，形上本體概念中的獨、意、人極、太極、誠、幾、性、天理等，皆是天道，旨在概念中指向同一個內容，只是讓概念因之成立的理論出處不同而有不同的名相，故有諸種表達，但就其作爲儒學理論中對道體的把握與描述言，其所指對象則皆相同。因此，蕺山在《通書》中對誠與幾兩個本體概念的討論，就其在蕺山形上思想的架構中言，則皆是對同一道體的描述。因此，誠與幾雖非直接討論「主靜立人極」功夫理論，但就立人極之本體理論所本的道體而言，卻是可在道體處有其會通的。因之亦非不可謂誠與幾者乃「主靜立人極」之所本。以下爲討論方便暫將誠與幾分兩段進行。

一、誠

《通書》首四章言誠，幾乎可謂濂溪乃以誠爲本體概念的核心而建立了《通書》思想，而蕺山推崇濂溪，對濂溪言誠之語只有認同和詮釋，不見絲毫批評，因此以下所言，亦僅就幾項蕺山詮釋「誠」的要點做討論而已。

（一）誠之通復

《通書》「誠上第一」言：

> 誠者，聖人之本。「大哉乾元，萬物資始」，誠之源也。「乾道變化，各正性命」，誠斯立焉。純粹至善者也。故曰：「一陰一陽之謂道，繼之者善也，成之者性也。」元亨，誠之通；利貞，誠之復。大哉

易也，性命之源乎！〔註79〕

蕺山對其中「元亨，誠之通；利貞，誠之復。」之詮釋，與蕺山在《太極圖說》中言，「一陰一陽之謂道」的義理，兩者極爲相通，皆重在言「生生之理」者。即以「生生之理」之生生不息義解此誠之通復，就一陰一陽之循環相生的生生之理而謂之爲道者而言，誠亦此道也，故誠之通復亦同於一陰一陽循環相生之生生之理。蕺山言：

> 對誠通而言，則誠復爲靜，本一氣之所從出而言，則通復皆屬之動，
> 蓋生陽生陰，生生不息處便是動。〔註80〕

此文雖爲討論通復之動靜言，然蕺山卻已直接提出「生陽生陰生生不息」之義說此誠之通復，可見蕺山以生生之理釋大化流行之思想早已定形。此外，言通復皆是動者，乃因通復既指生生之理，而生生之理則只是動而不息，故而通與復皆是通天地一氣流行中之生生不息之事。故通復不可以動靜分，更不可以通爲動而復爲靜者。此外，蕺山又言：

> 或問元亨誠之通，利貞誠之復，天道亦不能不乘時位而動靜，何獨
> 人心不然，曰在天爲元亨利貞，在人爲喜怒哀樂，其爲一通一復同
> 也，記曰哀樂相生循環無端，正明目而視之不可得而見，傾耳而聽
> 之不可得而聞，人能知哀樂相生之故者，可以語道矣。〔註81〕

此文實爲反對以天道及人心獨體有乘時位爲動靜之事者，就天道及人心獨體言，其只展現爲元亨利貞及喜怒哀樂者，而此皆一氣流行一體中事，流行中自見通復之用，然此通復實爲展現生生之理剛健不已、動而不息之義者，故言通復者，一方面知其非時位上動靜對待之有時而動，有時而靜之動靜義；一方面知其一通一復之恆能自通自復一如喜怒哀樂之恆存且相生之義者。此二義之成立，亦再證蕺山乃以生生不息義以言通復所展現之流行之實相者。故謂之：「人能知哀樂相生之故者，可以語道矣。」。此外，蕺山於《會錄》中又有言曰：

> 祝淵問靜時有無思慮時節。曰人生實無無思無慮時，思慮是生生不
> 已，同造化不息之機，若有意求靜便是寂滅。淵曰只要嘗提醒念頭。
> 曰不消提他，此心原自惺惺，純乎天理，無一毫間斷，即是無息之

〔註79〕　《宋元學案》，卷十一，周濂溪，《通書》，誠上第一。
〔註80〕　《全書》，卷十，頁 151，〈學言上〉，上欄左，五十七歲。
〔註81〕　《全書》，卷十，頁 158，〈學言上〉，下欄右，五十九歲。

　　體，其要只是一誠，誠則通，誠則復，即天命之不已也。〔註82〕
此文乃藉誠之通復義回答弟子問無思無慮及提醒念頭二事。蕺山以爲，刻意
藉動靜對待之靜義之功夫爲入道之途所得之無患無慮境界，只是死寂滅盡之
境界。至於言人生之思慮者，若指思慮爲人生語默動靜之全體流行之義言，
則人生只是不斷思慮，實無無思無慮之時，大化流行中之生生之理無一息之
或停，故人生之行止之流行義亦無一息之或停，故思慮亦無一息之或停，若
此時刻意停止思慮，一心求靜，則只有死寂滅盡之境界，不符生生之理剛健
創造之實義。其次，人心之呈顯天理，並非外於此心之另一主體將其時時提
出，而實只爲此心之自呈自顯，生生之理即在大化流行中，故亦即在人心中，
只要得誠之實際用事，則天命流行便即在人心之中不息地健動著，故謂之「此
心原自惺惺，純乎天理，無一毫間斷，即是無息之體」者。亦由上可知，以
誠之通復義言人道之誠之功夫時，人之思慮乃同於大化流行之生生不已，而
不可只強制地限制其歸於死寂之靜，而人心之眞正用事，其在本體義上即天
命之性之流行，唯不識天命流行即在人心一通一復之作用中之義者，才以爲
須另有一功夫以時常提醒念頭者。此即以天命之性生生之理說誠之通復，再
以誠之通復說人心流行實相之二義者。

　　說天道之通復是生生之理，說人道之通復仍是生生之理，無息之體。而
誠之爲人道，即在此通復之循環不已中，上通天命之性矣。通天命之性，則
由誠入之人道功夫可得聖境，而此由誠入道之功夫，其實又只是仁義禮智四
者，蕺山云：

　　……吾儒以日喻心，光明嘗照，內中自有生生不已之機，如自行南
　　至北至具有陰陽不息之妙，如心之體本虛，惟虛故靈，其往而伸者
　　爲仁與義，誠通也，返而屈者爲禮與智，誠復也。〔註83〕

仁義禮智即喜怒哀樂，是一氣流行之在人心行爲上的姿態，由此可見言通復
者，依蕺山之意即爲言生生之理之展現者，而蕺山以理即在氣中見，故又即
指一氣流行中之事矣，而人倫教化之常道，又不外於此氣此理，故又即仁義
禮智之中可言此元亨利貞之誠通誠復矣。而所謂吾儒得以日喻心者，及此心
自能光明嘗照者，實已以此心爲自天命流行中言者，故其中自有生生不已之
機，且在此機之往返、伸屈、通復之中，自有仁義禮智之呈顯，故又可知以

〔註82〕　《全書》，卷十三，頁207，《會錄》，下欄右。
〔註83〕　《全書》，卷十三，頁215，《會錄》，上欄右。

誠之通復言人道功夫者，實仍不外於在天命之性生生之理所展佈之仁義禮智四德中，使其合傳而已矣。

以上言誠之通復義，下段談誠無爲義。

（二）誠無爲

濂溪云「誠無爲」，〔註84〕而蕺山釋之曰：

> 誠無爲，如惡惡臭，如好好色，直是出乎天而不係乎人，此中原不
> 動些子，何爲之有……。〔註85〕

濂溪以誠立本，而誠既是天道，亦是人道。就人道言，誠既是功夫又是本體，而誠無爲者，即功夫用在誠之本體上時，則只一如誠體本天即可，是故此中之好惡必是好善惡惡，出乎天而不係乎人，天則只是如此，故曰無爲。人亦只是如此，不要雜之以人欲之私，故亦曰無爲。一切守住誠道，即守住天道，則此中再不必更有它事，故何爲之有。蕺山又云：

> 周子曰：聖誠而已矣。誠則無事矣，更不須說第二義，統說第二義，
> 只是明此誠而已，故又說個幾字。〔註86〕

無事，即無私我欲念之餘事，一依於誠而能無餘事，則正誠之即爲功夫又即爲本體之義也，此亦即誠即第一義之義也。必即本體方能好惡必於善，好惡必於善則更無餘事矣。功夫於此處已得其全義，若要再說第二義，則已達至對「幾」的討論。功夫在誠中言者，則即誠之通復已是一個天道流行的整全，只合此天道流行便已了事，故曰誠無爲，若欲於此誠之用事中再鋪陳開以多致數言於此天道之功夫即本體的流行過程中事時，則可藉「幾」以言之。下段即將處理。

二、幾

易繫辭有言：「幾者動之微吉之先見者也。」〔註87〕，濂溪則曰：「幾善惡。」，〔註88〕又曰：「幾微故幽，誠神幾曰聖人。」，〔註89〕以下則分「幾善惡」、「見幾而作」、及「誠神幾」三段以釋之。

〔註84〕《宋元學案》，卷十一，周濂溪，《通書・誠幾德第三》。
〔註85〕《全書》，卷十二，頁179，〈學言下〉，下欄右，六十五、六十六歲。
〔註86〕《全書》，卷十，頁160，〈學言上〉，下欄左，五十九歲。
〔註87〕《周易・繫辭下傳》，第五章。
〔註88〕同註八二。
〔註89〕《宋元學案》，卷十一，周濂溪，《通書・聖第四》。

（一）幾善惡

　　濂溪云「誠無爲，幾善惡」，又云「動而未形，有無之間者，幾也。」
〔註90〕則幾也者，一方面是善惡之出之機，一方面又即此機以好善惡惡，
此即誠體流行之功效處。而觀於蕺山對「幾善惡」的詮釋，有配合大學詮釋
說幾的，也有直就幾善惡說幾的。蕺山在配合大學詮釋而說幾時，則有時以
幾爲心。有時以幾爲意，故可就蕺山最爲關切的「四句教」中之心與意，來
討論此幾善惡者。若以心言，則正指出此幾即善惡自出之地，即同於「有善
有惡心之動」的義理格局，若幾以意言，則爲善惡一機之幾，即同於「好善
惡惡意之靜」的義理格局。而蕺山言「幾善惡」之深義，則正藉周子言「動
而未形，有無之間」之大化流行中，即指此心之有善有惡之流行的初機中，
恆能以心之主宰者，即意，來貞定之，使必能好善惡惡而已。蕺山五十九歲
於〈學言上〉中有言曰：

> 　　心何以有善惡，周子所謂形既生矣，神發知矣，五性感動而善惡分，
> 萬事出矣，正指心而言。或曰周子嘗曰幾善惡，蓋言意也，今曰好善
> 惡惡者意之靜，則善惡者意乎？好善惡惡者意乎？曰子以爲善惡者意
> 乎？好善惡惡者意乎？問者默然。乃曰，然則周子非與？曰，吾請以
> 孔子之言折之，曰，幾者動之微，吉之先見者也。曰動之微則動而無
> 動可知，曰先見則不著於吉凶可知，曰吉之先見，則不淪於凶可知。
> 此誠意眞註疏也。周子曰，幾善惡，正所謂指心而言也。〔註91〕

此文之幾，既有以意言，亦有以心言，以意言時是好善惡惡，藉易之言「幾
者動之微吉之先見者也」者，正證以此幾以意言時之不淪於凶，故是必善，
是好善惡惡之即功夫即本體的意者。而以五性感動而善惡分言幾時，則爲以
一般現實世界之有善有惡之情事爲事實根據，而即幾言善惡之所生發之地，
故亦即指心而言。然心與意分不得兩事矣，意爲心之主宰，心之主宰能止於
意處，則恆能於五性感動而善惡分之際，當下即好善惡惡之，故可謂能有吉
之先見，不淪於凶之義，故周子言幾善惡雖指心而言，卻仍誠意之眞註疏也。
〈學言下〉又有言：

> 　　濂溪曰幾善惡，故陽明亦曰有善有惡，濂溪曰動而未形有無之間者
> 幾也，陽明亦曰意之動。然兩賢之言相似，而實不同。蓋先儒以有

〔註90〕同前註。
〔註91〕《全書》，卷十，頁156，〈學言上〉，下欄左，五十九歲。

> 無之間言幾，後儒以有而已形言幾也。曰善惡言有自善而之惡之勢，
> 後儒則平分善惡而已。或曰意非幾也，則幾又宿在何處？意非幾也，
> 獨非幾乎？〔註92〕

此即以幾爲意，即以幾與意皆爲本體時，兩者實指一事而言。言幾則幾善惡，
即在幾中分辨個是非善惡之時，並能即以好善惡惡之，此亦即好善惡惡意之
動之義理。而此文之作，實爲以此幾善惡之義理爲基礎而參與在批評陽明學
說的眾多理論之一者。總之，陽明以有而已形之有善有惡言意，喪失了意的
本體義，雖在形式上與幾善惡相似，然實則義理出入極大，因周子之幾只在
動而未形，有無之間言，故可即時以好善惡惡之，故可不直落於現實情境的
有善有惡中，故非有而已形後之事，只在善惡自出之初機中即能爲善避惡，
故不得平分善惡以言之，故依蕺山，則幾又可即是意，然非陽明「四句教」
中之意，此其宗旨也。〈學言下〉續言：

> 濂溪曰幾善惡，即繼之曰德，愛曰仁，宜曰義，理曰禮，智曰智，
> 守曰信，此所謂德幾也，道心惟微也。幾本善，而善中有惡，言仁
> 義非出於中正，即是幾之惡，不謂忍與仁對，乖與義分也，先儒解
> 幾善惡多誤。〔註93〕

此文言周子於幾善惡之後即繼之以仁義禮智之四德者，即證此幾乃能於善惡
之動出之際，即刻循以天命之性之德，而由方善惡際直入好善惡惡境之積極
義也。而此「幾善惡」之對幾義之闡釋，亦即前文言大化流行時功夫發動之
初機的實況鋪陳也。「幾善惡」之義言畢，則「知幾」之「見幾而作，不俟終
日」之剛健精神可明矣。以下即言之。

（二）見幾而作

前言謂「幾善惡」中，最積極義在「見幾而作，不俟終日」者是，然此
事須先有個「知幾」之功在。「知幾」如何，蕺山曰：

> 或問幾，曰未有是事先有是理曰事幾，未有是心先有是意曰心幾，
> 先知之謂神，故曰知幾其神乎。〔註94〕
>
> 易曰幾者動之微吉之先見，更不雜凶字，君子見幾而作，所謂善必
> 先知之也，惟先見故先知，先知之謂知幾，知幾則知所止矣，或曰

〔註92〕　《全書》，卷十二，頁179，〈學言下〉，上欄右，六十五、六十六歲。
〔註93〕　《全書》，卷十二，頁179，〈學言下〉，上欄中，六十五、六十六歲。
〔註94〕　《全書》，卷十二，頁174，〈學言下〉，上欄左，六十五歲。

　　　　吉下有凶字，仍是不善，必先知之，不以禍福言也。〔註95〕

由上二文可知，知幾乃先知之知。先知之基礎在「幾」之以本體言時之好善惡惡者，即「未有是心先有是意曰心幾」中之意者，而意為心之體，故心體既已合於天道，則一念中間之善惡必為己所獨知，是故善必先知之，惡必先知之。先知之作用顯示其神妙性，故曰知幾其神，然知幾並不是單只是知的功夫，知幾之後必續以「見幾而作，不俟終日」之實際行動，否則不必謂之知幾，謂之良知的偶然聳動卻一稍即逝可也。蕺山言：

> 思之功全向幾處用，幾者動之微，吉之先見者也。知幾故通微，通微故無不通，無不通故可以盡神，可以體誠，故曰思者聖功之本，而吉凶之機也，吉凶之機言善由此而出，非幾中本有善惡也，幾動誠動，言幾中之善惡方動於彼，而為善去惡之實功已先動於思，所以謂之見幾而作，不俟終日，所以謂之知幾其神，機非幾也，言發動所由也。〔註96〕

知幾即為善去惡之實功，即向幾處用之思之功夫，而言機者只指此動處言，是形式義的幾，其義較幾為狹，且無實質定向內容，配以好善惡惡言，則指好惡一機；配以有善有惡言，則指善惡自出之初機。然而由上引之文可見出蕺山言幾之真正積極意義乃在「見幾而作，不俟終日」，即在此善惡由此而出之地，在那「動而未形有無之間」之時，能知此幾，知幾而後「見幾而作，不俟終日」當機立斷，該好善即好善，該惡惡則惡惡，則天命之性之流行的展現才可順暢，並由此以成其聖人之事業者。此亦正「知幾其神」之實義。以上言知幾，以下談誠神幾。

（三）誠神幾

　　前節言誠、言幾，亦提到神者，而濂溪又謂：「誠、神、幾，曰聖人。」者，蕺山對此之解釋只有一語，即誠、神、幾乃一時一事者也。其言云：「周子曰寂然不動者誠也，感而遂通者神也，動而未形有無之間者幾也，可只就一時看出，未嘗分前後三際也。」〔註97〕此為以三者為一時者。另言，「周子誠神幾三字作一事看，無有前後際，亦無粗細。」〔註98〕又云：「幾者動之微，

〔註95〕《全書》，卷十二，頁179，〈學言下〉，上欄左，六十五、六十六歲。
〔註96〕《全書》，卷十二，頁189，〈學言下〉，上欄左，六十六歲。
〔註97〕《全書》，卷三十四，頁797，《周易古文抄·繫辭上傳》，第十一章，六十六歲。
〔註98〕《全書》，卷十二，頁175，〈學言下〉，下欄左，六十五歲。

不是前此有個靜地，後此又有個動之者在，而幾則界乎動靜之間，審如此三截看，則一心之中隨處是絕流斷港，安得打合一貫，予嘗謂周子誠神幾非三事，總是提點語。」〔註99〕此二文乃以誠神幾三者爲一事也。至於誠神幾三者之義理，蕺山則完全接受周子所言者，茲不另加討論。誠與幾之義可明於前，神之義則即指天命流行的神妙不測，即言其有玄妙的功效者。而誠神幾爲一時一事之深義者，乃在於三者皆以本體言時見出其一時一事之義，並即此本體以言功夫時之可言此功夫之即從本體處發動者，故功夫即本體，且功夫即可在誠無爲中見出其剛健不息，及好惡必於善之不變義。

　　以上乃蕺山在《通書》詮釋中的幾個要點，其中誠與幾之本體義者，實皆爲蕺山形上思想之重要內容者，亦可爲「主體立人極」之學的本體基礎矣。

〔註99〕《全書》，卷十二，頁 179，〈學言下〉，下欄中，六十五、六十六歲。

第五章 結 論

　　本篇討論「劉蕺山的功夫理論」，找出「慎獨」、「誠意」、「主靜立人極」為最足代表蕺山功夫理論的三套精華，並以挖掘其本體義涵及配合中庸、大學、周濂溪三系思想背境所建立的詮釋體系爲討論的主軸。本章即將撮述其要以爲本篇之總結。

第一節　從慎獨說到《中庸》詮釋系統的建立

　　第二章談「從慎獨說到中庸詮釋系統的建立」者，首二節即先指出「慎獨」理論最重要的資料來源及其理論發揮都是在中庸思想系統中進行的。但也不妨「慎獨」說仍在其它思想系統中有其理論之入徑。包括因深喜濂溪「主靜」之功夫，而批評朱子「靜時存養，動時省察」之功夫格局，而提出的「慎獨只在靜存」的功夫義涵，以爲理論入徑之一；其次，慎獨乃儒者事業，是要推開到人倫百行中的，故而慎獨亦在大學八目中直接等同於八目之所有功夫，而即行之於天下國家者，是爲理論入徑之二；其三則以慎獨爲等同於儒學史上之所有功夫理論，即在虞廷言、在禹言、在湯言、在文王言、在論孟言、在伊洛朱王言者皆是，故慎獨之外別無學也。至於慎獨在中庸的討論，則發揮了本體理論最精緻的內容，然有二義亦最足提要，即以由慎獨得識天命之性，並即承擔天命流行之職責，以及由慎獨以致中和以說明功夫理論之由本體發動，且落實在人倫百行之下者。

　　第三節討論「慎獨說的重要理論內容」者，是從「獨」、「獨體」、「獨知」、「獨位」四組概念入手以反覆討論慎獨功夫的理論內容。其中由「獨」說者，

在指出「獨」即濂溪思想脈絡中的「靜中養出端倪，端倪即意即獨即天。」、「獨者靜之神、動之機也。」、「獨便是太極」、「獨者心極也」諸義；亦爲在中庸中的「獨只是未發之中」、「獨其中體」、「獨中具有喜怒哀樂四者」、「一獨耳指其體謂之中，指其用謂之和」、「中庸疏獨，曰隱曰微、曰不睹不聞。」諸義；至於在大學中對「獨」的討論，則一爲此「獨」以「物」之身分，而即大學八目之所有事，故是「至善之所統會」，及「獨者物之本」，一爲在本體義的發揮下，「獨」即誠意功夫的本體，即「意」者。

從「獨體」說慎獨時，「獨體」乃「獨」之以本體義言者，此時「獨體」是「微」，「微」雖以「境」言，然當「獨體」之本體義發揮後，透過「由微之顯」的作用，「微」字亦有了本體義涵，即由「微」以達天命之性之作用者。而「獨體」之本體義乃在以其爲「天命之性」時最得彰顯。「天命之謂性，此獨體也」且「獨體不息之中，而一元常運」，「此性宗也」。以獨體爲天命之性，則獨體得以其不息常運之作用而爲「性宗」之路，更可藉「性宗」之路說下來說到慎獨功夫及說上去說到天道運行，而以「獨體」即「天體」、「天樞」者，故「慎獨」之功夫又即是「復性」之義也。且此慎獨功夫在經驗上言時必是「動亦慎、靜亦慎」而不與動靜之時位爲推遷，至其本體上之動靜者，則以「一陰一陽之謂道」的陰陽相生作用來指獨體在本體上的「動靜互爲其根」者。

從「獨知」說慎獨者，乃首先指出「獨知」概念起於朱子，且朱子藉獨知以釋中庸，而蕺山一則肯定獨知概念有助慎獨義之發揮，即指做爲「下手」處及「用神」者，再則即以朱子藉獨知爲在可睹可聞之已發功夫之說爲批評對象，而指出獨知功夫乃在不睹不聞之天命之性之本體處做功夫，並即使天下之可睹可聞即此而知，故獨知不分已未發，而朱子釋獨知乃錯釋者。其次，獨知既發動於天命之性之本體，則天命所命即此獨知，且即爲好惡一機之知善知惡之知。另，蕺山又以中庸誠明說此獨知，而謂自誠而明是由獨起知，自明而誠是以知還獨。最後，蕺山更以陽明之良知即爲獨知，由獨知概念以取代良知，而二合一者，直至晚年批評良知說時才取消對良知的重視，而不再強調此義。

從「獨位」談慎獨時，藉「位」概念以言獨在慎獨功夫中之作用，位是存在處或作用者，故「獨」可謂天命之謂性之以位言，且慎獨功夫即在還至獨之本位，而人心之存亡即又可以其是否離開獨位而言，然獨又是虛位，故

尋性體時又須在心體中看出，凡此諸義皆藉獨之「位」概念以談慎獨理論之功夫與本體者。

第四節談「蕺山對中庸首章其它思想之詮釋」，即明白討論由慎獨理論和中庸義理互相闡發而形成的整體中庸詮釋系統，首段從「性、道、教」談者即藉蕺山〈中庸首章說〉一文釋「天命之謂性」等三句文義做發揮，而見出蕺山以性統宗各元的性宗之路，並即此而見出復性功夫，並又使復性功夫即慎獨功夫，且又在性宗、心宗分不得兩事的格局下，復性功夫又即盡心之路，至於在以性統元的性宗的形上思想中，天命之性只是生生之理，也只是一個於穆不已的作用本身，然此不已的天命流行中，又即在人心中使有性在，而為心之所以為心者，是故有即復性即盡心即慎獨的功夫義理出現。

次段談「不睹不聞」者，乃在發揮中庸「戒慎乎其所不睹、恐懼乎其所不聞」二句之義，使戒懼功夫即慎獨功夫，使不睹不聞即此獨，然此獨是天命之性，卻也自天命流行至人與天地萬物之全體，故不睹不聞處是天命之性中事，且亦即因其功夫之本體之發動而使天下之可睹可聞即此而在，故不睹不聞是天命之謂性，可睹可聞是率性之謂道，戒慎恐懼功夫是慎獨功夫之由致中以致和之事，此亦即藉慎獨合中庸而建立中庸詮釋系統之內涵者。

三段談「隱見顯微」者，乃藉〈中庸首章說〉文字以發揮中庸言「莫見乎隱、莫顯乎微」之義也，此即在「不睹不聞之中，而莫見莫顯者存焉」及「沖漠無朕之中，萬象森然已備也」二文之所言中，指出「莫見乎隱、莫顯乎微」之條件出來，並即此條件以知戒慎恐懼之理由及慎獨功夫之必要，亦即「道也者不可須臾離也」之要義所在。是故慎獨功夫理論中即在此隱微顯見之對待關係中可見此獨之所以妙也，並見出此「由微之顯」之直探天命本體之事亦即慎獨功夫之實事本身也。

四段談「喜怒哀樂」者，在藉中庸談「喜怒哀樂」處談出蕺山形上思想中天命之性大化流行中之宇宙迭變及本體結構者。首先，喜怒哀樂以在人心之感應情狀之身分，而被蕺山提升至是性的身分，此乃因「天下之道，感應而已矣。」故以最足代表感應情狀的「喜怒哀樂」四者，以為範圍天下之道之總綱，然而又在蕺山形上形下不分的世界觀中，喜怒哀樂既形上世界之理，亦形下世界之理，故其以是「性」的身分，總合天下之道理之全幅，即以喜怒哀樂是天命之性之流行之觀點，而範圍了全幅的道理，故一喜怒哀樂之感應情狀，而可言其為仁義禮智四德、惻隱羞惡辭讓是非之四端心、春夏秋冬

之四時、金木水火土之五行、陰陽之二氣等。而中庸之「喜怒哀樂」，經此既宇宙義亦本體義之發揮，則實已為蕺山形上思想部份之重要內涵了。

五段談「已發、未發、中和」者，在發揮中庸談「喜怒哀樂之未發謂之中，發而皆中節謂之和」之義，先談「中的本體義涵」者，乃先在「喜怒哀樂」的本體結構下，說出「中只是四氣之中氣」，更因此「中氣」之樞紐其間，才使四氣之運得相為循環，並即此作用而中亦為「於所性為信，於心為真實無妄之心，於天道為元亨利貞，而於時為四季。」且使「四時之氣相禪不窮」、「四端之情相生不已」「仁義禮智之性……四者更隱迭見」者，此即中在喜怒哀樂運行上有一個在本體上的主宰關係，保証其得以循環無窮及迭以時出之作用者。

次談「中和關係」者，乃在中、和對待關係中談其本體上的義涵者，即指出在以獨言及以心言時，中和者皆一以體言，一以用言，因而皆慎獨功夫中一體中事，中是獨體，但和亦是獨之發皆中節，及神妙作用中事，此即蕺山以天道展現於流行及形上本體在形下世界中見的同義，亦使「慎獨」即致中和之架構得成立之緣由。

再談「已發、未發之諦義及其與功夫的關係」者，則先指出「存發一機」、「中和一性」之說，以明此未發之中即是「天道之元亨利貞運於於穆」，而已發之和即是「天道之元亨利貞呈於化育」，是故已發、未發與中、和皆是天道之一體流行中事，從其一機之動中，見其只是一性中事，而絕不是在功夫作用中得有兩種氣象境界，能使功夫化為兩節之事者。至言此實義與功夫之關係者，則必先指出未發之中的功夫是無可著力者，只要一依天理流行，去除私心妄念之參於其中，即是善養未發之中之諦義，則此時渾然天理用事，不假人偽，不雜人力，自是絲毫著不得人力。其次，功夫用在未發之中時，則已發之和便即此而在，慎獨功夫即以把握本體之中為功夫之要，然當其推行出去，則自是達於化育之和，故功夫必以致中為要，而致中又即是致中和者，若只以致和為功夫，則必遺卻致中之要義，推向虛玄之境而已。

六段談「致中和與天地位萬物育」者，主要在詮釋〈中庸首章說〉中的幾個命題，首先，蕺山以「中為天下之大本，非即所謂天命之性乎，和為天下之達道，非即所謂率性之道乎」，而將中庸原文之天命之性及率性之道與中、和合而言之，此其一也；其次，致中和可達貫天地萬物，若不以達貫為已是完成之義，則由和為天下之達道義，可知致中和功夫必是以天地萬物為

關切對象，故必直貫天地萬物以爲完成之目標，此其二也；第三，致中和可位育天地萬物者，其義應以人倫秩序中禮樂教化之施設爲天地萬物之主要內涵，而其可位育者即指其可完成的可能性，而亦爲宋明儒者在儒學發展史上最有貢獻之處，即能得本體論上提供實踐人倫秩序之要求的必要性，及從功夫理論上肯定人心之努力爲實踐人倫秩序之必要條件，而此一要求的必要性得本體論之保證，及人心之努力爲必要條件之提出，遂能在大方向上貞定儒學義理的規模，然而亦因哲學史發展過程的特殊性，使宋明儒者較少注意現實事功完成上之技術要件之考慮及具體制度之設計，而使「能位育」之事業缺少了此一環節的說明，然此其特殊性，不必是缺點，至清初諸儒，則將方向轉於此處，此或爲哲學史發展上的機緣而已。此其三。第四在指出，天地、萬物、人心同此中和，致則俱致一體無間者。同此中和指同在喜怒哀樂之天道周流一體中事，故爲同此本體之事，故於愼獨功夫之發用時，其目標必指向天地萬物與人心之全體，且必以人倫秩序之全體完成爲完成之全義，故可指「致則俱致，一體無間」，然致中和之功夫既須指向現實世界人倫秩序之全幅，故其配合實踐技術及具體制度之事業即爲必要，故此「致則俱致，一體無間」之命題亦非容易之事矣，此其四。

以上爲本篇第二章「從愼獨說到中庸詮釋系統的建立」之全部結論。

第二節　從誠意說到《大學》詮釋系統的建立

本篇第三章談「從誠意說到大學詮釋系統的建立」。首節即指出，蕺山詮釋大學的理論，即在以誠意功夫理論爲大學八目主腦，並藉由之發揮的本體理論以對陽明「四句教」及「良知說」做批評，而蕺山在大學詮釋的思想發展則可分爲三個時期，第一階段爲五十二歲著〈大學古記約義〉時期，此時以一個「知止」說涵蓋大學三綱八目的詮釋，而得大學理論的主旨，第二階段爲五十九歲做〈丙子獨證篇〉前後，建立誠意功夫爲大學八目主腦，並逐漸發展出「意」的本體理論，同此時期亦展開對陽明「四句教」的批評，第三階段爲六十六歲前後開始猛烈批評陽明「良知說」時期，似欲全面否定「良知說」而以「知止」、「誠意」取代者。

第二節談「從知止說詮釋大學經文」者，即說明蕺山第一階段詮釋大學之要義，「知止」即「知止於至善」，此是大學之道中之三綱的入門法，因蕺

山以明明德、親民、止於至善為三物一物、三事一事,且是以止至善為大學主腦,即為三綱之主腦,故「知止於至善」即三綱歸管於止至善時的入門法。另,「知止」功夫中還有個「知止之方」,即「古之欲明明德於天下,必先……」之一套遞先功夫者,故大學經文中之知先後、知本末、知終始之事即以「知止之方」之身份而得詮釋大學經文,故一知止則對大學之三綱有所安置,而一知所先後、本末、終始,則對明明德於天下之一套遞先的功夫有所安置,即對大學八目有所安置,而蕺山又以知先後、本末、終始為知止之方,故又即知止中事,又再以致知功夫即知止功夫,故只一個致知功夫之中,得以知止攝三綱,復以知先後、本末、終始攝八目,故由「知止說」以詮釋大學經文之全義得顯。此中對蕺山日後詮釋大學思想發展之影響者有二項要點,首先,格致功夫之義理因知止說之確立而使格物成為格其物有本末之物,致知成為致其知所先後之知,其中格物義即格此物正當處,還能有「行」的意思,以格物即等同誠意以上六項實際功夫,但致知功夫就如同知止功夫永遠只是「知」的意思了。其次格其物有本末之物及致其知所先後之知的功夫都是在要為大學八目功夫中找出個本之本者,而在「大學古記約義」時,蕺山則以大學原文「壹是皆以修身為本」釋之,至其後本體理論的推衍,及大學義理的擴深之後才以「誠意」為此本之本者。然此二項詮釋大學義理之要點,又皆以「知止說」得確立,且終其生為蕺山解大學之基礎架構而不變,才能成立的。

第三節談「從意說到大學詮釋系統之開展」者,即蕺山成熟時期對大學詮釋的全義。

首段談「從修身為本到誠意為本的理論推衍」者,即在知止說之知其本末次序上,從修身為本者再推到誠意為本之過程,此即藉本體理論的發揮而以心為身之本,再以意為心之本,而建立誠意為本之說,此說之確立,又是在以意為天命之性之至善本體者才可言之,而此又蕺山確實賦於「意」的本體內涵,故誠意為八目之本之說得確立。

次段談「格致與誠意的關係」者,即在指出大學八目既以誠意為本,則「意誠則正心以上一以貫之矣」,即以誠意該誠意以上六目,然格物與致知者,卻仍只為在知止說中之「知」的功夫,而誠意以上六目才是真正的行的功夫,若以「慎獨」功夫言,「慎獨」即「誠意」以上六目,但「慎獨」只格致第一義,而其中「致知」者又明白地只是「知」的功夫。以此知誠意與格

致實爲功夫上的兩層事業。此外蕺山亦曾引陽明言博文、道問學、惟精、明善是約禮、尊德性、惟一、誠身功夫以言大學是由知入行，由致知入誠意之功夫者，故誠意是主腦，格致是誠意功夫，功夫結在主意中方爲眞功夫。

　　三段談「誠意說中之八目關係」者，先由誠意至平天下功夫過程中談其由誠意得立時，則因「欲其止於至善」之要求，故必在人心中實際地以自正心至平天下之完成爲其一生之職志，此即「意誠則正心以上一以貫之矣」之義，即在意誠之中，正心以上諸目之完成之要求已一現全現，故入手一步以至完成之可能性即此打開。次再談此諸目之功夫，必在現實中已實際完成，才能說是誠意功夫的完全完成，此即「得之分量必至天下平乃全」之義。此外，在「八目功夫之彼此體用對待關係」上，則有二義，一義爲八目之間得以心言、以物言、以意言皆該其全量，此因在儒者生命事業中，必即天下國家身心意知物以爲事業之對象，故皆須推得開去，然又皆在天命流行的本體流貫中，皆收攝得進來，故環環相扣，一體無間。另一義爲即大學八目中，只一個誠意功夫爲其主腦，爲其本之本者，意是至善歸宿之地，且物有本末惟意該之，故有誠意功夫之「一以貫之」及「完全完成」之二義可行。

　　四段談「誠意說中之誠意與意的本體理論」者，乃爲在大學詮釋中立誠意爲八目主腦之後，對「意」的本體理論之詳細討論者，其中最重要的觀念爲以意爲心之所存非所發而有以批評於朱子功夫理論者。

　　談「誠意之好善惡惡義及毋自欺義者」乃即就大學原文釋誠意之毋自欺及如惡惡臭、如好好色二義以言者，則誠意之意是自天命之性至善本體之發動之功夫義已顯，而蕺山得以藉誠意言八目之主腦，並爲之發揮本體理論者，亦皆由此大學原文文字中來者。既以此言，則「誠意之意即天命之性」之說已不待多言，故此誠意功夫必是「渾然天體用事，不著人力絲毫」，此皆因誠意之意乃「意根最微，誠體本天」之天命之性而來者。

　　言「意爲心之所存非所發」者，乃就朱子釋大學以所發訓意之不當而言者，誠意之意既爲如惡惡臭、如好好色之毋自欺義，則必是此心之存主有善而無惡也者，且其即爲天命之性者，故必爲心之所存之事，而蕺山更藉誠意與正心之釋義再証正心功夫是發處言之功夫者，或以正字似中庸中和之和以言其發，或以大學正心章之好樂忿懥恐懼憂患是指性之發以言正心是發處功夫者，總之，誠意談好惡，是天命之性，好惡一機之本體中事，而正心所談皆須主於意，故是意爲心之所存非所發者。意既以心之所存言，則「意爲心

之體、心之主宰及心為天意為帝」之說自可成立，只其中言意為心之體者，實為指出意不在心外，只「意是心之體，而流行其用也」之義，故誠意功夫成立，則此心之正即在其中，絕不可以存發關係割裂心意關係而言者。故以意言心之體者，即在心之渾然中指出一個端倪，是意，而此端倪又只個「微」而已，此乃同於「慎獨」之獨，亦以此「微」之境義以言獨體是微者，然易傳有言「幾者動之微，吉之先見者也」，故即幾，即微，即獨，即意，故蕺山又言「曰：意非幾也。意非幾也，獨非幾乎？」，此即「意是微、是幾」之所言者。

談「意念之別」者，在藉以釐清前儒對意之誤用，而以其誤皆因以念為意者。意與念之別在於意以本體言，故有主，而念卻只心之餘氣，故無主，故「意之好惡一機而互見，起念之好惡，兩在而異情。」此乃一以天命之性之有主言，一以心之餘氣之無主言而相異者。故蕺山則得以朱子之言意為心之所發，及獨知為動而省察，及陽明以格去物欲為格物，及意在事親等諸說都是以念為意，因而亦藉此以批評前儒所言之不當者。

第四節談「蕺山對四句教及良知說的批評」者，在集中誠意說建立之後有關心意知物之理論與陽明所言之異之辯論者。其中批評「四句教」之理論者，因涉心意之辯的問題，故是與誠意說理論同時進行與發展完成的，而對「良知說」之批評，則是在談心意之辯的「四句教」批評理論完成之後，才轉向的對「知」的批評。而蕺山批評四句教時，有時仍會以之為龍溪竊附師意之作，至於晚年批評良知說時，則採完全否定陽明之態度，而欲以知止、誠意說以完全取代陽明良知說者。

蕺山批評「四句教」的關鍵在蕺山於大學八目中已確立了誠意是主腦，故意是本體，且此本體必是「有善無惡」，而以此「有善無惡」的本體乃正欲對治時儒論本體之「虛玄」之病。此外，在誠意功夫中，意之本體的發動又必是「好善惡惡」，而合此「意之本體有善無惡」、「意之發動好善惡惡」二義，則是蕺山批評「四句教」的最基本道理。至於對心之討論，蕺山則以「意為心之體，而流行其用也」以為基礎，視心為在發處言者，故有時是「有善有惡」，且當其藏體於寂時，也可以是「無善無惡」，但因意為心之體，意是心之主宰，故當意之本體發動時，心還其意，故亦即是「好善惡惡」之動，且即回至「有善無惡」之體中。而陽明「四句教」中言「無善無惡心之體」者，一誤於論本體應是意非心，故「心之體」為誤，二誤於論本體是「有善無惡」，

故「無善無惡」爲誤；又「四句教」言「有善有惡意之動」時，因誤於以「有善有惡」之在心之發處言之「動」說意，故整句皆錯，故糾之以意之本體之發動言時應爲「意之發動好善惡惡」。此即蕺山批評「四句教」之要點，全爲守住以意爲本體之立論基礎，義理亦極平實，而不肯多繞幾重，使理論流於虛玄，不見實功。

至於蕺山之批評「良知說」者，乃先有早年對良知說之善解，以良知爲獨知，且以良知爲陽明取於孟子之教法，是可用於仁義之辨的功夫者。然自對「四句教」的批評意見成熟後，蕺山對良知說遂只有否定性的批評意見，其主要說法有四，一爲以良知說固爲孟子學脈中事，然畢竟不合解大學之原旨，一爲在知止說中，所有大學之言知者皆同於知止於至善，知先後、本末、終始之致知功夫，故亦不須另立致良知，致良知說與大學言「知」之功夫義理不合，故只言致知，只言知止即可，不必更言「致良知」。其三爲在「誠意說」中對「四句教」義理脈絡的批評者，其中陽明言「知善知惡是良知」之說，蕺山以爲不當，當大學八目主腦定於誠意之後，一切功夫發動必只是好善惡惡之事，若以知善知惡是良知以言良知之發動，則因在心意二句中皆無本體，故是知在善惡已發之後之知，則其已無在本體發動之主宰性功能，故「良在何處」，且若配合「有善有惡意之動，知善知惡是良知」言，則陽明似爲在知之後才去誠意，則知善之後固然誠其有善無惡之意，但知惡之後豈不誠其有惡之意而終成半個小人，然此說又皆在對「四句教」批評之理論建立後才得成立者。蕺山批評「良知說」之第四個要點即在「以明德批評良知」，即在陽明言「致」「良知」時，似以「致」爲功夫，以「良知」爲本體，然在蕺山詮釋大學時，又以「明德」爲本體，以「明」明德之上明字爲功夫，故以良知爲本體即對大學詮釋中之以明德爲本體者，致生架屋疊床之病，而依知止說中之談大學言知之功夫者，則「致知」只是功夫義，「致」是功夫，「知」仍是功夫，而不得加「良」於「知」上使良知爲本體者，不以良知爲本體者乃又蕺山以「意」爲本體以釋大學之必涵義也。

以上即蕺山以「知止說」「誠意說」詮釋大學，並以「四句教」「良知說」批評陽明之全部結論，並從其中可看出「從誠意說到大學詮釋系統」之建立者，其主要精神即守在「詮釋大學」之理論特色上，更因陽明教法皆從大學轉出，而明末學風之弊又以陽明後學爲甚，故蕺山才屢屢以對大學原意之詮釋爲基礎，而發揮理論辯論之能事，致有最精彩豐富的批評陽明之事者。

第三節　從主靜立人極到周濂溪詮釋系統的建立

　　第四章談「從主靜立人極到周濂溪詮釋系統的建立」者，首節即指出，主靜立人極功夫雖為承自濂溪而來，但蕺山特於濂溪諸說中抉出，並以為終生所守，並與慎獨、誠意為其一生所論之三套功夫之精華，而蕺山於濂溪思想之繼承中，在主靜立人極的功夫理論之發揮上，主要則表現在《人譜》及《讀易圖說》的理論建立上，前者除建立「人極圖說」以為立人極理論之張本外，更藉「證人要旨」、「紀過格」、「訟過法」、「改過說」諸文之所言，以於切實踐履謹凜身心之功夫細膩處，盡其詳言實功之規範條律之作，後者則藉形上學理論的角度，以建立天地人三極之道的大化終始之全幅奧秘。此外，蕺山也在濂溪《太極圖說》及《通書》二書中，透過詮釋的工作，以接上其晚年形上思想之理論建立的初義。

　　第二節談「主靜立人極」之功夫理論，且分「立人極之義理說明」及「主靜功夫之概念釐清」二段以進行。首段談「立人極之義理說明」者，在指出此「人極」者及即聖人之心極，聖人以一心體天下之道理，知天命之性之太極在大化流行之全幅道理，故知人之所以為人亦應體天道之運而以一身參贊化育，將己身一生之終始視為天道大化終始中事，以此建立聖人一心之太極之運，即人極之道也，故人極雖由聖人之心極言，實亦即天命之性之太極，而人極之道立，實亦即參與天命之性之大化流行之事而已，故亦即是慎獨、誠意中事，即在人倫世間，盡己身之全幅生命以成就人倫事業之事而已。此即「立人極之義理說明」。而蕺山更在《人譜》書中，仿濂溪《太極圖說》而做〈人極圖說〉談「盡人之學」即以人體天，以完成聖人之一生終始事業，而參與至大化終始之事也。而在蕺山〈讀易圖說〉中，則明指將藉易道之理以明人心之學，實即以此易即此極，而能於彌綸天下之道理之事業，藉易理以為引路者。

　　次段談「主靜功夫之概念釐清」者，首須指出，主靜功夫即主靜立人極功夫，釐清主靜功夫之概念者，乃在指出，主靜之靜非動靜對待之靜，故主靜非謂不動，乃不妄動才是主靜，不妄動之靜即循理為靜，即在陰陽動靜之造化流行之實際中，循理而行者，故主於靜者主於理也，主於太極之道者，故動亦主靜，靜亦主靜，體用一原，動靜無端，故主靜亦即慎獨，亦即誠意，然嚴格言之，亦應指主靜立人極即慎獨、誠意者是。

　　第三節談「與主靜立人極相關之功夫思想」者，乃在將義理上與主靜立

人極相類，但因無豐富的思想背境，以致不能發揮本體理論並建立理論體系的諸功夫理論，一併收錄討論，一方面亦可藉此而再發明主靜立人極的功夫義理，一方面亦可併愼獨、誠意功夫一起討論，以明瞭蕺山各功夫體系的關係。

　　首段談「無欲故靜」者，乃濂溪《太極圖說》中談「主靜立人極」下之自註語，而爲蕺山發揮者，無欲即無私欲，即一依於天理而行之意，而欲者乃人之本無之事，只在凝處化不去，能化得去，即無欲，即天理中事，故言「無欲是聖」，「只無欲二字，直下做到聖人」，然所謂無欲「故」靜者，實又只是無欲「即」靜，無欲即人心之主一於天理，即循理爲靜者，故不必以無欲爲主靜之功夫，實無欲與主靜乃同一事者。此外，要做到無欲，須得此心之明，即致知功夫者，即知得天道之常理，而依理而行，便是無欲之方。

　　次段談「主敬」者，乃在宋儒多談到此功夫，而蕺山對主敬功夫之意見則不甚一致，有時以其即主靜功夫，有時又極排斥，有時又只言敬字而不談主敬，然當蕺山以主敬即主靜功夫時，則此時之敬實與誠合言，即以誠爲本體的誠敬功夫，而此時之功夫即從「誠體」發動，誠體本天不假人爲，故仍是無事，不著力之間，即如無欲及主靜之不著人力、無事之間而已。而蕺山排斥主敬時，實爲以朱子「主敬窮理」之對待格局爲所斥者。

　　三段談「涵養與省察」者，仍分兩部份討論，首先談「涵養與省察之實義」，旨在指出，朱子雖分靜存動察爲兩項功夫，但蕺山談涵養省察時卻以爲一事，只省察爲涵養之精明處，且涵養與省察非只爲內修上之收攝身心之事，乃即就道德言動事業中談此涵養省察，故即就動靜、語默、衣食之間皆同是涵養省察之事業。再談「涵養與主靜、靜存之關係」者，正可藉之以明白涵養省察一對功夫與主靜立人極及愼獨功夫之異同者，首先，涵養省察之功夫在蕺山之詮釋下，固然亦爲在人倫世界中的道德言動事業中之功夫，然因缺乏完整的本體理論的配合，故而只是一套虛懸的功夫理論，其雖有本體，但只隱含在蕺山試問「只合查考存養是存養個甚，省察是省察個甚」的「甚」之中，只因蕺山不欲朱子兩分涵養省察爲靜存動察，故提起涵養省察爲道德言動事業中之功夫，然究因缺乏完整本體理論，故在蕺山功夫理論中並不具重要地位。其次在涵養與靜存功夫之異同中來討論時，卻可藉其更加明白愼獨功夫之主旨，此即談靜存時是反對朱子藉動而省察之功夫談愼獨時說的，而談涵養時是合省察之說以爲另一套同於本體發動且在人倫世界中實行之功

夫的，故慎獨合動靜，而涵養與省察亦合動靜，只從靜存所說之慎獨，強調不以慎獨為念慮已發後所可及之事，而談涵養與省察者，只不欲接受朱子二分動靜之功夫格局者。

第四節談「蕺山對太極圖說的詮釋」，且集中於對「無極而太極」及「一陰一陽之謂道」兩組觀念以為詮釋之主題。首先，蕺山對於周子言「無極而太極」之詮釋者，乃以無極為形容此太極乃無此太極之一「物」之義，故無極乃太極之形容語，至於朱陸太極之辯中，蕺山不贊同象山對無極所持的否定態度，但又以為朱子雖以「無極而太極」為周子見道言，卻執著「無極」之為太極之上之另一實有之事理，然蕺山此說恐為對朱子之誤解，不過，蕺山必以「無極」為化掉「太極」為實有一物之說法，乃又在其藉「一陰一陽之謂道」之觀念所欲說出的一套形上思想所涵者，此即形上本體即在形下世界中見的世界觀者。言「一陰一陽之謂道」者，在藉陰陽作用所代表的氣化世界之實際事務中，指出其即為天道運行之實際，亦即天道本身，故言太極、陰陽、五行，固然指出多層之理，但就世界之現實而言，諸理實只一理，即生生之理，而生生之理即在現實氣化世界之中，只有實在世界是真實存在，諸理的世界又即在現實世界中，故言太極時須言其實無此太極之一物可言，而即在一陰一陽分見於形神之際可談此太極者。故蕺山談「無極而太極」之真義即在「一陰一陽之謂道」的說法中才見得全，然蕺山亦因此義之出現，其對濂溪思想的繼承，在此一形上問題的觀點上，遂有了出入，此即蕺山不以太極生陰陽生五行生萬物之似有層級之下貫而生之秩序以說大化流行者，而即藉「一陰一陽之謂道」的陰陽相生之說以為流行之實際，且取消形上之理之獨立存在的身份，故若就此義再論朱陸之辨者，則蕺山乃又同於象山言「陰陽已是形而上者，況太極乎」之意，反而更與朱子不類。

第五節談「蕺山對通書的詮釋」，且以《通書》中最關鍵的「誠」與「幾」兩個觀念為蕺山詮釋的重點。談「誠」時，首先以誠為本體，即天命之性，故亦可稱「誠體」，故誠體即以天命之性之身分，展現流行於大化世界之中，並即此誠體流行中藉「誠之通復」言天道之事，亦藉「誠無為」談人道中事者。談「誠之通復」者，乃以誠為天體自身，藉一通一復之作用以展現誠體的真實無妄，而一通一復之際便即是「生生之理」用事的實際，也即是「一陰一陽之謂道」的運行義，即在通復中見天道的展現，而通復之際復自相生生，循環不已，而此亦即誠體之本然，亦誠體之在天道言之義理。談「誠無

為」者，指人之體誠道用事時，功夫是自誠中用事，故只一立誠之道在人心通復時，則全為誠道用事，不雜人欲私毫，故不假人力用事，故只是一個「無為」便了。此即「誠體」之在人道用事時之義理。

談「幾」者，在闡釋周子言「幾」之諸義，包括「幾善惡」、「見幾而作」、「誠神幾」三事一事義，談「幾善惡」者，乃先在「幾」之「動而未形，有無之間」見出其「幾者動之微，吉之先見者也」之義，故「幾善惡可以心言」，言其即善惡自出之地，但心之主宰為意，故又可以意言，言其即此善惡自出之初機中能誠其意而當下即好善惡惡之。故「幾善惡」即言心，亦言意，而其積極義乃在即於此機中貞定此幾之能好惡一機者。言「見幾而作」者，在此好惡一機之好善惡惡之意當下呈顯時，既有「知幾」之知善知惡之功，更有「見幾而作」之即知即行之事，此乃「幾善惡」之大用者，「幾善惡」則能「知幾」，「知幾」則更重在「見幾而作」者。談「誠神幾」者，在指出前之言誠與幾及神妙不測之神作用乃三事一事，一時並現之事者，實因誠體流行，流行之有無間言幾，誠幾之神妙不測之作用即神，故三事一事而已。

以上談「從主靜立人極到周濂溪詮釋系統之建立」的全部結論。本篇三套功夫理論之全義已現，然而蕺山思想卻並不停滯於此，愈到晚年愈有形上思想之發揮，而能扣合其功夫理論中本體思想的發展，及功夫理論背後諸思想體系的合匯，而綜合形成其「體系完備、獨樹一幟」的形上思想特色者，此待下篇續言。

第二篇　劉蕺山的形上思想

第一章　導　論

　　本文第一篇已討論了蕺山的功夫理論，著重在愼獨、誠意、主靜立極三套功夫理論的闡釋，及其所蘊涵的本體理論（獨體、意、人極三者），並由此三套配合著本體理論的功夫理論架構出蕺山對中庸、大學、周濂溪三套思想體系的詮釋系統。可謂已將蕺山所建立之有系統的功夫理論作了全盤的討論，然而由功夫理論出發，則必然涉及本體思想，進入了本體理論則又必須更廣泛地交待蕺山的整體形上思想，只有在蕺山整體的形上思想面貌的出現，才可謂對蕺山哲學思想的全貌有所掌握。

　　蕺山的功夫理論也好，本體理論也好，形上思想也好，皆是針對明儒學風的墮敗而發的，粗略言之，可歸爲浮蕩、虛玄、與支離三者，因此蕺山在功夫理論上要求的愼獨、誠意、主靜等，皆是在要求謹凜身心，實實在在地作功夫，故是針對晚明儒風的浮蕩而發；而蕺山在本體理論中一再而言的實有此至善本體者，則是針對時儒談本體的虛玄之病而發，尤其表現在誠意說中對陽明後學的批評者是。至於蕺山的形上思想處處表現了會合形上形下世界的企圖，亦正如勞思光先生所言之「合一觀」者，其目的則是針對晚明形上思想的駁雜支離而設，而此一在形上思想中「黜支離」的努力，實又爲蕺山要求實實在在作功夫時，爲保證功夫的一貫性而設的，綜言之，本體理論提出至善本體的實在性，使蕺山的功夫實有所對，故可要求實作此功夫，而形上思想的合一性，使蕺山的功夫有一貫性，故可實成其功。惟其能如此地建立思想體系，才庶幾不愧蕺山於周濂溪思想中獨窺其祕，而以主靜立極爲一生思想的學宗，並在中庸、大學兩部儒學經典的詮釋中發展了愼獨與誠意的理論以與主靜立極說有其共同旨趣，前後輝映，並藉掃除宋明儒學一切形

上思想駁雜支離的障礙，以使其功夫理論得以一貫而順成，此正蕺山一方面
為解除時儒論學之弊而發展之思想，另一方面又能為整個宋明儒學思想學說
作了最後的總檢視之成就者。

　　蕺山形上思想的要點既然在於「黜支離」，以為功夫之一貫之保証，則其
形上思想便有以下幾個特色，首先，在理氣關係上即主張理在氣中的氣化一
元宇宙論，理既在氣中，則性氣關係、道器關係、心性關係等則皆將合而為
一，而成為形上形下合一的世界觀。同時由於心性關係也是合一及一元氣化
的宇宙論，則人心亦是一氣，如此，人心自必與天地萬物同其流行，則形成
同理同體的人與天地萬物的關係。並在以上基礎中，從性言之天道本體，及
從心言之心之本體又必融貫為一，而使得所有形而上的本體概念融貫為一，
天、道、理、性、命及心在做為本體概念上將同為一事而已。並由此融貫的
本體概念，則功夫之一貫得以保證，任何一條功夫進路皆得上通天命之性的
至善本體。以下，本文即將就「一元流行的氣化宇宙論」、「形上形下合一的
世界觀」、「人在形上學理論中的定位」、「形而上概念融貫的本體論」分章而
言之。最後再處理「形上思相中的功夫理論特色」。

第二章 一元流行的氣化宇宙論

談一元流行的氣化宇宙論有二個重點，其一爲在理氣關係中談其理在氣中，非理生氣者，其二爲此氣化宇宙論的流行觀，自人心之喜怒哀樂、天之四時、萬物之成毀、天地之終始乃皆在此流行之中者。而流行中又有天人感應之道在，使聖人合德、合明、合序、合吉凶之事業有其基礎。此外，蕺山也另以太虛即氣，虛即氣的觀點，以狀此氣之流行態者。以下申言之。

第一節 理在氣中的氣化宇宙論

理氣關係之辨自朱熹明言之後，雖然已建立了理氣二元不離不雜的宇宙論思想，然此說在晚明諸儒思想中已受到嚴厲的挑戰，蕺山承續晚明論理氣關係的學風，已漸歸於氣一元論的思想陣營中，而主張理在氣中，有是氣方有是理，此義中之理並非不存在，只不以另爲一物之身份存在，蕺山的世界觀，是直就形下世界形形色色中肯定其形下世界的實在性，形上之理就在此形下世界中，避免將此理之存在，因另設一形上世界來安置，而致令學者入道之功夫，求於虛玄縹渺的形上世界中，而不能著實於此現實世界中實用其力者。至於理之爲氣之理的身分，蕺山當然仍保留之，且此理自是尊而無上，遂足以爲氣之主宰，既以理爲氣之主宰，則氣若理之所從出者，但只是因理足以爲主宰，故氣「似若」理之所從出，卻並非理生氣者。總之，蕺山之理即必然是不能爲另一實存之獨立元素，而只有氣能當之，氣中自有是理，是故又可即就氣化流行的形下世界之千萬紛芸中，實見出此理之主宰於其間者，此又即「物物一太極」之義也。以上爲理在氣中的氣化宇宙論之總義，

以下再引數文以證斯言。

蕺山以理之不能爲一獨立存在物之說見於下文：

> 天命流行物與无妄，言實有此流行之命，而物物賦畀之。非流行之
> 外，別有個无妄之理也。〔註1〕

一氣流行之中，自有天命之主宰其間，此天命之主宰乃即在流行中顯現，於
流行之外，尋不得天命流行物與无妄之理，即此可見理之不能爲離於一氣流
行之外之獨立一物者。蕺山另言：

> 古今性學不明，只是將此理另作一物看，大抵臧三耳之說，佛氏曰
> 性空也，空與色對，空一物也；老氏曰性玄也，玄與白對，玄一物
> 也；吾儒曰性理也，理與氣對，理一物也。佛老叛理，而吾儒障於
> 理，幾何而勝之。〔註2〕

此文言佛老之說之當否此暫不論，然蕺山以「古今性學不明，只是將此理另
作一物看」之說，正最能標出宗旨之語。接下來，理之不爲獨立存在之一物，
必在氣中乃見，然又是以爲氣之主宰者，此義見於下二文中：

> 或曰天地之間先有此理乃生氣否？曰理只是氣之理，有是氣方有是
> 理，非理能生氣也，但既有是理，則此理尊而無上，遂足以爲氣之
> 主宰，氣若其所從出者。〔註3〕
> 或問理爲氣之理，乃先儒謂理生氣何居？曰有是氣方有是理，無是
> 氣則理於何麗，但既有是理，則此理尊而無上，遂足以爲氣之主宰，
> 氣若其所從出者，非理能生氣也。〔註4〕

理之在存在元上固然不具獨存性，然理之爲理卻仍有其主宰於氣之流行之功
效，故使氣若其所從出者，然究其實，則終仍不得以爲理生氣者。另，有關
理之主宰此氣之流行，且即有是氣即有是理之義者，可見於下文：

> 朱子曰：天以陰陽五行化生萬物，氣以成形，而理亦賦焉，此天字
> 即理字即太極字，盈天地間一氣也，氣即理也，天得之以爲天，地
> 得之以爲地，人物得之以爲人物，一也。人未嘗假貸於天，猶之物
> 未嘗假貸於人，此物未嘗假貸於彼物，故曰萬物統體一太極，物物

〔註1〕 《全書》卷十一，頁164，〈學言中〉，上欄左，六十歲。
〔註2〕 《全書》卷十一，頁168，〈學言中〉，上欄右，六十歲。
〔註3〕 《全書》遺編卷二，頁986，《遺編學言》，下欄左。
〔註4〕 《全書》卷十一，頁164，〈學言中〉，上欄左，六十歲。

> 各具一太極，自太極之統體而言，蒼蒼之天亦物也，自太極之各具
> 而言，林林之人芸芸之物皆天也。〔註5〕」

天地萬物皆氣也，以氣成其形，而理亦賦焉，而至萬物統體一太極。太極即理，而物物各具一太極者，即物各有理也。物各有理，然理非另一物，理只在氣中，只在物中而已。蕺山必不以理為一物，必不離氣以言理，實乃另有其為矯時弊之用心者在，即為避免形上思想過於支離，以致功夫理論不著邊際之用心者，此義見於下文：

> 理即是氣之理，斷然不在氣先不在氣外，知此則知道心即人心之本
> 心，義理之性即氣質之本性，千古支離之說可以盡掃，而學者從事
> 於入道之路，高之不墮於虛無，卑之不淪於象數，而道術始歸於一
> 乎〔註6〕

從理氣關係中已可見出蕺山的氣一元論思想，然而做為儒學的形上思想，乃必須處理天地萬物與人心彼此之互動性的問題，以解釋儒者聖德大業之活動的可能性，因此，在蕺山理氣關係定於氣一元論之後，接下來便要處理氣化流行及感應之道的問題。宇宙論中的理氣關係之一元論思想，只靜態地說明了形上形下兩層世界的合一，只對世界的結構與元素的問題提供解答，至於萬有彼此的互動問題，就要從流行與感應中說，天地萬物，世界整體，都是在氣化一元的大化流行之中，且彼此有適當的感應，人亦處此大化流行之中，而知所進退，而能成其聖德大業者，此即對此世界之動態的說明，以下分流行與感應兩節以言之。

第二節　氣化流行的實義

「盈天地間一氣也」，此乃蕺山慣常用語，氣也者，即就形下世界中見之，故就「流行之具體」而言，即可見於天之四時嬗遞、萬物之成毀、天地之終始、甚或人之生死者。是故即就草木之枯榮可見氣化流行之現象，然而，「流行之深意」卻是在此草木枯榮、萬物成毀、四時嬗遞、人之生死、天地終始之中得以見出一個天道運行的生生之理出來者。並即此生生之理，總言之為太極，分言之為萬物之理，在天言由春夏秋多來表現，在人言是喜怒哀樂在

〔註5〕《全書》遺編卷二，頁986，《遺編學言》，上欄左。
〔註6〕《全書》卷十一，頁164，〈學言中〉，士欄右，六十歲。

表現，天地之間即此一元生生之理之主宰於大化流行之間，以成此造化天地之千變萬化，並使聖人因處其間，體此天道造化之生意而隨感而應，知所進退，而能成就其盛德大業者。是故天地之間必有此流行，以使造化得生，一元的氣化宇宙之中，必有大化流行在其中，以成其爲氣化流行的宇宙論，方可安排天、地、人之互動關係，而使聖人得與天地合德、日月合明、四時合序、鬼神合其吉凶者。此氣一元論之必有流行義之道理者是。

氣既有流行，而以理之姿態主宰此流行，因此言氣之流行實即是言天命之性之流行者，然天命之性不可得而見，故言天命之性之流行又即就喜怒哀樂中見之，喜怒哀樂在前篇言中庸詮釋系統時，已討論過，喜怒哀樂四者實是氣化流行之四種姿態，因氣即性，故即性可言氣化流行，故喜怒哀樂雖是四氣流行，又實是天命之性之流行，故可以喜怒哀樂配天命之性之仁義禮智四德者，此外，喜怒哀樂是氣化流行之姿態，陰陽五行亦是氣化流行之姿態，因此喜怒哀樂與陰陽五行亦可有姿態上之互通性，而可相互配言者。還有，天地一氣也，人心亦一氣也，人心之感應亦將通於天地之流行，此聖人體天道之可能性之由來也。此亦天地以一元生意氣化流行之必涵義也，天地此流行，則人心何獨不然，故人心亦在此流行之中，流行有其秩序上之規定，即喜怒哀樂各種姿態上之秩序，而人心亦然，喜怒哀樂究其實，原就是從人心之性情上攫獲的四種姿態，而用之於天命流行和氣化流行之四德、四氣之描述者，故喜怒哀樂亦自當配言於人之性情，故亦可就孟子所言之四端心中見之，最後，喜怒哀樂之仁義禮智四德，惻隱、是非、羞惡、辭讓四端心乃就人而言者，若即就天地之變中，尋找氣化流行之具體表象，亦應有其合於此四者之展現者，而此在天地萬物流行變化之具體展現者即是春夏秋冬四時，四時乃世界之四種展現姿態，在其嬗遞中，天地得以生生不息，四德、四端心乃人之性情之嬗遞，在此嬗遞之中由人之隨感而應，當理而行，亦得成就聖人參贊化育之實功而能合德、合明、合序、合吉凶，而五行之理乃更具體之氣化流行之姿態，安排了萬有變化的固定秩序，使大千世界得以如實呈現之保證，總此喜怒哀樂之四時、四德、四端心，五行之各種流行之不同層次，共同造就了天地萬物人倫百行的現實世界，此正一元氣化流行的宇宙論中之氣化流行之實義也。

蕺山云氣化流行之秩序本於天命之性，亦正流行之深意處，並即此是一元生意之生生之理而已者，其義見於下列數言：

　　詩云：維天之命，於穆不已，氣之本也……〔註7〕

　　子思子從喜怒哀樂之中和，指點天命之性，而率性之道即在其中，

　　分明一元流行氣象，所謂不識不知，順帝之則，全不涉人分上，此

　　言性第一義也……」〔註8〕

　　先生曰：觀春夏秋冬而知天之一元生意周流而無間也，觀喜怒哀樂

　　而知人之一元生意周流而無間也，因謂學者亦養此一元生生之氣而

　　已。……〔註9〕

而蕺山以天命之性言氣化流行時，此流行之展現乃藉喜怒哀樂四氣迭運以
顯，並由之以配四德、五行、四時之義者乃見於下列數言：

　　喜怒哀樂四者，依然四氣流行，而五行各司其令也……〔註10〕

　　……喜怒從氣機而流，故就性宗指點……〔註11〕

　　喜怒哀樂一氣流行，而四者實與時爲禪代，如春過了夏，秋過了冬，

　　冬又春，卻時時保個中氣與時偕行，故謂之時中。此非慎獨之至者，

　　不足以語此，故與小人之無忌憚相反。〔註12〕

　　天命之性不可得而見，即就喜怒哀樂一氣流行之間而誠通誠復有所

　　謂鬼神之德者言之，德即人心之德，即天命之性。〔註13〕

　　……喜怒哀樂四氣週流……喜怒哀樂即仁義禮智之別名，以氣而言

　　曰喜怒哀樂，以理而言曰仁義禮智是也，理非氣不著，故中庸以四

　　者指性體。……〔註14〕

至於蕺山以喜怒哀樂配四時、四德、四端心及五行之全貌者前篇第二章第四
節第四段中之引文已可見及，茲不再述。

　　另蕺山以人心亦一氣流行中事，而得以喜怒哀樂之四氣週流合於天地大
化流行之秩序中事者，其義見於下列數言：

〔註 7〕　《全書》卷十一，頁 172，〈學言中〉，下欄右，六二～六三歲。

〔註 8〕　《全書》卷六，頁 111，《證學雜解·第十九解》，六十六歲。

〔註 9〕　《全書》卷十三，頁 205，《會錄》，上欄中。

〔註10〕　《全書》卷十，頁 157，〈學言上〉，下欄右，五十九歲。

〔註11〕　《全書》卷十二，頁 184，〈學言下〉，上欄右，六十六歲。

〔註12〕　《全書》卷十二，頁 184，〈學言下〉，上欄右，六十六歲。

〔註13〕　《全書》卷十二，頁 185，〈學言下〉，下欄左，六十六歲。

〔註14〕　《全書》卷二，頁 56，《易衍·第七章》，六十六歲。

> 人身游氣耳，而心爲效靈之官……〔註15〕
>
> 天道八風之氣，一一通之人心……〔註16〕
>
> 人心一氣而已矣……〔註17〕
>
> 人心之體，氣行而上，本天者也，形麗而下，本地者也，知宅其中，
> 本人者也，三才之道備矣……〔註18〕
>
> 心體嘗寂，而流行之機無一刻間斷，與天運一般。〔註19〕

此外，蕺山於《讀易圖說》中，更以太極、陰陽、天道、地道等，言一氣之中周流不息者，皆歸管於人心，以言此人心之易道者，更足以見此人心亦爲在一氣周流之秩序中之事者。〔註20〕以上言氣化週流之實義，下節言氣化週流中之天人感應之道。

第三節　氣化流行中之天人感應之道

人心既同此氣化流行之秩序，則聖人體此秩序，得成其聖德大業。然此聖人之體此秩序之事，必在感應中方可進行，蕺山言此天道流行之感應之說見於下列數言：

> 或問人心既無無喜怒哀樂之時，而藏發總一機矣，若夫氣機之屈伸，
> 畢竟有寂然不動之時，又有感而遂通之時，寂然之時此喜怒哀樂終
> 當冥於無端，感而遂通之時，此喜怒哀樂終當造於有象。〔註21〕

此即以人心言此喜怒哀樂之流行時，其既有寂然不動貌，亦有感而遂通貌，合此寂然不動感而遂通即見流行之全幅，此就人心言。蕺山另言：

> 性情之德，有即心而見者，有離心而見者，即心而言，則寂然不動
> 感而遂通，當喜而喜、當怒而怒、當哀而哀、當樂而樂，由中導和
> 有前後際，而實非判然分爲二時；離心而言，則維天於穆一氣流行，
> 自喜而樂、自樂而怒、自怒而哀、自哀而復喜，由中導和有顯微際，

〔註15〕　《全書》卷十，頁161，〈學言上〉，上欄左，五十九歲。

〔註16〕　《全書》卷十一，頁169，〈學言中〉，上欄右，六十歲。

〔註17〕　《全書》卷十二，頁174，〈學言下〉，下欄左，六十五歲。

〔註18〕　《全書》卷十二，頁175，〈學言下〉，上欄左，六十五歲。

〔註19〕　《全書》卷十三，頁205，《會錄》，上欄右。

〔註20〕　《全書》卷二，頁52～54，《讀易圖說・第二、六圖》。

〔註21〕　《全書》卷十，頁157，〈學言上〉，下欄中，五十九歲。

而亦非截然分爲兩在。然即心離心，總見此心之妙，而心之與性，
不可以分合言也，故寂然不動之中四氣實相爲循環，而感而遂通之
際四氣又迭以時出。〔註22〕

此文則是就人心及就天命之性言之喜怒哀樂之寂感流行，不可分爲兩事。若
即心言，當此心合於性情之德時，則應當喜則喜、當怒而怒、當哀而哀、當
樂而樂，此聖人與天地合其德之事業者，然若離心而言，（離心事實上只是即
性，是從天命之性的眼光來看此流行時），則即使是聖人的喜怒哀樂之寂感流
行，又只是自天而來的自喜而樂、自樂而怒、自怒而哀、自哀而復喜而已，
全幅是維天於穆一氣流行中事而已，絲毫不假人力，又何須勉力作爲。因此
喜怒哀樂之流行中，實合人心與天命之性而言，有人心之當喜怒哀樂之事，
又有天命之性之自喜怒哀樂之事，當喜怒哀樂實在自喜怒哀樂之中，此感應
之眞義也。

因此，寂然不動之中有此感應，此時四氣正相爲循環，非寂滅墮空，感
而遂通之時亦有此感應，此時四氣正迭以時出又合心性而同出，非心性相隔
也。由此可見，聖人之體天之道使動靜合宜，行事合序之事，實已蘊涵在天
道之於穆不已之流行中，亦正爲聖人取此自喜怒哀樂之義而能當喜怒哀樂之
後，方成得其聖德大業之實事，而此隨感而應之事又因其源自天道流行，聖
人以無心配之即可，絲毫不假人力，即只要不雜人事之私妄即可，又即此事
業之完成，只得由聖人之在現實世界之盡人事之實攻，而無別竅曲徑之可達
也。即此諸義，蕺山有言：

喜怒哀樂性之發也，因感而動天之爲也。〔註23〕

程子曰天下之道感應而已矣，喜怒哀樂之謂也。易曰咸感也，天下
惟感應之道爲無心，動以天也。感之以喜而喜焉，感之以怒而怒焉，
絕非心所與謀也。故喜怒哀樂即天命之性，非發以來別有天命之性
也，發對藏而言也。〔註24〕

天下之道感應而已矣。隨感而應隨感而忘者聖人也，隨感而應隨感
而止者賢人也，隨感而應隨感而流者常人也。〔註25〕

〔註22〕《全書》韭上上，頁165，〈學言中〉，下欄右，六十歲。
〔註23〕《全書》卷十，頁152，〈學言上〉，下欄右，五十九歲。
〔註24〕《全書》卷十，頁57，〈學言上〉，上欄右，五十九歲。
〔註25〕《全書》卷十二，頁174，〈學言下〉，上欄右，六十三歲。

凡此數言皆正發明上述諸義者，然深言之，雖然本文以感應之道為聖人合德之可能性之條件，然天地之間既已有天命之性之大化流行義在，則已不必另言感應之道，言感應實已在流行之中，即此義亦最能顯「天下惟感應之道為無心，動以天也。」之義，聖人盡心知性知天即已在感應之中，其實不必更強調有感應之道才有聖人之合德事業者。

第四節　感應之道的形式條件──虛而能應

蕺山在言感應時，曾另藉一「虛」之觀念，以談此感應之道在形式上、在作用上、在情境上的可能性，天命之性的大化流行乃合於人心之喜怒哀樂之流行，實言之，天命之性之流行只展現在氣化流行之中，即在天地萬物與人心之生生之意中，此乃從天道之運行談此感應之可能者。今再以虛而能應談此感應者，乃在討論此感應之道在形式上、作用上、情境上之條件者。蕺山云：

> 或曰虛生氣，夫虛即氣也，何生之有，吾溯之未始有氣之先，亦無
> 往而非氣也。當其屈也，自無而之有，有而未始有；及其伸也，自
> 有而之無，無而未始無也。非有非無之間而即有即無，是謂太虛，
> 又表而尊之曰太極。〔註26〕

蕺山言虛，「虛即氣也」，實言之，虛是氣之狀，氣之狀惟虛而已，故以虛言氣。「虛即氣也」，正指氣之狀是虛，氣之狀是虛，卻非無此氣者，此氣是實有，然其狀又是虛，故「非有非無之間而即有即無，是謂太虛，又表而尊之曰太極」，以太虛謂氣化流行之有無之妙者，是為虛狀在氣化流行中之特義立名，而更以太虛來表而尊之為太極者，是以太虛言太極，太極本無一物，就其狀言自是虛，然太極實有是理，此理是生生之理，然此生生之理雖為現實世界大化流行之充分條件，其狀卻亦是虛，而太虛原只以虛狀立名，然此虛狀之狀，正足以描繪生生之理之實際運於一氣流行之實狀者，故太虛之狀是使太極能以生生之理運於氣化世界中之形式條件，或太虛是從太極的形式上言者，故太虛又被尊之曰太極。蕺山又云：

> 人心徑寸耳，而空中四達，有太虛之象，虛故生靈，靈生覺，覺有
> 主是曰意，此天命之體而性道教所從出也。〔註27〕

〔註26〕《全書》卷十一，頁163，〈學言中〉，上欄中，六十歲。
〔註27〕《全書》卷十一，頁163，〈學言中〉，下欄右，六十歲。

太虛是「象」，非實有一物，亦非實存之理，只一象耳。以此象可狀人心徑寸之間卻能空中四達之情境，則此以一虛而由人心化散至空中四達者，正此象之作用的表示，故人心必有太虛之象，而太虛又即可以象言之。蕺山另云：

> 惟天太虛，萬物皆受鑄於虛，故皆有虛體……〔註28〕

以虛爲體，又非實有此虛體之物，只因萬物在繼善成性，氣以成形，理亦賦焉的過程中，實爲受惠於此氣之虛狀之象而可能，即使就天道而言，天道亦只有一太虛之象，故萬物成性於大化流行之中之時，亦只在此有太虛之象之天體中受鑄，故萬物一方面亦凜受此形式上意義的虛體而成其爲萬物者，故可以此形式上之有虛以言萬物之有虛體。而非實有虛之物之體者。蕺山另言：

> 心與理一則心無形，理與事一則理無形，事與境一則事無形，境與
>
> 時一則境無形，無形之道至矣乎，吾強名之曰太虛。〔註29〕

心之用在理中見，只有是理，不必更求此心。理又在事中見，只有是事，不必更求其理。事擴而言之又存於更廣大之境中，只有此一境之展現，更尋不得此事何事。境又非境，境只是時也，時中當然之境也，大化流行之時，分不得你我彼此也，故不必言境。此蕺山分明發揮易道極廣大盡精微，該備天地而無所遺之義，而易道行於其間卻更無形跡可覓，只此一理化而散於天地萬物日用百行之間卻不必更尋此理，此即是無形之道，蕺山以太虛名之。

　　虛之義已如上述，虛即氣，虛是象，萬物皆有虛體，太虛是太極，蕺山立此虛之義，其目的在藉虛談感應之道，虛則能行氣，此天命之性所從出也，能行氣而後能感應，惟虛而能感應也，聖人更即在此感應中與天地合德，而復性之功實有以完成也。此言虛之能行氣、能感應之眞義也。蕺山云：

> ……虛故生靈，靈生覺，覺有主是曰意，此天命之體，而性道教所
>
> 從出也。〔註30〕

此言人心因虛而生靈覺，以至有主之意得出，而致天命之至善本體即此而現，聖德大業、人倫教化從此而出也，此言心之虛者，指心之作用形式上之虛者，惟此一虛之形式，使靈覺得生也。靈覺生則天命之體，性道教乃得其生，則聖人復性之功方有可行之所也。又云：

> ……非虛則無以行氣，非虛則無以藏神，非虛則無以通精，即一草

〔註28〕《全書》卷十一，頁164，〈學言中〉，下欄右，六十歲。

〔註29〕《全書》卷十一，頁170，〈學言中〉，下欄右，六十一歲。

〔註30〕同註27。

一木皆然，而人心爲甚，人心渾然一天體也。〔註31〕

此文所言之行氣、藏神、通精，皆造化流行之事，造化流行須藉虛以成其事，人心亦然，人心亦藉虛以成其能感能應之流行事業，人心之流行亦一如天體之流行，故人心一天體也。又云：

> 鐘虛則鳴，叩之以大則大鳴，叩之以小則小鳴，以爲別有一物，主
> 所以鳴者非也。盈天地間道理，不過如此。友人嘗啓予曰，此爲虛
> 而能應之理，物物皆然，非鐘所得而私也，此可以明性體矣。〔註32〕

此文發揮虛非物，但物物皆有虛而能應之理，此實天命之性中事也之義。又云：

> 聰明睿知皆此心虛中之象，而耳目不與焉。〔註33〕

> 鐘虛也而鳴，心虛也而靈，耳虛也而聽，目虛也而視，四交百骸虛
> 也而運掉，失道又何以加於虛乎，存之其中也，天下之大本也；發
> 之其和也，天下之達道也。〔註34〕

聰明睿知、鐘鳴、心靈、耳聽、目視、四支百骸之運行皆藉虛而可能者，此二文發揮虛則能行氣、能感應之義。虛而能應是天命之性中事，此能因虛而所感所應者，便即是天命之性，聖人即在對此天命之性之感應中而成其聖德大業者。蕺山云：

> 如心之體本虛，惟虛故靈，其往而伸者爲仁與義，誠通也，返而屈
> 者爲禮與智，誠復也。〔註35〕

> 心虛而已矣，惟虛故靈，惟靈故應，以父子感之謂之仁，以君臣感
> 之謂之義，以夫婦感之謂之別，以長幼感之謂之序，地之所以覆載，
> 鳥獸之所以飛潛，草木之所以蕃變，皆是理也，知乎此者，惟明道
> 先生。〔註36〕

此天命之性之仁義禮智四德及父子、君臣、夫婦、長幼、朋友之五倫者，皆在因虛而得以進行之感應中出現及完成，故虛之以一形式義之虛狀，配合蕺山一元流行的氣化宇宙論而言，實不得不標高其義，以言虛體，以言太極義

〔註31〕 同註28。
〔註32〕 《全書》卷十一，頁168，〈學言中〉，上欄右，六十歲。
〔註33〕 《全書》卷十二，頁185，〈學言下〉，下欄左，六十六歲。
〔註34〕 《全書》卷十二，頁186，〈學言下〉，上欄右，六十六歲。
〔註35〕 《全書》卷十三，頁215，《會錄》，上欄右。
〔註36〕 《全書》卷十三，頁203，《會錄》，上欄左。

之太虛，更在功夫施爲中還有其既形式又有實義的深義在，蕺山云：

　　化念還虛，化識還虛，化氣還虛，虛中受命，德合無疆，理從此顯，

　　數從此出，河雒天機，一齊輻輳，所謂宇宙在手，造化生心。〔註37〕

虛能行氣，虛中有流行，故還虛之後則能行氣與有天命之性之流行，此即在
功夫理論中以念者、識者、氣者來回復此虛狀爲復性之義。還虛之功夫即使
其人能在虛中受命也。而聖人合德之事業便即在還虛之功夫與虛中受命之實
事而得以進行與完成。宇宙此虛也，造化此虛也，聖人此虛也，虛之義大哉
完備，而蕺山一元流行之氣化宇宙論，更因藉虛言氣，使其義更深、更顯、
而更擴大氣化宇宙論之理論深度矣。

　　以上言一元流行的氣化宇宙論之全義，下章討論蕺山之形上形下合一的
世界觀。

〔註37〕《全書》韭上上，頁170，〈學言中〉，上欄左，六十一歲。

第三章　形上形下合一的世界觀

第一節　形上形下合一

　　在氣化一元的宇宙論思想格局下，理既在氣中，而不以之爲另一獨立存在物，則蕺山形上世界與形下世界合而爲一的世界觀實已明顯托出，同樣在前篇第四章論「一陰一陽之謂道」時，以一陰一陽所代表的氣化流行的形下世界之活動本身即是道，而不必更求一太極之道者，亦已顯示蕺山以形上世界的道理應直求之於形下世界的活動之中的意思。若以元素問題來看，則只有氣化一元是獨立存在的元素，此外道、理、性、命等皆只在氣化流行中見，若以形上形下世界觀來看，則道、理、性、命等形上世界事物，決不能有離於氣化流行的形下世界之獨立存在者。形上與形下世界乃指同一世界，即指此一現實世界，只在道理上可分個上下，即可有意義上的不同，而無實物上的差異，即在現實上是不能分爲兩事的。此外，蕺山此種世界觀之施設，亦另有其對矯時弊的考慮，一方面矯正晚明儒風虛玄支離的形上思想，一方面要求學者即就形下世界現實生活日用常行中實用其功，以爲學者入道之途，因爲形而上的本體境界之契合，其實就在現實世界之事功的完成中而已。蕺山云：

> 盈天地間凡道理皆從形器而立，絕不是理生氣也，於人身何獨不然，
> 大易形上形下之說戳得理氣最分明，而解者往往失之。後儒專喜言
> 形而上者，作推高一層之見，而於其所謂形而下者，忽即忽離，兩
> 無依據，轉爲釋氏所藉口，眞所謂開門而揖盜也，至玄門則又徒得
> 其形而下者，而竟遺其形而上者，所以蔽於長生之說，此道之所以

嘗不明也。〔註1〕

此文言「凡道理皆從形器而立」者,即形上世界的本體只在器世間的日用常行中之義,而「大易形上形下之說截得理氣最分明」者,正只謂形上形下皆在形中,其中只有上下之分而無先後之別也,因此決無理生氣之事也。至於後儒推高一層只言形而上者,正蕺山所批評之論本體者流於虛玄之事者,持此說者對形下世界不予重視,不好交待,欲捨還留,致令為釋氏學者可援以言空之借徑者。而本為中國傳統的談玄一派,又流於只重此有形之五尺身軀,遂只重養身長生。凡此皆蕺山立形上形下世界合一之說所欲駁斥之妄理者。蕺山另言:

> 道,形而上者,雖上而不離乎形,形下即形上也。故曰下學而上達,下學非只在灑掃應對小節,即未離乎形者皆是,乃形之最易溺處,在方寸隱微中,故曰人心惟危道心惟微,即形上形下之說也,是故君子即形色以求天性,而致吾戒懼之功焉,在虞書所謂精一,在孔門所謂克己,在易所謂洗心,在大中所謂慎獨一也。後儒所謂一,所謂主敬,立大本、致良知一也,又安見形色之謂下,而性天之謂上哉。〔註2〕

此文言道雖形而上者卻不離乎形,道不離形,則形下即形上,意即形下世界有形上實理,形下世界之實功,即是上契天道之路者,故「君子即形色以求天性」,「又安見形色之謂下,而性天之謂上哉。」是故儒門論功夫皆著實落在己身現實世界之修為中,決不只是識認之想像恍惚而已,故「下學即上達」,凡「未離乎形者皆是」,皆是實功,皆須在此形下世界現實生活中求個實功,因為此處亦最易為學者忽略粗視,以為道在聖潔高風虛玄縹渺處,而不知實只在自家腳跟底下事者。蕺山言形上世界的本體即在形器之間的說法以下文最能示出:

> 性無性、道無道、理無理,何也?蓋有心而後有性,有氣而後有道,
> 有事而後有理,故性者心之性,道者氣之道,理者事之理也。〔註3〕

性、道、理皆非以一獨立存在物之身份而出現者,故即大千世界萬有萬形中實無處覓此性、道、理之為何物者,實言之性在心中、道在氣中、理在事中,故形上形下世界實只是同一世界,在現實中分不得兩事矣。此外,蕺山亦就「名」之角度以談此同一觀念者。其云:

〔註1〕 《全書》卷十九,頁354,《論學書·答劉乾所學憲》,六十四歲。
〔註2〕 《全書》卷十九,頁332,《論學書·與以建二》,三十六歲。
〔註3〕 《全書》卷十三,頁203,《會錄》,下欄右。

> 無形之名從有形而起，如曰性仁義禮智信，皆無形之名也，然必有
> 心而後有性之名，有父子而後有仁之名，有君臣而後有義之名，推
> 之禮智信皆然，故曰形色天性也，惟聖人然後可以踐形，一而二，
> 二而一也。〔註4〕
>
> 天者萬物之總名，非與物為君也，道者萬器之總名，非與器為體也，
> 性者萬形之總名，非與形為偶也。〔註5〕

前文言「無形之名」者，指性，指仁義禮智信，其實亦指道、理、天、命等本體概念者，然以之為無形之名者，非謂其只是名而已，其乃實有是理者，實有是至善本體者，只其為形而上者，故無形，然其雖無形卻實有其名，其有名乃因有形而名之，即謂此形而上之本體概念乃不離於有形之器世間而立，故曰「無形之名從有形而起」，因此形色之中即有無形之名，即為天命之性者。因此聖人上求天道之事，便祇在踐形處而已，踐形即盡性，即上通天道矣。

後文則總合天與萬物，道與萬器，性與萬形而成一形上形下合一的世界觀，天只是萬物之總名，天不以一萬物之天君之身份高離在萬物之上之外而與萬物為二之另一物，道只是萬器之總名，非為有一萬器之本體另存於萬器之外之另一器也，性只是萬形之總名，非在形外另有一性與形為另一形之對偶者，而言總名者，雖以「名」名之，然天、道、性，又不只是名，乃是即此總名中見出其尊而上者之實有之理者，天、道、性，以此理總合物、器、形，故可謂即形上本體世界即遍在形下器物世間之一切處之義也。以上言形上形下合一，下兩節將再從道器與性氣關係言此形上形下合一之事也。

第二節　道器合一

形上形下合一的世界觀是總合所有形上本體概念與形下器物世間而言的，而黜支離的特色是著眼於取消形上本體之另為一物而存在的說法，兩者義理實指同一事矣。本節將再就道與器的關係以說此。蕺山云：

> 子曰形而上者謂之道，形而下者謂之器，程子曰上下兩字截得道器
> 最分明，又曰道即器，器即道，畢竟器在斯，道亦在斯，離器而道

〔註4〕《全書》卷十三，頁203，《會錄》，下欄右。
〔註5〕《全書》卷十一，頁163，〈學言中〉，上欄左，六十歲。

> 不可見，故道器可以上下言，不可以先後言，有物先天地，異端千
> 差萬錯，總從此句來。〔註6〕

蕺山藉易傳及程伯子言以示其形上形下合一的世界觀，並直以道即器說之，故道器只有以「形」說之上下言，卻無先後可說，即無以道之爲另一物，先天地生再生器者之事也，故道即器，道器合一，此說亦批評了道德經文「有物混成，先天地生」的形上思想。道之不另爲一物之說，即黜支離思想之發揮，蕺山對此所言極多。

> ……凡道體以得無所得爲眞，但有一物爲可指，以爲得，皆其得在
> 外者也……〔註7〕

> 世之遠人以爲道者，以道爲一物，必用吾力以求之，故愈求而愈遠，
> 其實揖讓進退之間，作止語默之際，無非道體之流行，反之即是，
> 又多乎哉〔註8〕

> ……六十四卦相生於無窮，聖人曰，道在是矣，吾何以語言文字爲
> 哉，天不言，以行與事示之而已矣。〔註9〕

總上引三文之重點，在指出世人求入道之學，應即自反於日用常行之間，實用其功，因道即在此，若以爲道爲另一物，可在想像恍惚中尋求與道合一者皆誤也，此亦正蕺山殷殷於形上思想之支離中，汲欲去除以形上本體爲可求之一物者，此黜支離去一物之形上思想特色，實欲爲要求世人實際於人倫社會著實用功之目的而設者。是故道即器、器即道，道器合一，道不得另爲一物矣。

第三節　性氣合一

接著道器合一之後，本節再談性氣合一之說，此亦爲在形上形下合一的世界觀架構下建立起來的理論。談性氣合一有兩個重點，其一爲自性氣關係中談其合一，其二爲就性之分爲義理之性與氣質之性二者之解消，使義理之性與氣質之性亦合一者。此外，至於在性氣合一的理論架構下，如何解決善惡不齊的問題，以及從氣化宇宙論及性氣合一的觀點上所談的功夫問題，我

〔註6〕 《全書》卷十一，頁163，〈學言中〉，下欄右，六十歲。
〔註7〕 《全書》卷十九，頁359，《論學書・與履美三》，六十八歲。
〔註8〕 《全書》卷十三，頁205，《會錄》，下欄左。
〔註9〕 《全書》卷二，頁59，《易衍・第十八章》，六十六歲。

們將在本篇末章談「形上思想中的功夫理論特色」文中再作交代。此處暫不
討論。首先就性氣關係言，蕺山云：

> 形而下者謂之氣，形而上者謂之性，故曰性即氣，氣即性，人性上
> 不可添一物，學者姑就形下處討個主宰，則形上之理即此而在……
> 〔註 10〕

此文之義理與道器關係可謂完全相同，性即氣之說全同於道即器之說，只一
從天地大化中說性氣，一從人倫造化中說道器之別而已，惟可強調者，即形
下世界器物世間中有個主宰，此主宰即理，即太極、即道、即性，故形上之
理乃即在形下世間中而已。此性氣合一之關係，即形上形下合一之關係，茲
不必更有多言矣。另外，在性氣關係中，蕺山辯駁了宋儒所言義理之性與氣
質之性分別之說法，蕺山曾言：

> 程子又曰：論性不論氣不備，論氣不論性不明。是性與氣分明兩事
> 矣。凡言性者皆指氣質而言也，或曰有氣質之性有義理之性亦非也，
> 盈天地間止有氣質之性，更無義理之性，如曰氣質之理即是，豈可
> 曰義理之理乎。〔註 11〕

此文中蕺山首先以程子言「論性不論氣不備，論氣不論性不明」之說乃平列
性氣二者，致性氣分爲二事，蕺山不取。而謂，「凡言性者皆指氣質而言也」，
此即性氣合一之事也，故而在性氣合一之架構中，「或曰有氣質之性有義理之
性亦非也」，性一也，性即氣質之性，即形下世界中有個運行秩序的主宰，此
即天道、即性，故「盈天地間止有氣質之性，更無義理之性」，言「義理之性」
是贅言，「如曰氣質之理即是，豈可曰義理之理乎」。蕺山於他處亦言：「人生
而有氣質之性，故理義載焉。」〔註 12〕理義即在氣質中，即是氣質之性。依
蕺山之理論，形上本體既已即在形下世界之中，則形上世界之獨立性已取消，
自不能在形上世界中再分個形上之形上與形下之形上者，即不能在性中再分
個義理之性與氣質之性者。蕺山另文云：「……要而論之，氣質之性即義理之
性，義理之性即天命之性，善則俱善……」。〔註 13〕性，即義理、即天道、即
天命之性，在蕺山形上思想中，天命之性即在現實世界大化流行生生之意中

〔註 10〕　《全書》卷六，頁 109，《證學雜解‧第十五》，六十六歲。
〔註 11〕　《全書》卷十一，頁 167，〈學言中〉，下欄左，六十歲。
〔註 12〕　《全書》卷六，頁 110，《證學雜解‧第十七》，六十六歲。
〔註 13〕　《全書》卷十九，頁 341，《論學書‧答王右仲州刺》，六十歲。

處處可見，只此尊而有主便是入道之途，若眼光不放在此，強分個氣質、義理之性則必功夫入徑支離駁雜，蕺山於「中庸首章說」中即言之：

> 或曰，有氣質之性、有義理之性，則性亦有二與？爲之說者，正本之人心道心而誤焉者也，程子曰論性不論氣不備，論氣不論性不明，二之則不是，若既有氣質之性，又有義理之性，將使學者任氣質而遺義理，則無善無不善之說信矣。又或遺氣質而求義理，則可以爲善可以爲不善之說信矣。又或衡氣質義理而並重，則有性善有性不善之說信矣。三者之說信，而性善之旨復晦，此孟氏之所憂也。〔註14〕

由此文可見，蕺山必不欲分別義理之性與氣質之性者，實仍爲著眼在功夫理論的不使旁落上，不使功夫入徑因本體理論的支離，而得規避性善之要求者，惟其性只有一性，即天命之性，即義理之性，即氣質之性，則性善之說方無由遮隱，惟其性善，故盡性之路可不逃於虛玄，而能即在現實世界中實作儒者事業，以由此與天道至善本體契合者。

以上談性氣合一及道器合一的形上形下合一的世界觀，在談完蕺山的氣化宇宙論及合一的世界觀後，我們下章將從人的角度談蕺山論人與天地萬物的關係及人在天地間的地位，以作爲再討論蕺山形上思想中從心性角度所建立的心性合一觀及形上本體融貫爲一的思想之基礎。

〔註14〕〈中庸首章說〉，參見附錄十。

第四章　人在形上學理論中的定位

　　本章將以「人的定位」為主題，談蕺山形上思想中論「人」的部份。作為儒家哲學的形上思想，自易傳以降，從不曾離人而言天道、言禮樂教化者，形上思想乃為人倫事業而設，因此人在形上學理論中的地位，自必收攝於哲學思想中作關鍵性的討論，在此一問題有所討論之後，面對人倫事業之目的的儒學思想，方才找到它作為一門學科理論的立腳點。

　　本章首節將先從蕺山談人與天地萬物的關係入手，在此一關係中有兩個重點，其一為天地萬物之理就在人心中，因此人與天地萬物有一個「同理」的關係，其二為人心之最完整的體段就在天地萬物之中，因此人與天地萬物有一個「同體」的關係。所謂「理」者，在儒家哲學中言，是天命之性層次上的事情，既是自然的秩序、規律，也是主觀的要求、目的，但都不離於天命之性中的天地萬事萬物應行之理，在自然世界四時迭運中指的是生生之理的所有表徵，在人文社會禮樂教化中指的是行為準則的所有德目，儒家哲學既以建構合於天命之性的禮樂教化之社會為立學宗旨，則自必對天地萬物之自然秩序及人文社會之道德秩序有所規定，此秩序即以理名之。至於對人而言之人在自然世界與人文社會之中的行為準則者，即為人之理者。依此，蕺山便在此天地萬物含人文社會之理及儒者行為準則之理中設定一個同理的關係，以使人之道德行為得以合理地實施於天地萬物之間。此即人與天地萬物同理之理論出現的背景。

　　至於所言「體」者，指的是儒家人倫社會中君子人格之道德意志所貫徹的對象。儒者內修其德，因此人之一身軀骸五臟自是此道德意志施設的範圍，必使舉手投足語默動靜之間一一合理而止。然而道德行為必在人際關係、社會行為、國家政治之中實際操作，因此儒者道德行為所關注的對象便即由己

身而推開至家國天下，以至天地萬物無所不包，無不在關切之中，因此實言
此道德人心之體段者，便又即天地萬物天下國家而無所遺漏方可，此即蕺山
設定人與天地萬物同體之理論要求所在者。

　　此外本章第三節將談在同理同體的人與天地萬物關係之中，蕺山所另設
定的對人生問題的兩個觀點，即破生死觀，及除私我之見，此又正同理同體
的人與天地萬物之關係中所可涵者。第四節則將藉前三節及前二章的基礎，
從蕺山形上理論的問題出發，詮釋蕺山論人的全幅意義。

第一節　同理的人與天地萬物的關係

　　在前二章的一元宇宙論及合一世界觀所蘊涵的義理下，天命之性即以理
的身分遍在天地萬物，人心亦即有此天命之性在，並透過感應之道而能有聖
人合德之事業，此人心中能感應天地萬物之理之事，即本節言人與天地萬物
有一同理關係的形上基礎者。即謂人與天地萬物同在天命之性之流行中而同
有其理者，而此同理關係之明確指出，乃又正爲儒者基於此關係而必能知其
行止進退應然之理，及必無所逃於即所當行而行之之要求者。此言其同理關
係之積極義也，蕺山對此之著語亦因此義而多置於由人心總攝天地萬物之理
之進路以言之者。蕺山談人與天地萬物之同理關係，其表達方式是藉易經六
十四卦與人心的關係之同理上來說明的，易以六十四卦彌綸天下道理，卻總
歸之於人心而已，人以一心體會天下之道理，表現在易經六十四卦之卦理中，
即凡天地萬物之事，無所不包，人心既能總包天地萬物之理，則人之成德事
業始爲可能，只在此心是否善能體會而已。蕺山於《周易古文鈔》，易繫詞上
下篇之註解中云：

> 易道雖本之天地，而實具於聖人之一心，以聖人之心具有天地之全
> 體也，聖人一心耳，有天道焉、有地道焉，此即易畫乾坤之撰也。」
> 〔註1〕
> 於是君子以一心印證天地之理，有庶幾相爲比擬而不我違者，則天
> 下之大，萬物之廣，孰爲遺於天地之外乎。〔註2〕
> 非易之配天地，而聖人之心早有以配天地也……盈天地之間無非易

〔註1〕　《全書》卷三十四，頁790，《周易古文鈔・易繫辭上傳・第一章》，六十六歲。
〔註2〕　《全書》卷三十四，頁792，《周易古文鈔・易繫辭上傳・第四章》，六十六歲。

也，聖人人此易者也，人此易，心此易也。〔註3〕

盈天地之間只是陰陽兩端盡之其間，一消一息許多變化之理，而要歸之近取諸身，聖人一一以身印之，見得盈天地間之理，總是吾心之理。〔註4〕

健順分天地之理，而唯人能兼體之，人以一心之妙契乾坤之理，則體之爲德而見之爲行。〔註5〕

易道其本於人乎。〔註6〕

曷爲天下易，曰心，心生而已矣，心生而爲陽，生生爲陰，生生不已爲四端，爲萬善，始於幾微，究於廣大，出入無垠，超然獨存，不與眾緣伍，爲凡聖統宗，以建天地，天地是儀，以類萬物，萬物是宥，其斯以爲天下極。〔註7〕

君子之學易也，首證之吾心，而得陰陽之大分焉，神陽之爲也，形陰之爲也，陰所以輔陽，形所以載神也，神褻而見役於形，則陰陽消長之勢也，故君子尊心以神。〔註8〕

盈天地間皆道也，而歸管於人心最眞，故慈湖有心易之説，太極陰陽四象八卦而六十四卦皆人心之撰也。〔註9〕

道理千變萬化，無非此心之妙，吾身大小順逆總在此道之中，人能信得及，道也者不可須臾離，可離非道也，那得不親切，那得不眞篤。〔註10〕

萬理可即人心而體會之，則道德事業之於君子者正無可逃之職責也。此外，在同理關係中，蕺山除談到人與天地萬物同理之外，還談到人與他人同理的關係，蕺山言：

或曰仲尼之心至今在何如？曰，吾之心非仲尼之心乎？聞者有省。

〔註 3〕　《全書》卷三十四，頁 793，《周易古文鈔・易繫辭上傳・第七章》，六十六歲。
〔註 4〕　《全書》卷三十四，頁 800，《周易古文鈔・易繫辭上傳・第三章》，六十六歲。
〔註 5〕　《全書》卷三十四，頁 804，《周易古文鈔・易繫辭上傳・第十二章》，六十六歲。
〔註 6〕　《全書》卷二，頁 55，《易衍・第二章》，六十六歲。
〔註 7〕　《全書》卷二，頁 55，《易衍・第四章》，六十六歲。
〔註 8〕　《全書》卷二，頁 56，《易衍・第六章》，六十六歲。
〔註 9〕　《全書》卷十一，頁 162，〈學言中〉，下欄左，六十歲。
〔註 10〕　《全書》卷十三，頁 214，《會錄》，上欄左。

〔註11〕

> 自開闢至今日，神聖至凡庸，人同此心，心同此理，不合將自己看
> 得小了，精神便馳向外邊去，人苟識得心體，素位而行，便與天地
> 相似……〔註12〕

蕺山以吾心即仲尼之心，及言人同此心、心同此理之義者，即為指出人與他
人之同理關係，而此一關係又總合於人與天地萬物有同理關係的義理間架
下，乃其所當涵之義也。此一人與天地萬物同理的關係，亦正為儒者立身行
事有依準規範之客觀條件者。而蕺山藉易道與人心之互通性所展示之此同理
關係者，其實亦為將天命之性之流行之遍在義再作擴深。由此亦可見出在一
元流行的氣化宇宙論及形上形下合一的世界觀中，此同理關係乃必然出現
者，即形上形下合一中，天地萬物有理，人倫百行有理，人心運旋有理；即
一元流行中，此理皆天命之性中事也。再進而言之，天命之性做為儒學理論
發揮體系建立時之根源基礎之地位者，正不遑多讓矣。本節談同理關係，下
節談同體關係。

第二節　同體的人與天地萬物的關係

　　前節以易經六十四卦為人心能歸綰天地萬物之理之事以言人與天地萬物
之同理關係，更言此同理關係之基礎實在氣化流行的宇宙論及形上形下合一
的世界觀中，亦即天命之性大化流行於人與天地萬物之中以為其理，而使人
與天地萬物有一同理關係。然人與天地萬物之理亦即其本體，人與天地萬物
有此天命之性流行下之同理關係即可謂其同有此本體，故而人與天地萬物亦
可言其同有此共同本體之關係。然言其同理者乃更著重在人心歸管天下之理
以知其行止進退之德目、規範之義，而不只停留在形上關係中談，故此同有
本體之關係亦只為一形上關係之基礎，而其更積極義乃在聖人以天地萬物為
此身之大形骸，在踐形盡性中推出去，而有以天下為己任的胸懷之義上，此
亦即本節談同體關係之著重義，更是蕺山屢屢申言之重點所在。然同理關係
也好，同本體關係也好，其形上義理在「一元流行的氣化宇宙論」及「形上
形下合一的世界觀」中已盡其意，今更言同理同體者，乃不著重此形上義，

〔註11〕《全書》卷十二，頁 174，〈學言下〉，下欄左，六十五歲。
〔註12〕《全書》卷十三，頁 209，《會錄》，下欄右。

而更轉出爲此「人」在天地萬物中參贊化育之可能性－即同理關係－可以爲
基礎者，以及其胸懷之心量範圍－即其同體關係－以爲目標者。是故，本節
所言之同體關係可以是聖人的一種心境，也是道德事業的一種要求，君子人
格惟其不爲一身形骸所拘，道德事業才推得開去，才能有民胞物與的胸懷，
而以天下爲職志。蕺山在「體認親切法」一文中將聖人之此種心境言之最詳：

> 身在天地萬物之中，非有我之得私；心包天地萬物之外，非一膜之
> 能圍；通天地萬物爲一心，更無中外可言；體天地萬物爲一本，更
> 無本之可覓。〔註13〕

前兩句所表現的其實並沒有以宇宙論論證爲理論背景，所談的反而是聖人的
一種去我私，擴心量的情懷，至於第三句所言心者，即前節之人心與天地萬
物道理一致之觀點所可涵者，即就天地萬物之理即我心中之事，故不必分個
心中心外之別。而第四句所言之本者即本節之人與天地萬物同體之義，天地
萬物皆因人之道德事業的要求而爲人所關切，故即天地萬物即是人所關切的
最眞實的根本地，則天地之間更無一物不受關切，因此也不須立任一物爲最
根本地者，故「更無本之可覓」。此外，蕺山另有多處言此同體關係者，雖名
言不同，然義理不變，茲引於後：

> 仁者與天地萬物爲一體，位育只是一體中事。〔註14〕

> 祁熊佳舉古之學者章問曰：均一學也，如何有爲己爲人之別，此其
> 受病當在何處？曰病在不識己，此己非形骸軀殼之謂，原通天地萬
> 物爲一體，若識得此意，無往非己，無往非爲己之學，更有何事可
> 容把捉，在人分上，此是爲己最親切處。〔註15〕

> 或問萬物皆備之義，先生曰，纔見得有個萬物便不親切，須知盈天
> 地間本無所謂萬物者，萬物皆因我而名，如父便是我之父，君便是
> 我之君，類之五倫以往，莫不皆然，君父二字可推卻身分外乎？然
> 必實有孝父之心，而後成其爲我之父，實有忠君之心而後成其爲我
> 之君，此所謂反身而誠，至此纔見得萬物非萬物，我非我，渾然一
> 體，此身在天地間，無少欠缺，何樂如之。〔註16〕

〔註13〕　《全書》卷十，頁158，〈學言上〉，上欄右，五十九歲。
〔註14〕　《全書》遺編卷二，頁987，《遺編學言》，上欄左。
〔註15〕　《全書》卷十三，頁199，《會錄》，下欄右。
〔註16〕　《全書》卷十三，頁206，《會錄》，下欄左。

> 人心原合天地萬物爲一體，只是有一個把柄纔收攝得來。〔註17〕
>
> ……故學者不可不識人，此人渾然與物同體，天地萬物皆人也，非七尺形骸之謂……〔註18〕
>
> 聖人之心如空中樓閣，中通外闢，八面玲瓏，一氣往來，周極世界，天地之體皆我之體，天地之用皆我之用，只是一個虛而已。〔註19〕
>
> 心以物爲體，離物無知，合欲離物以求知是程子所謂反鏡索照也，然則物有時而離心乎？曰無時非物，心在外乎？曰惟心無外。〔註20〕

蕺山言人與天地萬物同體之義，即上引諸文已可窺全貌，然此同體關係有二個積極意義，其一爲人人皆可與天地萬物同體，其二爲須實有此善體之心才能把天地萬物收攝得進來。人人與天地萬物同體，不只仁者與天地萬物同體，則可即就任何一人皆應要求去除私見，以參與道德事業者。此待下節將再詳言。至於言須實有此善體之心者，更在積極要求人人提起化成天下的道德崇敬感，若泯沒於私欲利害之中，即令反身而誠，萬物備我，此人卻總無處體會。由此亦可知，蕺山的人與天地萬物同體的關係，並不是從形上學問題的角度來談的，反而是反回現實人生，從當下的心境體悟中談的，缺少了善於反省的心境，則此一關係在該人心中便無由成立。同理同體的人與天地萬物的關係，其理論的積極意義，首在於人在此一處境中，自必當下即獻身於現實世界的人倫事業中。而此一對「人」的要求，亦才是儒學在哲學理論中不斷擴深義理建構體系的最初要求，惟其有此要求，才有儒學做爲一門學科的出現條件。在同理及同體關係討論過之後，蕺山又另外談及與其相關的兩種現實人生中的態度，即破生死觀及除私我見者，下節即將談之。

第三節　破生死觀及除私我見

在人與天地萬物同理同體的理論背景下，配合儒者須承擔社會事功的天命之性之自然要求，蕺山對人之生死觀便採取一種以天地萬物之終始取代人之生死的觀點，天地萬物之終始過程自有其理在，此理即天命之性者，知天

〔註17〕《全書》卷十三，頁215，《會錄》，下欄左。
〔註18〕《全書》卷十九，頁345，《論學書・答履思十二》，六十一歲。
〔註19〕《全書》卷十二，頁185，〈學言下〉，下欄左，六十六歲。
〔註20〕《全書》卷十，頁153，〈學言上〉，下欄右，五十九歲。

命之性則知天地萬物終始之理，儒者即在天地萬物之中，上求與天道契合，盡性之學即此而在，故只將此身置於大化流行之中，與天地之終始同其終始，若就現實生活而言，即就事理之當然而立身處世，不以一己形骸之生死爲囿，此方是儒者的生死觀，蕺山一方面藉大易原始反終之說將人之社會事業置於天地造化之大流行中見之，則使人有參贊化育之心境得由以生，蕺山另一方面又藉孔夫子言：「朝聞道夕死可以」之說，以使儒者得曉天道之契求，才是生命眞實，安頓處，因此一己之生命，可不寄託於形骸之成毀而已。以下引蕺山文以申其義：蕺山曾著「生死說」一文，談及此說，其言曰：

> 自聖學不明，學者每從形器起見，看得一身生死事極大，將天地萬物都置之膜外，此心生生之機早巳斷滅種子了，……吾儒之學直從天地萬物一體處看出大身子，天地萬物之始即吾之始，天地萬物之終即吾之終，終終始始無有窮盡，只此是生死之說……予謂生死之說正當放在天地間，大小一例看也，於此有知方是窮理盡性至命之學……子曰朝聞道夕死可矣是也，如何是聞道，其要只在破除生死心，此正不必遠求百年，即一念之間，一起一滅無非生死心，造孽既無起滅，自無生死，又曰盡語默之道則可以盡去就之道，盡去就之道則可以盡生死之道，生死非大語然，去就非小學者，時時有生死關頭難過，從此理會透，天地萬物便是這裡，方是聞道。〔註21〕

此說首言人心生生之機，須先突破形骸之膜，吾人之大身子，乃即天地萬物之一體中看出，故吾人之生死乃只在天地萬物之終始中，在此終始中有天命之性在，即此是儒者盡性至命之學下手處，故動靜語默念起念滅之行爲合宜，即是參贊天地終始之事，即此是眞生死觀，即此是盡生死之道，何以一身形骸限制矣。蕺山另文亦言：

> 人有恆言曰性命，由一念之起滅，一息之呼吸，一日之晝夜，推之以至百年之生死，時然而然，不期然而然，莫非性也，則莫非命也，今人專以生死言性命，蓋指其盡處言也，而漸易以七尺之成毀，則性命之說有時而晦矣。〔註22〕

> 學莫要於知性，知性則能知此身之所以始與其所以終，時時庶有立

〔註21〕《全書》卷八，頁132，《說・生死說》。
〔註22〕《全書》卷十二，頁175，〈學言下〉，下欄右，六十五歲。

地，知性則能知萬物之所自始，與其所自終，處處總屬當身。〔註23〕
先生曰有吾之始，而後有天地萬物之始，有吾之終，而後有天地萬物之終，甚是。亦惟知所以吾與天地萬物同一終始也，然但可曰有吾心之始而天地萬物與之俱始，有吾心之終而天地萬物與之俱終，所以古人論生死只就道理上拈起，今所謂生死是吾身最關切事，亦終落於形骸之見，故人以爲極大事，而僕以爲尋常事也。聞道在聞其所自來，正是聞此始終之理，這始終之理即是生死之說，亦即是幽明之故，亦即是鬼神之形狀。〔註24〕

以上三說都從人之盡性以破生死觀者，下二文則一爲從原始反終說人之大生命，一爲從生生之運，說人之生死觀，皆足以發明破生死觀之儒學義理也。蕺山又言：

惟大易之訓，頗費解說，其曰原始反終，是故知死生之說，此其意從仰觀俯察知幽明之故來，死生之說即幽明之故也，下文則繼之曰鬼神之情狀，因一死一生見鬼神之情狀，幽明死生鬼神，豈止以七尺之成毀言乎，雖七尺之成毀，亦死生之大者，然原始反終，決非生前死後之說，終始相因，原其所自始即是終，反其所已終即是始，一終一始，自是造化誠通誠復之理，凡天之所以成文，地之所以成理皆是也，而世儒截去上下文，必欲以七尺當之。〔註25〕

天地之大德曰生，而人得以爲生，然有生必有死，仍是天地間生生不已之運，即天地亦在圍，而況人乎，人將此身放在天地間，果能大小一例看，則一身之成毀何啻草木之榮枯，昆虫之起蟄已乎，而人每不勝自私之爲見，將生死二字，看作極大。〔註26〕

總合蕺山之破生死觀之說者，非以生死之事小，亦非藉輪迴說以延長人的生命觀，反而是將此人之一生看得極重要，而其重要性則在參贊化育之道德事業中見，惟人能於此處著實致力，則一人之生死已在大化流行中，而更無生死可覓也。而更根本地說，人只有一生之行止於現實世界中，只此是大化流行，只此是天地終始，只見得天命之性之流行，而不見形骸生死之流轉，亦

〔註23〕 《全書》卷十，頁151，〈學言上〉，上欄右，五十一～五十七歲。
〔註24〕 《全書》卷九，頁133～134，《問答·與章晉侯問答》。
〔註25〕 《全書》卷六，頁112，《證學雜解·第二十四解》，六十六歲。
〔註26〕 《全書》卷六，頁112，《證學雜解·第二十三解》，六十六歲。

即，做爲一個儒者的生死觀而言，是只見得個人之行止，不見其身之成毀矣，此方是蕺山破生死觀的終義也。

蕺山除藉同理同體的人與天地萬物關係談破生死觀外，另有談個除私我見者。除私我見之說乃從人與天地萬物同體關係中的「人不能脫離天地萬物之外」的意義轉出的。破生死觀，是從人之主動將天地終始當作人的生死以立論，而除私我見者，則是以天地萬物將人之一身亦含括在內由不得人逃私，以立論的，更配合「萬物備我」之說，而以天下萬物皆備爲我之職責，若有一物虧欠，都須我來彌補者。此破私我之見的說法，亦從人與天地萬物一體中轉出者。蕺山言：

> 仁者以天地萬物爲一體，乃人以天地萬物爲一體，非仁者以天地萬物爲一體也，若人與天地萬物本是二體，必借仁者以合之，蚤已成隔膜見矣，人合天地萬物以爲人，猶之心合耳目口鼻四肢以爲心，今人以七尺言人，而遺其天地萬物皆備之人者，不知人者也。以一膜言心，而遺其耳目口鼻四肢皆備之心者，不知心者也。學者於此信得及，見得破，我與天地萬物本無閒隔，即欲容其自私自利之見，以自絕於天而不可得，不須推致不煩比擬，自然親親而仁民，仁民而愛物，義禮智信一齊俱到，此所以爲性學也。〔註27〕

本文即前節所謂人人與天地同體之義也，唯其如此，故任何人皆不得逃於現實世界的道德要求，即此一心，必備耳目口鼻，即此一身必備天地萬物，不容自私自利之見以自絕於人倫百行之事業，知此道理，才是盡性之學。蕺山另文亦云：

> 天地之大，本吾一體，盈天地間有一物失所即我之失所……〔註28〕
>
> 人亦曉得與物同體，只有我見即隔。〔註29〕
>
> 至哉萬物備我之說，萬物皆備而後成其所謂我，若一物不備我分中，便有虧欠，一物有虧欠，并物物皆成滲漏……。〔註30〕
>
> 身所住處心即在是，甚善，須知此身非止七尺腔子，滿世界皆心，滿世界皆身也，故又曰天下何思何慮，何曾止向七尺討分曉乎，爲

〔註27〕《全書》卷十九，頁336，《論學書・答履思五》，五十五歲。
〔註28〕《全書》卷十，頁149，〈學言上〉，上欄右，四十八—四十九歲。
〔註29〕《全書》卷十三，頁216，《會錄》，上欄右。
〔註30〕《全書》卷十一，頁172，〈學言中〉，上欄左，六十三歲。

此說者，恐其神明受錮於形骸，而漸起一種自私自利之見耳，不如大易曰，兼山艮，君子以思不出其位，認得位字清楚，亦何至坐馳之有。〔註31〕

……大抵人之大患只是有我，認形骸為己，將自己看得甚隘，如何推廣得去，即一家中父母兄弟亦儘有不相通者，不知吾人本來與萬物同體，是何等廣大，更何處可容狹隘，何處可容間隔，然所謂一體者，亦非推此及彼之說，象山先生云宇宙內事皆己分內事，假如對父思孝是父與我原是一體，父有未安即是我子職不盡，對兄思弟是兄與我原是一體，兄有未安即是我弟道不修，推而至於位天地育萬物，有一處不得其所是皆我本分中闕陷，如何推得在人，審如此則合天地萬物時與之周流，祇自完成得一己，今之役役力謀一身者，皆自喪其己也，豈不大可哀乎。〔註32〕

以上藉人與天地萬物同體關係談破生死觀及除私我見者，總合本節所談者，雖非從形上學問題意識出發的理論，但卻是蕺山以一介儒者身分，在天地萬物中間對「人」的看法，並即以此「同理同體的人與天地萬物的關係」為蕺山論形上學問題的心靈基礎，再配合前兩章所談之形上學理論，本章下節將討論從形上理論的架構中，蕺山所談的「人」的地位是如何者。

第四節　人在形上學理論中的定位

本節專從蕺山形上思想體系中，談「人」的定位問題。綜言之，人以一「物」之身分，為氣化世界的一分子，但人為物之最靈者，因其有「心」，人心之別於萬物者，在其最能善體天道，人心能體天道則能見出儒學以道德目的而肯定的天命至善之性，並因此天命之性乃流貫人與天地萬物而無所遺，故可見出一個「同理」的關係，更由此生生之理之天命流行在人心中，使得人有從事人倫百行的天職，故就「人」之存在言，乃須即「天地萬物」以為其行止進退的範圍，故又可見出一個「同體」的關係，並在此「同體」關係中又可見出人之生死乃大化終始中事，故應破除執著於以一己軀骸之成毀為生死的觀念，另可見出人之一身乃無可逃於天地之間之存在者，故又不可逃

―――――

〔註31〕《全書》卷十九，頁 359，《論學書‧與閆美二》，六十八歲。
〔註32〕《全書》卷十三，頁 200，《會錄》，上欄左。

入私利私欲的情境中，必除私我之見方可。而以上「同理」、「同體」、「破生死」、「除私我」之諸「見」，乃皆一一由人在形上思想體系中之地位，配合儒學立學宗旨而一一見出者，是凡儒者皆可有此心境，但論及人在此諸見背後之形上思想體系中之定位者，乃本節所要討論的主題，茲包括「人在宇宙論中的地位」及「人在形上本體中的地位」二者。

談「人在宇宙論中的地位」，實即就本篇第一章「一元流行的氣化宇宙論」中標出為「人」之總義者，蕺山言：

> 盈天地間皆物也，人其生而最靈者也，生氣宅於虛故靈，而心其統也，生生之主也……〔註33〕

> ……形而上者謂之道，形而下者謂之器是也，人生而有此形骸便有此氣質，就中一點真性命是形而上者，雖形上不離形下……。〔註34〕

凡此二文皆以人之一身實天地間之一物，而與天地萬物同其為氣化宇宙論中事。然依蕺山，氣化流行中有天命之性，氣性合一是其形上思想的要點，因此在人之一身之中亦有其氣質之本然，及形上之天命之性。此氣質之本然，即指人身軀骸幾尺中事，而其天命之性即由人心以掌握之。又依蕺山，天命之性乃即在氣化流行之現實世界中見，故人心既以人之天命之性在人身的表現者身份而存在，故又即就人心所主宰之人身行止進退中，亦參與了氣化流行的大化中事，因此之故，人心之活動即氣化之活動，人心亦可以氣言，然此活動因有理序在焉，有是否合於天命秩序之主宰義在焉，因此人心又可以形而上者言，此亦蕺山形上形下合一的世界觀在「人」之表現，即總會於此人之「心」以體現之。人心以氣化流行在人身表現之主宰者身份，而參與在氣世界中事之諸種活動義者，在本篇第二章「氣化流行的宇宙論」及「感應之道」及「虛而能應」諸節中已言之甚詳，本節只標出此「人」在宇宙論中地位之總義即可。由此總義再合本章前三節所言之「人與天地萬物的關係」，接下來，便可進而討論「人在形上本體中的地位」一事。「人在形上本體中的地位」實為以人之「心」之形而上義之身份言，嚴格說是「人心」，或「心」在形上本體中的地位者。

言心在形上本體中的地位者，乃正最足以發明蕺山心學之極致精理，簡言之，心實一切言本體之基礎者，首先，在人與天地萬物之同理關係中，既

〔註33〕《全書》卷七，頁114，《原旨七篇・原心篇》，六十五歲。
〔註34〕《全書》卷八，頁127，《說・氣質說》，五十五歲。

言及理，則其意實指心言，即人心之理與天地萬物之理有同理關係，即同為天命之性中事者。然更進一步言，天地萬物之理實收攝於此心中，此為心藏萬理之義也。蕺山曾云：

> 有萬物而後有萬形，有萬形而後有萬化，有萬化而後有萬心，以一心納萬心，退藏於密，是名金鎖鑰，以一恕推萬恕，偏置人腹，是名玉鑰匙，持匙起鎖，強恕而行，但見邦家無怨，終身可行，止此一心，是名大統會。〔註35〕

文中言「只此一心，是名大統會」者，實是同理關係之更進一步之言，心為萬物萬形萬化之大統會，則其所統者，乃皆形上本體中事，本體即天命之性，即理、即道、即性者，蕺山云：「天下無心外之理」，〔註36〕此以本體義中之理收於心者。蕺山又有言：「天下無心外之性」，〔註37〕又言：「夫性因心而名者也，盈天地間一性也，而在人則專以心言，性者心之性也……」〔註38〕此則將本體義之「性」收攝於心者。蕺山又言：「道其生於心乎，是謂道心，此道體之最真也……」〔註39〕此又將本體義之「道」收攝於心者，故心不只即與天地萬物之理同理，心更即天地萬物之理之統會，而心又不只即天地萬物之理之統會，心又即形上本體之統會，故只此一心即將諸形上本體概念收攝進來。蕺山言：「……吾請言吾常心焉，常心者何日用而已矣，居室之近，食息起居而已矣，其流行則謂之理，其凝成則謂之性，其主宰則謂之命，合而言之皆心也……」。〔註40〕以上是從以心收攝萬理的進路談心在形上本體中的地位者。然蕺山又言：「……道者心之體也……」〔註41〕又言：「……吾將縱求之天地萬物而得心體焉，其惟天理乎，天理何理，歸之日用，日用何用，歸之自然，吾安得操功，自然者而與之語心學也哉。」，〔註42〕又言：「……蓋性命本無定名，合而言之皆心也，……自其體蘊而言則曰性……人在心上用功，就氣中參出理來……」〔註43〕以上所引三文旨在指出，蕺山雖將萬理

〔註35〕《全書》卷十一，頁173，〈學言中〉，上欄右，六十三歲。
〔註36〕《全書》卷七，頁117，《原旨七篇·原學中篇》，六十五歲。
〔註37〕同前註。
〔註38〕《全書》卷七，頁114，《原旨七篇·原性篇》，六十五歲。
〔註39〕《全書》卷七，頁115，《原旨七篇·原道上篇》，六十五歲。
〔註40〕《全書》卷七，頁115，《原旨七篇·原道下篇》，六十五歲。
〔註41〕《全書》遺編卷四，頁1003，遺編論學書，答陳生紀常，六十四歲。
〔註42〕《全書》卷六，頁108，《證學雜解·第八解》，六十六歲。
〔註43〕《全書》卷十二，頁187，〈學言下〉，下欄左，六十六歲。

收攝於心，並以一心融貫地解釋諸形上本體概念，然若又即就此心以言其本體者，則又仍是理、性、道中事也，即心體合於性體者，亦即心以性為體者。前節言人與天地萬物同體之體只是體段，只是指行止進退人倫百行所範圍之對象，以對象之範圍言體段，只是一種意見、觀點、心境，而此處所言之心之本體，乃人之以心言，以心之形而上地位言，言此心之心體，而此心體則又正只是性體，只是道體，只是天命之性之形上本體者。

總前所述，皆心在形上本體中之地位者，綜言之，人心從其與天地萬物同理之關係中，推進一步到人心乃收攝天下萬物之理者，再推進一步到人心可融貫地解釋，並包容諸形上本體概念者，更反推回以人心之體又即在諸形上本體中，然凡此種種，皆又須接受所有儒學思想共同直接肯定的天命之性的至善本體，及其生生之理所展現的即現實世界而行人倫之事之義，方能由此天命之性提供前述所言人心在形上本體地位中之諸義者。並即此諸義，使人心量無限，人之必須從事人倫百行之要求強度及可能性皆同時增高，則此又儒者以在現實世界從事人倫事業之立學宗旨上應有的理論建立也。

本章全從人之角度立言，其中有屬於形上思想義中之對人及人心的理論，也有非在形上問題脈絡上對人及人心的看法，即在此論人諸說之基礎上，配合首二章之形上理論，本文可於下章以後再進行對本體理論及功夫理論之討論。

第五章　融貫的本體論

　　本章論融貫的本體論，此乃蕺山形上思想之又一特色。談本體，則指的是在「一元流行的氣化宇宙論」中之流行的主宰，即天命之性者。亦是在「形上形下合一的世界觀」中的形而上者，即道，即性諸義者。本體者，指的是天命之性的內容或本質，此天命之性的本質，並非一物，其內容乃即就器物世間之流行變化消長及人文社會之人倫活動中見之。本章談融貫的本體論者，不在深究此本體之內容義爲何，（本文前篇第二、三、四章對獨體、意的至善本體、及太極等之討論才是對此本體之內容之討論）而在總合所有形而上本體世界中事之彼此關係的討論，是一個純屬形而上問題意義的討論。

　　而所謂「融貫」的本體論者，意在指出蕺山本體論的一個特色，即形而上諸本體概念，其意義內容皆彼此相通，皆是心、也皆是性、也皆是道、也皆是天命，彼此融貫在形而上本體的總義中而分不得你我者。然而此分不得你我之本體融貫之可能，又即在此本體之內容之定於至善，定於有善無惡之一義上，而無論從任一理論脈絡以指向此本體內容之形上本體概念皆因只此一義之內容相同，因而其義可以互爲融貫，即無論從天道言、從人心言、從性言、從理言、從命言之諸路，其內容皆一，即此「善」之一義而已。此即本體融貫之根本基礎者。其次則爲蕺山之宇宙論之「一元」及形上形下世界觀之「合一」，故此諸形而上之本體概念不僅內涵義爲一，其所指涉之實際之範圍更得合一，故其彼此之融貫地釋義乃又必然可行者。本章內容將有：一、人心與道心合一。二、心性合一。三、心之性情。四、本體融貫。然而本章之所言，又皆是基於前三章之理論而發展的，是故亦爲蕺山整個形上思想體系中之重要部份。以下申言之。

第一節　人心與道心合一

　　談本體可自心體上談，亦可自性體上談，本節先處理從心上談本體時首
先辨清的人心與道心之別。依蕺山，人心即道心，皆形而上本體中事，惟人
心與道心合一，則氣質之性與義理之性合一，惟氣質之性與義理之性合一，
則性一之後功夫亦一，蕺山論學所殷切關注的，即是晚明思想界的形上思想
之支離，導致的功夫理論不切實際，而蕺山最常批評的功夫弊病即在以靜存
之外還有動察，又以主敬之外還有窮理者，此皆蕺山欲辯之詳明處，蕺山言：

> 後之儒者謂其說昉之虞廷信矣，乃虞廷言心則曰人曰道，而中庸直
> 指率性之道，無乃混人道而一之乎。此言心言性之別也。虞廷言心
> 非分言之不精，不精無以為至一之地，中庸言性，性一而已，何岐
> 之有，然性是一則心不得獨二，天命之所在即人心之所在，人心之
> 所在即道心之所在，此虞廷未發之旨也……或曰：有氣質之性，有
> 義理之性，則性有二與？為之說者，正本之人心道心而誤焉者
> 也，……：須知性只是氣質之性，而義理者氣質之本然，乃所以為
> 性也，心只是人心，而道者人之所當然，乃所以為心也，人心道心
> 只是一心，氣質義理只是一性，識得心一性一則功夫亦一，靜存之
> 外更無動察，主敬之外更無窮理，其究也，功夫與本體亦一，此慎
> 獨之說，而後之解者往往失之。〔註1〕

依蕺山功夫理論之實義，功夫一發即向本體中去，人倫世界中不分別個氣質
與義理、人欲與天理，更無所謂對治氣質與追求義理劃為兩橛之事者，此皆
蕺山形上思想中之形上形下不分的世界觀所涵者。而此不分的世界觀，又正
人心與道心合一之理據，強分人心道心則似以人心有氣質人欲之私，必去人
心求道心方可，然依蕺山，心一也，必分人心道心為形上形下兩隔時，則將
正如必分義理之性與氣質之性為兩橛時，導致性善之理論不張，此外，人心
道心一分，功夫又將支離，凡此皆蕺山本體思想所欲矯正者，蕺山言：

> 人心惟危，道心惟微，道心即在人心中看出，始見得心性一而二，
> 二而一，然學者功夫不得不向危處起手，是就至粗處求精，至紛處
> 求一，至偏倚處求中也。〔註2〕

〔註1〕　〈中庸首章說〉，全文錄於附錄十。
〔註2〕　《全書》卷十，頁153，〈學言上〉，上欄左，五十九歲。

> 心只有人心，而道心者人之所以爲心也，性只有氣質之性，而義理
> 之性者氣質之所以爲性也。〔註3〕

> 虞廷十六字爲萬世心學之宗，請得而詮之，曰人心言人之心也，道
> 心言心之道也，心之所以爲心也。〔註4〕

> 道其生於心乎，是謂道心，此道體之最眞也，……類而推之莫非道
> 也，約而反之莫非心也，踐而實之所以成人也。〔註5〕

> ……朱子云，知痛養是人心，惻隱是道心，太分晰矣，惻隱是知痛
> 養表明。〔註6〕

以上皆言人心道心合一之義者，其在蕺山形上思想體系中之意義則爲：當人
心以本體言時，道心即此本體，道心即人之所以爲心也，兩者是一。以上言
道心與人心合一，其義實全同於義理之性即氣質之性之義，只一爲從心體言
本體，一爲從性體言本體。總合其義可爲：本體是一，從心體言分不得人心
與道心；從性體言分不得義理之性與氣質之性者。以上言人心與道心之合一，
下節言心性之合一。

第二節　心性合一

　　就蕺山融貫的本體論而言，其重點在解消形上本體的彼此隔障，其中心
與性的關係之合一者，亦爲融貫的本體論中重要的理論部份之一，尤其當就
人心言其內涵義之心體時，此心體乃即就天命之性以爲其本體，且在人心之
活動時，形而上的諸本體內容，即天地萬物之理，又皆得爲人心所一一收攝，
因此談本體無法離心而談。人心在形上本體中之地位，是眾理之總匯，亦是
眾理之源頭，此人心之總攝萬理之主宰義，又若人心以其形上本體之內涵義
言，則心體又即是此本體者，故而在本體世界中之人心，必須與性是一，否
則亦不成其本體論之融貫性者。

　　蕺山論心性之合一，有幾個理論上之基礎在。首先，性不是一物。蕺山
言：

〔註3〕　《全書》卷十三，頁206，《會錄》，上欄右。

〔註4〕　《全書》卷十二，頁190，〈學言下〉，下欄右，六十六歲。

〔註5〕　《全書》卷七，頁115，〈原旨七篇‧原道上篇〉，六十五歲。

〔註6〕　《全書》卷十一，頁168～169，〈學言中〉，六十歲。

識得夫子言性處，方可與盡性，後人皆以性求性，妄意有一物可指，
終失面目。〔註7〕

此即爲形上本體不得另以一物之身分而存在之義，性既不爲一物，則必有落
搭處，豈不惟心乎，此爲心性合一之基礎者一。此外，天命之性即在人心，
此儒者之共同肯定也，而天命即性，故性即在人心。蕺山言：

……今日天命謂性，而不日天命爲性，斷然是一不是二，然則天豈
外人乎，而命豈外於吾心乎，故日盡其心者知其性也，知其性則知
天矣，故言性而不要諸天，性無是處，言天而不要諸心，天無是處。
〔註8〕

此文首先解消天命與性在本體內涵義上之隔閡，然而天命之性即在人心，離
心則無天命之性可言，故心又即性，心性又合一，此心性合一之基礎者二。
另，心以人心言時，其有流行在，則人心得在氣化流行中言，又流行中有主
宰，此蕺山形上思想之不變義也，故心之此流行有其理在，而性即其理也，
性即條理此流行之實際，流行即心在性之條理下之流行，故即流行則合心性，
蕺山言：

性者心之理也，心以氣言，而性其條理也，離心無性，離氣無理，
雖謂氣即性，性即氣，猶二之也。〔註9〕

此文言心性合一之基礎者三。綜上所說，則心性合一之義已顯，蕺山言：

問心性兩字是一是二，日心只是此心，言心而性在，天下無心外之
理……〔註10〕

……然則性果無性乎，夫性因心而名者也，盈天地間一性也，而在
人則專以心言，性者心之性也，心之所同然者理也，生而有此理之
謂性，非性爲心之理也，如謂心但一物而已，得性之理以貯之而後
靈，則心之與性斷然不能爲一物矣，吾不知徑寸之中，從何處貯得
如許。〔註11〕

天下無心外之性，惟天下無心外之性，所以天下無心外之理也，惟

〔註 7〕 《全書》卷十二，頁186，〈學言下〉，下欄左，六十六歲。
〔註 8〕 《全書》卷十九，頁340，《論學書・答葉潤山民部》，六十歲。
〔註 9〕 《全書》卷十九，頁353，《論學書・復沈石臣進士》，六十三歲。
〔註10〕 《全書》卷十三，頁206，《會錄》，上欄左。
〔註11〕 《全書》卷七，頁114，《原旨七篇・原性篇》，六十五歲。

天下無心外之理，所以天下無心外之學也，而千古心性之統可歸於
一，於是天下始有還心之人矣。〔註12〕

蓋性命本無定名，合而言之皆心也，自其權藉而言則曰命……自其
體蘊而言則曰性……人在心上用功，就氣中參出理來。……〔註13〕

以上言心性合一者，綜其義理要點仍涵於心之有其本體義，及形上本體在形
下世界中見諸義者。下節談心之性情的基本結構。

第三節　心之性情

　　蕺山在心性情關係上以「心之性情」替代朱熹的「心統性情」的三分格
局，此說亦正其本體理論所涵之一貫思想者。言「心之性情」者，即指性情
皆以心言。性收於心，前節已言，情收於心，則須以情亦是性為理論基礎，
即以情亦為在形上本體中事為基礎者言。本文前篇第二章談「喜怒哀樂」時
曾言，喜怒哀樂是性而非情，若以其為情，則就先秦古義，情亦是即性言情，
情即是性者，蕺山必欲將情提升至本體之性的地位，其理論上的需要乃在處
理儒學功夫所對之一切事業必皆直通天命之性言，因此情之可以為惡之義，
在談人倫事業之形上思想中並無任何地位，否則天命即不為純善，而蕺山乃
正致力於自天命之性而下之大化流行與人倫事業之理論者，其中皆只此天命
之理之流行中事而已。惟其如此，蕺山之全幅的天命之性所通貫的形上形下
世界方可建立起來，因此就性言決無氣質之性之可以為惡義之存在可言，必
只有義理之性；言氣亦決無離形上之理之氣可言，必即氣有理在方可，故言
情自亦無離性之情，必即性言情，而無可離性而存之情惡之事發生。總之，
必以心之性情義總攬性情，使性情皆以人心之身份參贊造化於天命流行而
已。蕺山言：

孟子曰，乃若其情則可以為善矣，何故避性字不言，只為性不可指
言也，蓋曰吾就性中之情蘊而言，分明見得是善，今即如此解，尚
失孟子本色，況可云以情驗性乎。何言乎情之善也，孟子言這箇惻
隱之心就是仁，何善如之。仁義禮智皆生而有之，所謂性也乃所以
為善也，指情言性非因情見性也，即心言性，非離心言善也，後之

〔註12〕《全書》卷七，頁117，《原旨七篇・原學中篇》，六十五歲。
〔註13〕《全書》卷十二，頁187，〈學言下〉，下欄左，六十六歲。

> 解者曰因所發之情而見所存之性，因以情之善而見所性之善，豈不
> 毫釐而千里乎，凡所云性，只是心之性，決不得心與性對，所云情
> 可云性之情，決不得性與情對。〔註14〕

> 朱子曰心統性情，張敬夫曰，心主性情，張說為近，終是二物，曷
> 不曰心之性情。〔註15〕

> ……大抵言情善知良，皆指心之用言，而所以情善知良者性也，則
> 心之體也如此……〔註16〕

以上談心之性情，併前二節之人心與道心合一及心性合一三者，皆為融貫的
本體論的基礎，即由此三義之確立之後，則本體融貫之說才得以總合心宗之
路及性宗之路兩合為一，而成就所有形而上本體概念皆得融貫為一之義理
者，下節即談之。

第四節　本體融貫

言「本體融貫」者，指蕺山形上思想中之形而上本體概念皆圓融通貫為
一者。此本體融貫之義理來源有二，一自天言，言天道之至善本體流貫天地
之間，無一物可外也，其性、其理，皆此天命之性而已，以道言、以易言、
以性言、以理言、以太極言，皆不外此天命之性而已。是故天、道、理、性、
命、太極、易等形上本體概念，皆因同指天命之性故得融貫為一。此就天言。
此外，天非人不盡，天命之性非人心不顯，故本體融貫又可自心而言，一心
耳，眾攝萬理，天、道、理、性、命、太極、易等又皆人心中之事，故又皆
可融貫為一，此亦即本章前三節自心體言之合人心與道心，合心與性，合性
與情之說也。形而上本體概念既皆融貫為一，則自道言可攝其它諸本體概念，
自性言亦可攝其它諸本體概念，自理言，自太極言，自易言亦皆可攝其它諸
本體概念，是故在蕺山形上思想中，所有形而上本體皆圓融通貫為一，此其
本體融貫之理論特色也。

蕺山本體融貫之理論特色自其形上思想體系而來之理據已述於前，然此一
理論特色卻更對蕺山整個形上思想體系有其積極的意義在。此即透過整個世界

〔註14〕《全書》卷十二，頁187，〈學言下〉，上欄右，六十六歲。
〔註15〕《全書》卷十二，頁190，〈學言下〉，上欄右，六十六歲。
〔註16〕《全書》卷十二，頁190，〈學言下〉，上欄左，六十六歲。

觀的單純性，而得使功夫理論得以一貫地通達天命之性也。蕺山的形而上的本
體世界觀既彼此融貫爲一，則一性也，溯而言之指天也，合而言之皆心也，形
上本體世界不復支離之病，只此是天命之性皆一也。而形下器物世間在蕺山形
上思想中，又只指的氣化流行而已，然形上在形下中見，形上世界已單純爲一，
形下世界又單純爲一，形上形下世界更單純爲一，則即此天地之間，萬事萬物、
人倫百行皆只是一個天運而已，即氣化流行即天命之性，在此單純的世界觀中，
所有的功夫理論，無論其進路爲何，皆一立而至天命，一進而達天心，中間再
無隔閡，功夫理論之簡單一貫至蕺山形上思想的完備中而大顯，宋明以來論功
夫者，無如蕺山之能綜匯形上思想與功夫理論之如此一致通透者，陽明言功夫
之一貫，失之於形上思想太鬆，朱子言形上思想架構分明，卻失之於功夫理論
的支離，此蕺山形上思想與功夫理論之能邁越前人之進處也。以下引蕺山談本
體融貫之文字以爲本節所言之實際。蕺山從心體言本體融貫之思想者，首在以
心本天者，心既本天，則自可統理眾本體概念，蕺山言：

> 配天達天其始不離下學，立心耳天豈遠乎哉，心得其所以爲心則達乎
> 天矣，人得其所以爲人則配乎天矣，又曰其天天即我我即天。〔註17〕
>
> ……夫性本天者也，心本人者也，天非人不盡，性非心不體。……
>
> 〔註18〕
>
> 詩云維天之命於穆不已，蓋曰心之所以爲心也，惟心本天，是曰獨
> 體，大哉乾元，萬物資始，心之幾也……〔註19〕
>
> 今曰天命謂性，而不曰天命爲性，斷然是一不是二，然則天豈外人
> 乎，而命豈外於吾心乎，故曰盡其心者知其性也，知其性則知天矣，
> 故言性而不要諸天，性無是處，言天而不要諸心，天無是處。〔註20〕

心本天，天亦本心，只此天與心之二路，則綰合天、道、理、性、命、太極、
易等形上本體諸概念而融貫於一。蕺山自心言以統諸本體概念者，已詳於本
章前三節，茲不再述，蕺山以性統諸本體概念者詳於下引諸文：

> 性即理也，理無往而不在，則性亦無往而不在。〔註21〕

〔註17〕　《全書》卷十二，頁186，〈學言下〉，上欄右，六十六歲。
〔註18〕　《全書》卷二，頁56～57，《易衍・第八章》，六十六歲。
〔註19〕　《全書》卷十一，頁169，〈學言中〉，上欄左，六十歲。
〔註20〕　同註8。
〔註21〕　《全書》卷十三，頁204，《會錄》，下欄左。

天下無性外之人，則亦無性外之物，物即道之散於事者，……天下
無性外之人，則亦無性外之事，事即道之指於物者……〔註22〕

天命之謂性，以其情狀而言則曰鬼神，以其理而言則曰太極，以其
恍兮惚兮而言則曰幾曰希，以其位而言則曰獨。〔註23〕

……盈天地間皆性也，性一命也，命一天也，天即心，即理，即事
即物，而渾然一致，無有乎上下、精粗之岐，所以謂中庸之道也，
後之言道者，妄意所謂形而上者，而求之虛無，既遁有而入無，又
遁無而入有，有無兩遺，善惡不立，其究也，歸之斷滅性種，而猶
謂之見性，何哉？〔註24〕

以上從性統諸本體者，蕺山另亦以理統諸本體：

理一也，得於心為德，本於生為性，蘊於性為情，達於情為才，亶
於初為命，體於自然謂之天。……〔註25〕

一性也，自理而言則曰仁義禮智，自氣而言則曰喜怒哀樂，一理也，
自性而言則曰仁義禮智，自心而言則曰喜怒哀樂。〔註26〕

又以易言者曰：

易道雖本之天地，而實具於聖人之一心，以聖人之心具有天地之全
體也，聖人一心耳，有天道焉，有地道焉，此即易畫乾坤之撰也。
〔註27〕

又合而言之謂之易，易即仁，仁乃生生，生生之謂心……如此生生
不已，而一陰一陽之妙真有莫測其所在者，是以謂之神。神一道也，
道一易也，易一心也，心一性也，性一善也。〔註28〕

盈天地之間無非易也，聖人人此易者也，人此易，心此易也，心之
所在即性之所成……〔註29〕

〔註22〕 《全書》卷十九，頁333，《論學書・答李生明初》，五十四歲。
〔註23〕 《全書》卷十，頁153，〈學言上〉，上欄左，五十九歲。
〔註24〕 《明儒學案》，華世出版社，1987年2月台一版，卷六二，〈蕺山學案〉，語錄，
六十三歲。
〔註25〕 《全書》卷十二，頁186，〈學言下〉，下欄右，六十六歲。
〔註26〕 《全書》卷十，頁157，〈學言上〉，上欄右，五十九歲。
〔註27〕 《全書》卷三十四，頁790，《周易古文鈔下・繫辭下傳・第一章》六十六歲。
〔註28〕 《全書》卷三十四，頁793，《周易古文鈔下・繫辭下傳・第五章》六十六歲。
〔註29〕 《全書》卷三十四，頁793，《周易古文鈔・易繫辭上傳・第七章》六十六歲。

> 易其至矣乎，夫易聖人所以體人道之撰，而順性命之理也，……順
> 人而人，故曰道，道本然，故曰性，性自然，故曰命，吾舉而歸之
> 曰易。〔註30〕

以上談蕺山之本體融貫說者，本體之融貫既得以天言，亦得以心言，然形而
上諸本體概念既已融貫爲一，則任一本體亦自可貫通其它諸本體而爲一，故
又可即易言統貫，即性言統貫，即理言統貫者。此方形上本體融貫之理論特
色更深刻意義者。又蕺山言本體，至其「融貫」義出，方爲本體理論之最高
明完備義也。以上談本體融貫，自首章至此，蕺山形上思想體系已見全幅，
下章將以其形上思想與功夫理論之關係做爲蕺山形上思想之最後重點。

〔註30〕《全書》卷二，頁55，《易衍·第一章》，六十六歲。

第六章 形上思想中的功夫理論特色

　　本章將從蕺山整個形上思想體系爲理論背景，以討論蕺山在功夫理論上的特色及幾個必須處理的問題，以作爲本篇之總結。本章從形上思想來講蕺山功夫理論的特色，而本論文第一篇談蕺山的二套功夫理論及由之而建立的對中庸、大學、濂溪的三套詮釋系統，前後兩篇皆處理到蕺山功夫理論的問題，因而在此處便將先對前後兩篇處理蕺山功夫理論的不同意義作一說明，他們一方面是本論文寫作的不同角度問題，一方面更是蕺山建立理論的不同角度所致。

　　首先，處理蕺山所建立的愼獨說、誠意說及主靜立人極說的三套功夫理論時，蕺山之重點在建立自己儒學功夫理論的義理架構，因此談功夫必談到本體，說明了此項功夫所對之本體在儒學義理系統中之明確意義內容後，即可由此本體內容之合義理性而保證了三套功夫理論之有效性。本體乃直指儒學理論直接肯定的天命之性至善本體者，談本體乃談此本體之內容爲何者，其是獨、是意、是善、是惡、是微、是幾、是動、是靜、是心存、是心發、是心體、是性體……等之討論，惟藉此類討論之確定，本體內容才彰顯，天命之性的義理才明白，而儒學典籍中大學中庸，及濂溪《太極圖說》及《通書》之詮釋系統亦才得以建立，而蕺山倡說愼獨功夫、誠意功夫、主靜立人極功夫之道理才說得清楚，此乃因儒學中所言功夫者乃人倫事業中之功夫，是故必深究此人倫事業之根源，即天命，天道之實質義涵，即所謂本體者之理論內容，故而本論文前篇所討論之功夫理論，其重點乃在於蕺山對天命之性的至善本體之義理架構內容的說明上，至於同時處理之對中庸、大學、濂溪相關理論之詮釋工作者，乃一則以使功夫理論得奠基於儒學典籍使有融貫

的相互闡釋性，一則爲使儒學典籍的相關理論亦能支持蕺山所言之功夫理論，使其學說更有理論效力者。

至於本篇從形上思想討論下來的功夫理論特色問題，則已不是對本體內容之討論了，而是在形上體系架構下討論功夫作用的地位問題，包括善惡的出現及在功夫作用過程中的宇宙論意義，以及在形上理論的體系建立後，此功夫作用在一些形式意義上的特殊性格。至於蕺山形上思想的出現，一方面是承續宋明儒已有之討論而對其重新整理，一方面亦因儒家思想欲作爲一門完備的學問體系就有建立形上理論的需要，更重要的是蕺山的形上思想必須作爲他的功夫理論的基礎，而事實上是，蕺山的形上思想處處透露著從功夫理論的要求而轉出的理論內涵，且彼此扣合無間之關係。蕺山形上思想之要點我們已述於前四章中，是故本章可直接以其爲基礎來討論蕺山功夫理論的幾項特色。

第一節　惡在宇宙論中缺乏存在基礎

功夫，就其作用之實際言，是上合天道，天道之內涵是至善，故功夫之實際亦是去惡從善，去惡從善是功夫依本體義提出的，但有其宇宙論上之意義，談蕺山功夫理論在形上思想中的特色，便首須處理有善無惡之本體世界對善惡對待之現實實情之矛盾的解消，而此一工作則應從其「惡」在宇宙論中之基礎以爲討論之主題。而依蕺山形上思想而言，「惡」在蕺山宇宙論中是缺乏存在基礎的，只在氣化流行中安置此惡出現之意義，並即在氣化流行中便安排了去惡從善的功夫方式。本節先討論蕺山形上思想中「惡」在宇宙論中的地位，及所謂「惡」在宇宙論中缺乏存在基礎的意義。

惡是現實世界中的一個事實，因此任何形上思想必須對其有所安排，依蕺山，大千世界只是一個氣化流行的大宇宙，而天命之性即在此流行中，天命之性是至善，因此規範此氣化世界使其流行合序之理是善的，故而整個大化流行乃體現一個天命的善的意志，換言之，就蕺山形上思想而言，世界的本質是氣，氣的流行變化構成世界活動的全貌，而氣之流行有理在，理是本體世界中事，然形上世界即在形下世界中見，故理氣合一，而理是天命之性層次上事，故理是善，故在理氣合一的世界觀中沒有惡的存在地位，意即惡並不以本體之一之身份，亦不以氣化世界中之一份子之身份在蕺山形上思想

中之宇宙論裡有其存在地位，依蕺山之形上與形下合一之世界觀言，理即氣，氣即理，而理是善，故惡既不在理中，亦不在氣中。

以上是就蕺山形上思想中之根本元處談惡之地位者，然而之在現實世界之事實蕺山又如何處理呢？簡言之，蕺山否定形上世界有使人為惡之趨向，人之為惡乃人自身不能回復於流行之理而已，流行之理即天命之性，天命之性只是一個性善，只有使人向善的趨向，那麼惡的出現呢？就此，蕺山則曾分別從性從心言惡之出現。從性言即從理氣關係言，氣化萬殊之後自然天地萬物有千差萬別，但論其形上本體，則只是善，因此在千差萬別之氣化世界中只一個復性使其合於天命流行之秩序，則其惡自除。惡只在氣化流行之不合序上出現，惡在流行之理、天命之性中無法以本體之地位出現，形上本體世界並不賦生為惡之趨向。此外，從心言者，則強調道心惟微，即因此微，稍不加努力即失卻天道意向之把握，而流於妄識，流於人欲，即有惡之出現，然能還其本心，還其天理，小心操存，則惡自解消。因此，蕺山之惡在宇宙論上理氣二合一之世界觀中沒有必然的存在性，只有偶然的出現，而在人心之中亦只是個真妄之別，妄即非真，妄即一切惡之始，去妄歸真，惡即消融。

就以上所論，蕺山雖然不予惡在形上本體及形下氣化世界中有以根本元存在之身份地位，且直截以性善規範大化流行之秩序意義，然此中有更積極義在，即由「道心惟微」而知欲使人之行為去惡從善者，必小心謹慎，時時警惕作復性功夫，否則妄心立，人欲雜，則天命之性便不得而顯，惡便由此而生了，而此亦正蕺山立慎獨、誠意、主靜立人極功夫所欲對治者。即使此惡在功夫作用中即出現即消除，使此無本體地位之「惡」亦不得在宇宙論中有絲毫存在基礎可言，並即此「無存在基礎」義，則正更得保證蕺山功夫理論之有效完成性。蕺山從性上言惡之無存在地位者，其義可於下列諸文中逐一而顯：

> 陰陽二五之氣流行不已，只是個真實無妄，如水必寒如火必熱，人得之以為性，即是至善之性，然同此陰陽二五而陶鑄萬類一一不同，即人類之中清濁厚薄萬有不齊，所以君子之中不能無小人，大道之外不能無異端，如桃李之仁同稟一樹，而其仁各各化生，千樹萬樹各一其樹，枝枝葉葉豈能盡如其母，亦有夭折而不成，臃腫而不秀者矣，然其為天下之桃李則一也，故孟子一言以斷之曰性善。〔註1〕

〔註 1〕　《全書》遺編卷二，頁986，《遺編學言》，下欄左。

　　末句言「然其爲天下之桃李則一也，故孟子一言以斷之曰性善」此即藉桃李之千殊萬別卻不礙其爲桃李者以喻人與人之千殊萬別卻不礙其爲人者，人者，有天命之性在，天命之性是至善本體，故就天下萬人之總有相同人性言時，此性是善。蕺山此文中即已不承認惡的存在有其在形上本體上之地位者，因爲陰陽二五之氣化流行不已之中，只是個眞實無妄之至善之性在，故於陰陽二五陶鑄萬類時之萬有不齊的現象中，並無根本之惡的存在，故小人之於君子及異端之於大道者，乃只就氣化流行中有殊類分別之事實而言，言小人並非眞小人，言異端並非眞異端，其中只有流行殊相之別，而無根本存在之性的差異，是爲小人者，只一復性便爲君子，是爲異端者，只一合序便爲大道，蕺山以小人異端名其萬殊之別時，並不眞以小人異端有其內在根本本性在，只是一個尙未完成的君子，及尙未合序的大道而已。蕺山另文又云：

> 程子以水喻性，其初皆清也，而其後漸流而至於濁，則受水之地異也。蓋言氣質義理之分如比。但大易稱各正性命乃利貞，又稱成之者性也，亦以誠復時言，則古人言性皆主後天，而至於人生而靜以上所謂不容說者也，即繼之者善，已落一班，畢竟離氣質無所謂性者，生而濁則濁，生而清則清，非水本清而受制於質故濁也，水與受水者終屬兩事，性與心可分兩事乎，予謂水心也，而清者其性也，有時而濁未離乎清也，相近者也，其終錮於濁則習之罪也。〔註2〕

此即從性氣關係中之不立氣質之性以解消惡之根本元之地位者。蕺山首先反對程子以受水之地各異而致水濁之喻以說明惡之出現者，如此則以受水之地比於氣質，水初之清比於義理，則惡之出現便在氣質之存在上有其根本元之地位者。但蕺山以大易繼善成性之語，說出一個大化流行中有天命之性的氣性合一的宇宙論出來，故而離氣質無所謂性，萬形既出，則各正性命即已在其中，生爲君子、小人、或男、或女、高、矮、胖、瘦，是流行中必有之殊別，否則就不成其有流行之事實，然萬形萬化中有天命之性在，只此性一而已，其爲至善。故以水喻之，則清爲其性，雖有濁生，其性仍清，終錮於濁者，則人欲、妄心、習癖之罪也。終不得以水本清受制於質故濁，此性氣兩離，而惡亦由之而得存在之必然條件矣。此外，蕺山於〈原學中〉又有言爲：

> 「……而千古心性之統可歸於一，於是天下始有還心之人矣，向之妄意以爲性者，孰知即此心是，而其共指以爲心者，非心也，氣血

〔註2〕《全書》卷十二，頁 190，〈學言下〉，上欄右，六十六歲。

之屬也，向也以氣血爲心，幾至仇視其心而不可邇，今也以性爲心，
又以非心者分之爲血氣之屬，而心之體乃見其至尊而無以尚，且如
是其潔淨精微純粹至善而一物莫之或攖也，惟其至尊而無以尚也，
故天高地下，萬物散殊，惟心之所位置，而不見其跡，惟其潔淨精
微純粹至善，而一物莫之或攖也，故大人與天地合德，日月合明，
四時合序，鬼神合吉凶，惟心之所統體而不尸其能，此良知之蘊也，
然而不能不囿於氣血之中，而其爲幾希之著察，有時而薄蝕焉，或
相什百或相千萬或相信蓰而無算，不能致其知者也，是以君子貴學
焉，學維何？亦曰與心以權，而反之知，則氣血不足治也，於是順
致之以治情，而其爲感應酬酢之交可得而順也，於是逆致之以治欲，
而其爲天人貞勝之幾可得而決也，於是精致之以治識，而其爲耳目
見聞之地可得而清也，於是雜致之以治形治器，而其爲吉凶修悖之
途可得而準也，凡此皆氣血之屬，而吾既一一有以治之，則氣血皆
化爲性矣，性化而知之良，乃致心愈尊，此學之所以爲至也與，孟
子曰人之所不學而能者其良能也，所不慮而知者其良知也，古人全
舉之而陽明子偏舉之也。」〔註3〕

此文從心體言惡之無根本存在地位者。蕺山以性爲心，即以天命之性爲心體
之本然，故於心體之中實無爲惡之趨向，而世有不善之事，蕺山歸之於氣血
之屬，然有治之之法，使氣血化爲性，即此是學之眞諦也。此文中蕺山以氣
血之屬爲惡之來源，而謂「然而不能不囿於氣血之中，而其爲幾希之著察，
有時而薄蝕焉，則惡之來源便只在有時而薄蝕焉，凡爲氣血之屬者爲情、爲
欲、爲識、爲形、爲器，因不立氣質之性，因此情欲識形器等之順決清準便
只以天命之性之向善方向爲性，其有時而薄蝕者，即有時而不順、不決、不
清、不準，然因無氣質之性，故此狀態之存在不爲必然，故可治之，治之之
法即順、逆、精、雜耳，如此治之，則氣血之屬皆一一化爲性矣，即以天命
之性爲其趨向，此趨向即順、決、清、準而已。故惡只是有時而薄蝕，並無
根本之存在地位者。此外，蕺山另文亦有云：

人生而有氣之病也，奚若曰氣本於天，親上者也，故或失則浮，浮
之變爲輕、爲薄、爲虛誇、爲近名、爲淫佚、爲巧言令色、爲猖狂、
爲無忌憚，又其變也，爲遠人而禽，質本乎地，親下者也，故或失

〔註3〕《全書》卷七，頁117，《原旨七篇・原學中篇》，六十五歲。

則粗，粗之變爲重、爲濁、爲險、爲賊、爲貪戾、爲苛急、爲怙終、爲無恥、爲首鼠觀望，又其變也，爲遠人而歐，亦各從其類也，夫人也，而乃禽乃獸，抑豈天地之初乎，流失之勢積漸然也，故曰性相近也習相遠也，又曰或相什百或相千萬，或相信蓰而無算者，不能盡其才者也，然則氣質何病，人自病之耳，既病矣，伊何治之，浮者治之以沈，粗者治之以細，更須事事與之對治過，用此工夫既久，便見得此心從氣質託體，實有不囿於氣質者，其爲清明而上際有天道焉，厚重而下凝有地道焉，立天之道陰與陽，故運而不息，以陽主之，以陰順之，無有或失之浮者，立地之道，柔與剛，故處而有常，以剛進之，以柔反之，無有或失之粗者，此之謂以心治氣質，而氣質化，且以氣質化性，而性復其初也。〔註4〕

此文以習爲惡，惡既爲習，則惡爲人自病耳，氣質無病，人心雖從氣質託體，然有不囿於氣質者，即人之性者，即氣本於天之親上者也，故以此心治氣質，則氣質化，氣質化，則復性矣，若習之爲惡，有在氣質上之病者，則人心不得不囿於氣質，則惡取得存在地位，人之不爲惡不僅不可能，世界善惡之標準亦將泯於無形，則必爲形上思想體系之病矣。此外，蕺山另有從心之眞妄談此惡者。其言云：

天命流行，物與無妄，此所爲人生而靜以上，不容説也，此處并難著誠字，或妄焉，亦不容説，妄者眞之似者也，古人惡似而非似者，非之微者也，道心惟微，妄即依焉，依眞而立即托眞而行，官骸性命之地猶是人也，而生意有弗貫焉者，是人非人之間，不可方物，名之曰妄，有妄心斯有妄形，因有妄解識，妄名理，妄言説，妄事功，以此造成妄世界一切妄也，則亦謂之妄人已矣，妄者亡也，故曰罔之生也，幸而免，一生一死眞罔乃見，是故君子欲辨之早也，一念未起之先，生死關頭最爲喫緊，於此合下清楚，則一眞既立，群妄皆消，即妄求眞，無妄非眞，以心還心，以聰明還耳目，以恭重還四體，以道德性命還其固然，以上天下地古來今還宇宙，而吾乃儼然，人還其人，自此一了百當，日用間更有何事通身，仍得個靜氣而已。〔註5〕

〔註4〕　《全書》卷六，頁110～111，《證學雜解·第十八解》，六十六歲。
〔註5〕　《全書》卷六，頁107，《證學雜解·第二解》，六十六歲。

人生而靜以上乃不容說者，此處只有個天命流行，物與無妄，然妄世界一切
妄之來源只在道心惟微，妄即依焉而已，妄者真之似，非之微，易依於道，
而逐流隨妄之後則造成世間一切妄，然妄雖行，而真者猶存，人心之體只是
一個天命流行，物與無妄，真才是性，性即真，妄非性，治妄之法只還性便
了，故有還心，還耳目，還四體，還固然，還宇宙，還其人之事也，還即還
真，即還性，一真既立，群妄皆消，此皆因妄之爲惡者，實無其根本存在之
地位有以致之者。既以妄說惡，則真之世界無惡可知，惡既不在真之世界則
無根本存在地位可知。以真妄說的善惡，蕺山另文亦云：

> 心者凡聖之合也，而終不能無真妄之殊，則或存或亡之辨耳，存則
> 聖，亡則狂，故曰克念作聖，罔念作狂，後儒喜言心學，每深求一
> 步，遂有識心之說，又曰人自識其真心，或駁之曰，心自能識，誰
> 爲識之者，余謂心自能識，而真處不易識，真妄雜揉處，尤不易識，
> 正須操而存之耳，所云存久自明是也，若存外求識，當其識時而心
> 已亡矣，故識不待求，反之即是，孟子曰，雖存乎人者，豈無仁義
> 之心哉，人自放之耳，乃夫子則曰操則存舍則亡，出入無時莫知其
> 鄉，須知此心原自存，操則存，又何曾於存外加得些子，存無可存，
> 故曰出入無時，莫知其鄉，至此方見此心之不易存，所以孟子又言
> 養心，知存養之說者，可與識心矣。〔註6〕

即此文中，以心爲凡聖之合，故有真妄之殊，然識心之事，卻只在存養之間，
此即又以惡之存在爲偶然，功夫之實際其用即予解消，以此說惡，正又以惡
爲無根本存在地位者矣。此外，此文爲蕺山以孟子操存之說，求放心之說，
以配合其言心之真妄間之功夫者，可見蕺山形上思想體系與孟子功夫理論是
相容的。另文中蕺山由天理人欲說善惡問題，但以「形生神發以來默默受制」
說惡，然亦不在形生神發之處立其爲惡之性，只以默默受制簡單帶過，然真
性猶在，故才看破時便須立判清楚，只剩一條向上之路。即回復天命之性之
路而已。此蕺山於「答以建書」中言者：

> 以建有歸井一路之說：
> 人有議子靜之學專歸管一路者，子靜曰吾學止有一路，子靜之學專內
> 而略外，信本心而遺形器，未嘗不是，卻未免落在一路。僕謂人心最
> 初，止有天理一路，其紛然而岐者人欲也，下愚者流，縱欲惟危，無

〔註6〕《全書》卷六，頁108，《證學雜解·第七解》，六十六歲。

論矣，我輩學道人，雖亦當下分曉，但形生神發以來默默受制，彼此
相持，姑與中立，及至調停不得，全體墮落，反生一種似是之理，就
中脫出，如說經便有權，說天理便有人情，說枉尺便有直尋，凡辭受、
出處、生死，以及日用云爲之際，無不皆然。此又所謂岐中之岐，謬
以千里者也，子輿氏曰，舍正路而弗繇，哀哉學者，纔看破時會須立
判清楚，永辭夾從只剩得赤條條一路，超然上達，又何內外精粗之足
云，易曰一致而百慮，殊途而同歸，此歸并一路之說也。〔註7〕

蕺山從天理人欲說人默默受制之事，然依蕺山之形上思想言，因無爲惡之根
本性在，故只回復天理一路便是功夫之全義，遂與象山一路之功夫格局有同
其規模者。即此說中亦已隱含功夫之一貫與斥支離的功夫理論特色者。以上
從蕺山在形上思想架構中對惡之出現之討論，惡既在形上形下世界中缺乏存
在的根本基礎，故而功夫之作用便只是一個復性，便是去惡從善。惡之問題
即此解消。至於此去惡從善功夫在一元流行的氣化宇宙論中之實義爲何，我
們將在下節討論。

第二節　氣化流行中功夫作用過程的宇宙論意義

本節將從蕺山氣化流行的宇宙論中，找出蕺山言功夫作用之理論性格。
前節已言，惡在宇宙論中並無根本存在地位，純粹只是氣化流行之不一於序
而已，既不一於序，則功夫中只有一個使其合序的作用而已，即使人心四氣
一依於中氣行而已矣，此即在氣化流行的宇宙論中，功夫作用過程的宇宙論
意義。而本節即將一方面從氣化世界中再說明此氣化流行之不合序之發生原
因，一方面則從使其合序之特性上言此功夫之性格，並即於此功夫性格中指
出蕺山全是守的孟子一路的功夫理論者。蕺山言：

　　……子思子曰，喜怒哀樂之未發謂之中，非氣質之粹然者乎，其有
不善者不過只是樂而淫哀而傷，其間差之毫釐與差之尋丈同是一個
過不及，則皆其自善而流者也，惟是既有過不及之分，則積此以往
容有十百千萬倍蓰而無算者，此則習之爲害而非其性之罪也，故曰
性相近習相遠云爾……〔註8〕

〔註7〕　《全書》卷十九，頁332，《論學書‧與以建三》，三十六歲。
〔註8〕　《全書》卷十九，頁341，《論學書‧答王右仲州刺》，六十歲。

本文從喜怒哀樂乃天命之流行處說來，其有不善者，只是樂流於淫，哀流於
傷，仍是天命之性中事，只差個過與不及而已，然人之積弊而流，引為習性，
故人之大患，只習之為害而已。蕺山另云：

> 人心一氣而已矣，而樞紐至微，才入麤一二則樞紐之地霍然散矣，
>
> 散則浮，有浮氣因有浮質，有浮質因有浮性，有浮性因有浮想，為
>
> 此四浮合成妄根，為此一妄種成萬惡，嗟乎其所由來者漸矣。〔註9〕

此文從人心言，人心亦一氣而已，即人心之思，亦一氣流行中事，其樞紐處
至微，即道心惟微之義，守此微處，即慎獨、誠意、主靜立極之功夫意義所
在，則樞紐之地不致霍散，此微處若不能守，則有浮氣、有浮質、有浮性、
有浮想，而種成萬惡，其可不慎歟？蕺山又言：

> 忘是不及助是過，過之病甚於忘，氣本易動，又因而動之，遂至偏
>
> 勝，則本心之體因而牿亡，所傷在根也，所謂氣一則動志也。〔註10〕

此文從氣本易動之特性言惡之發生，忘與助皆使動之情由，氣一則動志，則本
心之體因而牿亡，此氣性合一之世界觀格局中必然之事也，故守氣功夫即盡性
功夫，即盡心功夫。蕺山從氣之易動言惡之發生，因而去惡之功便用在治氣，
蕺山言治氣、言盡心、言盡性之功夫特性，因配合其性氣合一的世界觀，及天
命之性至善本體之性善義，故其一元流行氣化宇宙論中之功夫性格遂幾為守著
孟子一路而言者，此即人心四氣週流，原就已有天命之性之主宰於此，是故一
方面是天命之所命，一方面是人心之自命，皆已有使其行止一一合宜之既超越
又內在的主宰力量施行其間，故人心之功夫作用，只提起此天命之性或此人心
之主宰，使四氣週流依其本來的秩序即可，故功夫中只是回復一個氣化宇宙論
中的氣化秩序即算完成，此即其宇宙論意義，亦正可通孟子學之處者。故蕺山
屢以孟子言功夫之義理以為其功夫理論之所本，其言曰：

> ……孟子曰，人之所以異於禽獸者幾希，庶民去之，君子存之，夫
>
> 此幾希何物耶……其稟乎命也，則元之善也，其具於性也，為喜怒
>
> 哀樂未發謂之中，發而中節謂之和也……然則人也禽獸也合體而分
>
> 之者也，忽然而去之人即獸，忽然而存之獸即人，是以君子有存之
>
> 之法，擇之精、守之一也，本吾獨而戒懼之所以致中和也，天地位
>
> 焉，萬物育焉，……是以君子有存之之法，以戒慎還不睹，以恐懼

〔註9〕　《全書》卷十二，頁174～175，〈學言下〉，六十五歲。

〔註10〕　《全書》卷十二，頁188，〈學言下〉，上欄右，六十六歲。

還不聞，以中和還喜怒哀樂，以仁義還父子君臣，以位育還天地萬物，如斯而已矣……但自反人身中幾希一點，果然存否，存則是人，人即是聖人之人，更無一點做法，去即是獸，獸中人亦更無做法。〔註11〕

天地萬物同在此一元流行之中，人與禽獸乃同凜此天命之性者，遂至人與禽獸之別亦只爭在此幾希之微之存去而已，此幾希即天命之性者，然道心惟微，氣本易動，才入粗處，便霍然散矣，故言去惡從善者，實即只此操存去守中事而已，此蕺山功夫理論與孟子義理融合一致之處者。孟子另有言浩然之氣者，蕺山則一以浩然之氣說氣化流行之世界觀，一以浩然之氣說天命之性，更以養氣功夫說此去惡從善者。其言云：

〈養氣說〉

孟子曰，我善養吾浩然之氣，浩然之氣即天地生生之氣，人得之為元氣，而效靈於心，則清虛不滓，卷舒動靜，惟時之適，不見其所為浩然者，及夫道義之用彰，而充塞之體見，浩然與天地同流矣，……人人都有此浩然之氣，只為此心稍有邪曲，則厭然消阻，雖咫尺不能通透，何況天地間，扞格既久，生機槁然，軀殼雖具，行尸走肉而已，故志之所之，本乎心之所存，他日只言求放心，勿忘勿助此其存之之道，道無二等亦無二，隨所指而異名也，學者當求放心，此志自然有運量，不怕無浩然作用，若心放則志氣遊蕩，終成消靡，不禽聚則不能散發，故曰夫乾其靜也專，坤其動也直，是心所生焉，然則善養浩然之氣者，尤在主靜以立極乎。〔註12〕

今學者動為暴氣所中，若無法以治之，幾欲仇視其心，一切歸之斷滅，殊不知暴氣亦浩然之氣所化，只爭有主無主間，今若提起主人翁，一一還他條理，條理處便是義，凡過處是助，不及處是忘，忘助兩捐，一操一縱，當適其宜，義於我出，萬理無不歸根生氣，滿腔流露何不浩然，去浩然仍只是澄然、湛然，此中元不動些子，是以謂之氣即性，只此是盡性功夫，更無餘事。〔註13〕

……或問孟子說善養浩然之氣如何：曰，纔提起浩然之氣，便屬性

〔註11〕《全書》卷八，頁119～120，《說·做人說》，五十歲。
〔註12〕《全書》卷八，頁128，《說·養氣說》。
〔註13〕《全書》卷六，頁109，《證學雜解·第十五》，六十六歲。

命邊事……〔註14〕

蕺山以浩然之氣即天地生生之氣，即性命邊事，此皆即氣化世界即天命之性之義理者。又以暴氣亦浩然之氣所化，此即不立氣質之性，性即氣，氣即性，言性皆天命之性，暴氣只浩然之氣者，故所云養氣功夫，實只此，求放心功夫，又只是盡性功夫，此即性心合一、氣性合一之世界觀中事，而養氣既有功夫，即養此氣之流行合於天命之性，天命之性是微、是幾希，養氣亦只養在微處、在幾希處，而功夫之此義即又同於主靜立極，則更亦合於慎獨，合於誠意而已。

從以上在氣化流行中之功夫理論看來，蕺山功夫理論是孟子一路已無疑義，而在蕺山形上思想體系中其功夫理論之格局也已顯出，下節即將總結蕺山功夫理論在形上思想體系下，其理論在形式上的一些特色以為本章之總結。

第三節　功夫理論中之特色

蕺山功夫理論的實質內容是慎獨說、誠意說、主靜立極說，而從形上思想講下來則發現即養氣即盡性即盡心的義理格局，亦可說慎獨功夫理論，就形上義理架構言，它同時是養氣、復性、盡心的事業，而誠意、主靜立極亦然。即此功夫理論之特殊性格中，我們還可以看出三項形式上的特點，即「功夫與本體不分」、「體用合一」、「功夫一貫」者，凡此皆蕺山之所言，亦為其形上思想、功夫理論整體配合下必有之特色者。以下一一申言。

一、功夫與本體不分

言功夫與本體不分有二義。其一為做功夫與談本體不可分為二事，其二為真功夫就是在本體之發動，故不分。首先，就功夫與本體不分言，此乃蕺山早年在「證人社」時期與陶石梁先生一起講學時即已立下的規模，依蕺山之意，乃認為陽明後學專喜於本體處虛玄討論，而不實做功夫，故即當時就主張談本體不可外功夫，而要即本體做功夫，至晚年形上思想體系圓融之後，則主張功夫即本體，兩者不可分。蕺山言：

> 陶先生曰：學者需認識本體，識得本體則功夫在其中，若不識本體說甚功夫。先生曰：不識本體果如何下功夫，但既識本體，即須認

〔註14〕《全書》卷八，頁127，《說‧氣質說》，五十五歲。

定本體用功夫，功夫愈精密則本體愈昭熒，今謂既識後遂一無事事，可以縱橫自如，六通無礙，勢必至猖狂縱恣，流爲無忌憚之歸而後已。〔註15〕

秦弘祐謂陶先生言識認本體，識認即功夫，惡得以專談本體，少之曰識認中屬想像邊事，即偶有所得，亦一時恍惚之見，不可便以爲了徹也，且本體只在日用嘗行之中，若舍日用嘗行以爲別有一物，可以兩相湊泊，無乃索道於虛無影響之間乎。〔註16〕

前文顯示蕺山日後發展愼獨、誠意及主靜立極功夫理論時要一再強調實做功夫的企圖心所在，後文則預伏了形上思想中形上世界即在形下世界中見的理論來源，而重點目標皆在對矯時儒理論之病者。蕺山另亦有言曰：

學者只有功夫可說，其本體處，直是著不得一語，才著一語便是功夫邊事，然言功夫而本體在其中矣，大抵學者肯用功夫處，即是本體流露處，其善用功夫處，即是本體正當處，若功夫之外別有本體可以兩相湊泊，則亦外物而非道矣。〔註17〕

本文強調本體即在功夫中，是從人作爲道德世界的君子行事言，然以氣化流行的宇宙論說時，此本體即在功夫中的理論，實即同於形上本體即在形下器物世間的流行中見的意思，由此亦可見出蕺山形上思想的發揮，實爲其一生一貫地爲矯正儒學理論流弊的同一要求而產生的。蕺山晚年在形上思想圓融後，則對功夫與本體打合爲一之事有如此說法：

本體只是這些子，功夫只是這些子，並這些子仍不得分此爲本體彼爲功夫，既無本體功夫可分，則亦並無這些子可指，故曰上天之載無聲無臭至矣。〔註18〕

言本體與功夫之不可分者，就蕺山形上思想及功夫理論的義理格局言，亦實有其可說之處，然就本體之概念及功夫之概念之各爲何，亦仍有其不同之處，此不同處無須多說，以下就其不分處爲蕺山釋義之。天非人不盡，性非心不體，一心可攝萬理，則本體只在功夫發動中才實有其義理彰顯之時，就此義理之把握言，則必以功夫識本體，由功夫盡本體，兩者在人倫事業之行動之

〔註15〕《全書》卷十三，《會錄》，頁200，下欄左。
〔註16〕《全書》卷十三，《會錄》，頁201，上欄左。
〔註17〕《全書》卷十九，頁335，《論學書·答履思二》，五十四歲。
〔註18〕《全書》卷十，頁161，〈學言上〉，下欄左，五十九歲。

中，實不分彼此，然若就其**概念**之各有所指者，則自有所分，亦無須多言而已。以上談「功夫與本體不分」以下談「體用合一」。

二、體用合一

　　體用合一之說即以形上形下世界合一之義理說之即已恰當相應，體即本體即形上世界即天命之性，用即流行即形下世界即氣化宇宙，則體用合一之說自必於理當然矣。蕺山有三文言及體用問題者，其中兩文乃眞就體用關係談，似不須在其自己理論體系中而即就儒學傳統典籍義理下即已有體用合一之格局，然細察之又可見其與蕺山自己思想體系有一一相合之處者，另一文則藉自己理論體系以說體用一原，若熟知蕺山形上形下世界合一，及本體即在功夫中之義理，則體用合一之義已不言自明矣。其言曰：

　　　　吾何以知體用一原，而天無先後也與哉，今夫日月趙而已矣，而照本無體，水火燥濕而已矣，而燥濕之外別無用，則天地可以類推，則君子知微以知彰，即用以求體，存而不宰，終日行而無轍跡，易曰精義入神以致用也，利用安身以崇德也，過此以往未之或知也，窮神知化德之盛也，雖然大可爲也，化不可爲也，下學立心，其惟誠之於思乎，故曰思誠者人之道也。〔註19〕

　　　　不二不測只是一個，不二言實有是理，體即用，不測言本無是事，用即體，不測云者隱微之至也，昭昭撮土卷石一勺總言不盈一些子，正爲物不二之眞情狀，及其無窮及其不測，只在昭昭撮土中看出，中庸如此說得根據。〔註20〕

　　　　所示體用一原之說，乃先儒卓見道體而又有是言，只今以讀書爲一項事，做官爲一項事，豈得成體用，更復何一何原，須知此理流行心目之前，無用非體，無體非用，蓋自其可見者而言，則謂之體，非截然有兩事也，日用之間持而循之便是下學，反身之地嘿而成之即是悟機，此所謂即學即達，非別有一不可思議之境界也，故知道者疏水曲肱與金革百萬，用則同是用，體則同是體也。〔註21〕

以上言體用各一，下節談功夫之一貫。

〔註19〕《全書》卷二，頁57，《易衍·第九章》，六十六歲。
〔註20〕《全書》卷十二，頁185，〈學言下〉，上欄左，六十六歲。
〔註21〕《全書》卷十九，頁355，《論學書·答蔡潤山上》，六十五歲。

三、功夫之一貫

　　言功夫之一貫者，有兩個重點，首先，在蕺山形上思想的合一性、融貫性中，功夫理論亦因其所對之本體有融貫爲一之氣象，故不須在功夫中因本體之支離而有各種支離，此一貫之義一也。另，就蕺山所有功夫理論而言，皆是直指形上本體天命之性做功夫，故才一提起便直透天道，沒有隔閡阻礙之事，故所有功夫理論之間便只名相之差異，其在形上思想中之地位皆全相同，故愼獨即誠意，即主靜立極，其義理亦爲一貫地無差別者。此一貫義之二也。蕺山言：

　　……夫道一而已矣，學亦一而已矣，一故無內外無精粗，與其是內而非外，終不若兩忘而化於道之爲得也。〔註22〕

　　從來學問只有一個功夫，凡分內分外分動分靜說有說無劈成兩下總屬支離。〔註23〕

　　此心本善，自氣拘物蔽以來往往昧失，聖賢隨方接引，或曰愼獨，或曰求仁，或曰求放心，或曰致良知，或曰存天理，總是隨人指點，欲復此心之良初，無門戶名目之可擬也，舉求仁即可該數義，舉愼獨，求放心，亦可該數義。〔註24〕

以上談功夫之一貫，曰其義亦有二，一爲形上本體之互爲融貫又可總攝，故「夫道一而已矣」，故任一功夫皆與其它功夫爲同義功夫，因其功夫所發動的本體皆相同也。二爲在本體中發動之功夫皆直指天命之性，一貫上通，無有隔閡，故爲一貫。即功夫與功夫之同義而一貫，及功夫與本體之同一而一貫二者。以上，蕺山於形上體系言之功夫特色已全顯，是爲本章之總結。

〔註22〕《全書》卷十九，頁343，《論學書·答右仲三》，六十歲。
〔註23〕《全書》卷十二，頁180，〈學言下〉，上欄右，六十六歲。
〔註24〕《全書》卷十三，頁210，《會錄》，上欄左。

第七章　結　論

　　本篇談「劉蕺山的形上思想」，從第二章到第六章應可謂已盡其全貌，其中談「氣化的宇宙論」、「融貫的本體論」及「合一的世界觀」者，可稱為蕺山形上思想的精要，此三項要旨雖非蕺山自己的用語，而為綜會其所言後才提舉的綱領性描述，然以今日哲學語言看來，卻最足以藉其提綱契領地掌握蕺山形上思想的大貌。

　　本篇論述次序自「一元流行的氣化宇宙論」進入「形上形下合一的世界觀」後，已能掌握蕺山形上思想之基礎義理規模，至於談「融貫的本體論」者實為前二義之發揮義，然「融貫的本體論」之能成立，除須從形上義理中之天命之性大化流行講下來，更須從人心之即有此天命本體講上去，須性宗、心宗之本體理論合匯之後才具真義，故本篇第四章即先討論「人在形上學理論中的定位」問題，把人心參與在天命流行的積極義彰顯之後，才容易進行「人心與道心合一」「心性合一」的本體論討論工作。而「人在形上學理論中的定位」之說明，亦正為蕺山形上思想作為儒學義理內涵中不可或缺的一環，即所有儒學義理乃皆為人在天地萬物中的責任而設，故皆須以「人」的人倫事業之理據、可能性、目標等為理論的歸結，故而本篇論「人在形上學理論中的定位」一文，亦最足以與前篇談蕺山功夫理論之為人倫事業而設之討論，有前後輝映之理趣，其皆為探討儒者立身處世成就人倫事業之理據問題，只一為在功夫理論中談，一為在形上思想中談。

　　本篇第六章談「形上思想中的功夫理論特色」者，實為會合前篇談功夫理論及本篇談形上思想兩條理論進路，綜合而看出的蕺山功夫理論中幾項「形式上」的特色，所立之三項要點皆為蕺山自己用語，可知蕺山不分談功夫與

談形上思想之整體意見中，其自身亦已見出的功夫理論中實有之數項特色在，而能將其指出，雖非直接描述功夫的內涵義理，卻也能透過此形式上的特徵而更見蕺山功夫理論的重要性格。

以下即將本篇各章之重點，撮其要以述於後，以為本篇之總結。

第二章「一元流行的氣化宇宙論」，乃蕺山從朱子理氣對待關係中出發而談的宇宙論思想，言其「一元」者，乃指蕺山以理在氣中非理生氣而為理氣一元之思想，而理氣之一元亦非無此理之存在，此理仍是實有，只不欲在宇宙論義下的實有物之基礎上並立理氣二元，而收理於氣中，使此理雖實有，並即以天命之性生生之理流行主宰於人與天地萬物之間，但卻不以之為另有「物」，即不以之為宇宙論義下的一元素的身分存在，而只以形上本體之身分存在於氣化流行的器世間之中。言其「流行」者，乃動態地描繪氣化世界的實相，並即以天命之性之主宰於其間之事以言此流行，則天命之性則以一生生之理並以喜怒哀樂之各種姿態以為此流行談出要點並描繪其狀，是故以一喜怒哀樂配合之仁義禮智四德及惻隱、羞惡、辭讓、是非四端心，及春夏秋冬四時，及金木水火土五行，甚至陰陽二氣等皆是流行之各種情狀，亦是一個生生之理之多種展現，更即是天命之性以理之身分流行於氣化世界之實際。言「天人感應」者，只欲即此一元流行的氣化宇宙論中點明天人之可感應性，以為聖人體天道以參贊化育之事業有其宇宙論上的可行性，即在此感應中使聖人合德、合明、合吉凶之人倫事業有其生發之條件在。言其「虛而能應」者，乃又為此感應之成立再描繪其在作用時必基於氣化流行之以虛為要之實際，故又可謂「虛」乃能應之條件，而此一形式、情況義之條件在蕺山的義理發揮下又發展出「虛即氣」、「太虛即太極」、「萬物皆有虛體」、「化念還虛」等藉形式義之「虛」以談到本體及功夫上事者。

第三章談「形上形下合一的世界觀」者，乃就「一元流行的氣化宇宙論」中特別發揮此「一元」義而就形上形下世界觀處言者，氣化宇宙論中既已以理氣為一元，則理之形上本體義及氣之形下器物義亦正可藉之而言此形上形下合一之世界觀者，而此說之出現，最主要的目的乃在黜退支離的形上學思想，先儒多細分形上形下世界為多義多重的存在，因而導致入道功夫難以合為一貫，而致功夫理論有難以見道之弊，今形上形下世界之實相為一，則求合天道之路乃在人間世界，此形上形下合一之世界觀之最積極義也，而此說成立之理論基礎乃在蕺山早已設定於理在氣中，理氣是一的「一元流行的氣

化宇宙論」中。至言「道器合一」者，乃即爲從人倫事業世界中之道器對待關係上言求道於器世間之義，道器非無義涵概念之別，然在功夫之實事及世界之眞象中，道之展現與完成乃正應求於器物世間之安排與順成上，此「道器合一」之眞義也。至言「性氣合一」者，乃從形上思想的反省中，知性是理是形而上者，是天命之性中事，及知氣是形而下者，而天命之性以流行而主宰於氣化世界中，故性氣關係在大化流行之實際中又是一而非二，只在概念義涵中分個性氣，卻在流行之實際中無性氣可分，只是一事，而性氣合一之說之積極義又仍爲表現在功夫理論上之能矯時弊之事上，此即於先儒以性氣二分格局下，又找出分個一性之中有義理之性有氣質之性二事者，並使入道之功夫糾結於此二性二分格局下，而致生種種用不上力的功夫理論弊病出來，蕺山則皆總合之爲論性只有氣質之性，義理者即性之所以爲性，義理即性，即天命之性，氣質之性即天命之性，此說既出則亦同時蘊含了功夫理論中之惡的來源沒有宇宙論基礎，只是偶然的氣習偏至而已之義也。

　　第四章談「人在形上學理論中的定位」者，主要爲使蕺山形上思想體系在作爲儒學義理性格下，也能著落在「人」之成德事業上有其主張者，故而需以其形上思想爲背景，找出蕺山自己基於其而來的對「人」的討論，並藉此一討論，而能明白「人」在形上理論中的定位，並由此定位之確立，而使人之以「心」言之「人心」義理，也能參與到形上思想的討論中，而作爲次章談本體論時能同時從性宗及心宗之雙向發言之基礎者。在「人在形上學理論中的定位中」，本章將先以蕺山所常設定的人與天地萬物的兩種關係爲討論主題，一爲「同理」關係，一爲「同體」關係，同理關係乃直接指出人心與天地萬物皆秉受天命之性之流行賦命，故而皆同受其理，故而能由人之一心以收管天地萬物之理，即易經中以六十四卦三百八十四爻歸管天下道理者是。同體關係乃直接以聖人處此天地之間應即以天地萬物之全量以爲一身之體段而不圉於一己形骸之事言者，此二事一以心言一以身言，其要義即在一以同理關係得知人人皆以天命流行之實際而實有善體天下道理之本能，故能以一心收攝天地萬物之理而使聖人合德之事業有其在「知」言之可能性，又一以同體關係以言聖人之必即以大化流行之全幅以爲踐形盡性之全量，而爲儒者實行人倫事業之要求有其在「行」言之必要性。此在知言之可能性及在行言之必要性乃蕺山以豐富充沛的文字再三致言之標的所在，而此二義雖直接就人之「心」與「身」言，卻亦不離前二章所言之形上思想之背境，即在

天命之性以流行於大化之實際以主宰氣化世間之實事中，只此生生之理早已流貫人「心」與天地萬物之間以為聖人得以感應之道而以一心收攝萬理而有「同理」關係之基礎者，更在即以理言之同理時又即有本體義之同其本體，而本體者乃形而上者，依形而上者乃在形而下中有其實際言時，則同有此形上本體之人與天地萬物又豈可逃於此共有一體之義在，是故在形而下的人身言時，聖人必即以己身之體段擴而充之而以天地萬物以為其人倫事業所關切對象之圓滿，而言人與天地萬物之同體者。

　　言「破生死觀及除私我兒」者，又即於此「人在形上學理論中的定位」中的同理同體關係中所可見出之儒者一生行誼中對己之設定者，儒者能破生死觀之義乃在於儒者一生之行誼只見得天命之性流行於天地萬物之大化之終始一事，參贊化育亦只在大化流行中談，因此人倫事業之推行出去之時也只是天命流行而已，小至人之一生之終始亦只是大化流行之一環，因此只有流行之大小終始之別，非關人之生死之事，儒者至此更不見人之生死，更不依戀留連於己身之成毀，只此流行的深意體會得全，人倫之事業推行得盡，則執著於五尺身軀之成毀之生死義自可破除，此亦夫子言「朝聞道夕死可矣」之深意。言「除私我見」者，亦只在此同體之人與天地萬物的關係中，一己之形骸實合於天地萬物以為天命之性遍在流行的大體段中之一體之事，非有人之得以私見自恃自守之狹隘觀點之可行，人既不被允許私心據守一身形骸之小私小利，則必只有以天地萬物為一體，並即天地萬物以為護全之對象，而參與至天命之性大化流行之人倫百行之中，而走向聖人合德事業之實際中來者。而總合此「同理」、「同體」、「破生死觀」及「除私我見」之諸義，雖非直接自形上學理論中說來，然亦皆為其形上思想之所可涵者，而其更積極義乃在此諸義之直接提出，方才得以見出蕺山之作為儒學思想陣營中一能標舉儒者生命性格之確定方向的思想家，而即此諸義之可由其形上思想所涵之性格，亦方才使蕺山之形上思想夠資格稱為儒學義理之形上思想之基礎者，因此形上思想實為此諸義而設，並非此諸義為形上思想而設，而此諸義亦因此成為本篇談蕺山形上思想中所真欲成立之理論結晶處，並前後章節之在形上學思想中所談諸理論要項亦因此只可謂有儒學理論體系建立之輔佐義，而不能有儒學方向實感之貞定的積極義。

　　續言「人在形上學理論中的定位」一節者，乃為確守在形上學思想脈絡下從宇宙論義及本體論義二路更明確地見出「人」的定位之討論者。從宇宙

論義言之人者，其亦爲氣化世間中之一事一物而已，人亦以其喜怒哀樂及生死成毀之實際而爲「一元流行的氣化宇宙論」中之流行的一員而已，然因人之有此靈覺之「心」在，故而又爲氣化世界中之最爲靈秀之存在，並即因此「人心」義之出現，而使人在形上學理論中又有可以本體義言者。以本體義言之人心者，實爲以人心因天命流行於天地萬物及天人得以感應之道而得收攝天地萬物之道理以爲其人心之內涵。並即此內涵，以言此理之在心，並以之爲其性，復以爲其本體，而可言人心之以此性爲其本體，更可言人心得以天命之性以爲其本體者。故人心之以主宰言時其與天道之主宰一般，皆得即以天地萬物之實理以爲其所涵，又當以其所涵以爲此天人之本體時則人心與天道乃又同有此本體。此人心之以本體義探究時得見出之以主宰義言收攝萬理及以內涵義言時之與天道同其本體之二義者。

　　第五章談「融貫的本體論」者，乃指諸形而上本體概念因其同指天命之性，且天命之性之內涵義只有「至善」或「有善無惡」之一義，故不論依何進路以指此天命之性至善本體之形而上本體概念應可互爲融貫地釋義，而此說之成立又更因其宇宙論之「一元」及形上形下世界觀之「合一」而有其必然之基礎，因諸概念在一合一的世界觀中其所指涉的實際對象亦分不得爲二，因此在對象及其內涵皆一之條件下，自人心自天命自易自理自性自太極……等諸形上本體概念必皆融貫爲一而已。而此融貫之義又不僅因對象即內涵皆一而可互爲融貫地釋義，並即此互爲融貫地釋義中任一進路之形上本體概念又可總攝其它諸概念，而更即在此互爲融貫及互爲總攝中，蕺山之形上思想已達其最高明的圓融，並即此圓融而得以爲掃除一切形上思想之支離之病之基礎，並更能保證一切進路之功夫之有效地直通天命之性至善本體之可能，又再積極地可爲要求必實作此功夫之最完備的強制性，而使任一言功夫理論有所滯礙之體系更不得存，此正蕺山對功夫理論之有效性及強制性得從融貫的本體論以爲基礎之說明，亦融貫的本體論得提供一圓滿的功夫論之說明，且必如此而後蕺山學之作爲儒學理論體系之犖犖大者才有其可稱道之處。

　　言「人心與道心合一」者，即在諸形上本體概念皆以天命之性至善本體之「有善無惡」義以爲其共同的總內涵，故道心乃正人心之所以爲心者，必無人心之不以此道心爲心之私欲夾雜之事在，此亦同義理之性即氣質之性之所以爲性者，必無流於偏至之氣質之性可以爲性之事在者。言「心性合一」

者，乃在心之以主宰義而有流行時，此性只爲條理此流行之理者，故皆爲「天命」「流行」中之一事而可言其合一，即以心指氣化世界之流行之實際並以性指形上本體之天命之性時，依形上形下合一的世界觀言其心性合一者；又若以心之內涵義言時，則人心所含攝之眾理必即天命之性遍在天地萬物之眾理，亦皆同爲生生之理之諸多展現之同一眾理者，故心性合一。言「心之性情」者乃欲批駁朱子在言心之本體架構中之以「心統性情」格局言者，「心統性情」則心性情是三，此形上思想支離之病症，必致功夫理論不得打合一貫，言「心之性情」則攝情歸性，以性爲心之所以爲心者，則心之本體架構合一，從心宗言之功夫不致支離。以性爲心之所以爲心者即「心性合一」之義理，而攝情歸性者即「人心與道心合一」之義理，必不許有以偏離天命之性之流行之偏至義之「情」出現於人心本體中之實事，以安插惡之來源於形上本體世界中，以致破壞功夫理論之從心而發、順氣而行之有效性者。此「心之性情」之本體架構所必須立之主要目的是也。

第六章談「形上思想中的功夫理論特色」者，及討論在形上思想體系以爲基礎之背景下，其功夫過程中對善惡對待關係的處理，及功夫過程中其形式上之諸項特色。言「惡在宇宙論中缺乏存在基礎」者，乃因所有功夫理論皆以合於天道之天命之性至善本體以爲其作用之完成，然而善惡對待關係乃氣化世間之實情，則蕺山於形上思想體系中，爲保證此功夫發用之有效性，遂藉形上形下合一之世界觀，以有善無惡之至善本體以爲形下萬有之性，而使惡義無其本體上之地位，而氣化流行之宇宙論又皆以天命之性生生之理以爲其性，以爲其本體，故大化流行中只有合秩序合目的之流行有其宇宙論上之實存於氣中之事，而無以惡爲性之在氣化中實際存在之事，故惡之出現乃在宇宙論中無其根本基礎，並只爲不依於中氣之流行之過與不及之偶然之事者，而所有功夫理論之以人心之獨體實做功夫義及以意之至善本體之實做功夫義者，在此氣化流行宇宙論中之作用過程，即爲使偏至之氣一依於理，回至中氣之運行秩序之事者，此即言「氣化流行中功夫過程的宇宙論意義」者，並在此依於中氣之合於天命流行之根本秩序之功夫理論性格中，當下即見出即孟子一路言求放心，言盡心，言養氣功夫之同義者，並即此氣化流行中因氣本易動而極易流於偏至而使惡之出現亦見頻繁中，見出功夫之作用乃時刻謹凜必毋稍縱之積極要求之必要，及惡因只是偶然之存在實無根本存在條件以見其是妄非眞，而知功夫之一眞得立妄即消除而可以保證功夫之有效性在。

　　言「功夫理論中的形式特色」者，乃以功夫理論中之慎獨、誠意、主靜立人極以為主題，並在本篇形上思想體系對照之下，討論此功夫作用的幾項「形式」上特色，其「功夫與本體不分」者有二義，初義為早年談功夫理論時主張「談本體」與「做功夫」不得分為二事，此對時儒浮蕩虛玄弊病之批評者，要義為功夫乃人心之本體之發動，本體又即以性宗及心宗不分，而在本體中之發動才為真功夫之實際，故以事言，功夫即本體，本體不是虛玄的形上義理，是即在器物世間實存流行的天命之性，當人心真做功夫時，實為人心之主體，以天命之性之本體為功夫發動之實際方向、內容，故即謂之本體發動，本體發動即功夫作用，故功夫與本體之以事言時便是一事。言「體用不分」者，即從功夫與本體不分之反溯其形上基礎上言，天命之性是為主體，其流行是為發用，氣化世界流行之情狀即此發用之實際，形上本體即在形下世界中見，本體即在發用中見，故謂之「體用一原」，此即「體用合一」義是。言「功夫之一貫」者，乃藉融貫的本體論得打破一切形上思想之支離，而使一切入徑之功夫理論皆得直探天命之性以言其一貫者，亦藉融貫之本體論得使任一進路之形上本體概念得以融貫地釋義，而合諸概念為一概念，並使任一進路之功夫理論合諸路於一路以言其一貫者。

　　以上乃撮要第二至第六章之內容以談蕺山之形上思想者，蕺山形上思想之全貌得顯，則其於儒學理論發展的哲學史意義即可明確述及，若以情識、虛玄及支離以為明末學風之流弊言，則其功夫理論中之即天下國家身心意以為功夫之實下手處之義，則正為對治情識、浮蕩不做實功之弊，若以其本體理論中之實有此至善本體義言，則正足以對治明儒之談本體流於虛玄，致功夫流於情識浮蕩之弊，而本論文則在首篇談誠意功夫之本體中及與陽明「四句教」之辯論中已明確指出蕺山強調此至善本體之實有之說；另則即在本篇談「一元流行之氣化宇宙論」及「形上形下合一的世界觀」中，藉天命之性即在器物世間流行之義，並即依此義以黜退一切形上形下世界之「支離」之理論，以為形上本體實不「虛玄」及須於形下世界實做其功之理據者。可謂本篇之形上思想中「一元」、「合一」之二義，正為「黜支離」的形上思想而設，形上思想不支離，本體談到虛玄之漏失即不攻自現，則實於此器物世間求功夫於天下國家身心意之事業即不可逃，而此亦正前篇慎獨、誠意、主靜立人極三套功夫之真用力處。至於當真能實做其功夫之後，則蕺山形上思想中「融貫的本體論」義又正可為功夫作用中提示出其「功夫與本體不分」、「體

用合一」、「功夫之一貫」諸形式上的特色提供理據者。總此可言蕺山在形上思想與功夫理論的配合下，及能在儒學理論發展史中，藉其立說以矯前儒之弊者。

　　然而亦正蕺山以一人之言以敵時儒學風之變，並藉對宋明前儒理論之綜合與矯弊之精神，才有以蘊育其弟子明末清初大儒黃宗羲之初編宋元、明儒學案之精神，然此仍為外緣事業，蕺山哲學思想中之形上本體即在形下器物世間中見之精神，卻能一再地表現於清初諸儒重視經世濟民的實學研究中，此正可為蕺山精神之延續者。

主要參考書目

1. 《劉子全書及遺編》，明劉宗周撰，中文出版社，1981 年 6 月出版。

2. 《四書》

3. 《周易》

4. 《宋元學案》，華世出版社，1978 年 9 月台一版。

5. 《明儒學案》，華世出版社，1987 年 2 月台一版。

6. 《朱子語類》，文津出版社，中華民國 75 年 12 月出版。

7. 《王陽明傳習錄詳註集評》，陳榮捷撰，學生書局，民國 72 年，台北市，臺灣學生書局印行。

8. 《朱子哲學思想的發展與完成》，劉述先，中華民國 73 年 8 月增訂再版，臺灣學生書局。

9. 《二程學管見》，張永儁著，東大圖書公司印行，中華民國 77 年 1 月。

10. 《宋明理學》，北宋篇、南宋篇，蔡仁厚，中華民國 71 年 1 月年修訂三版，臺灣學生書局。

11. 《晚明理學思想通論》，陳福濱，環球書局，中華民國 72 年 9 月初版。

12. 《從陸象山到劉蕺山》，牟宗三著，中華民國 68 年 8 月初版，臺灣學生書局。

13. 《儒道天論發微》，傅佩榮著，中華民國 74 年 10 月初版，臺灣學生書局。

14. 《中國哲學原論》，原教篇，唐君毅著，中華民國 66 年 5 月修訂再版，臺灣學生書局。

15. 《中國哲學原論》，導論篇，唐君毅著，中華民國 69 年 5 月五版，臺灣學生書局。

16. 《中國哲學史》，勞思光著，香港中文大學崇基書院，1980 年 11 月三版。

17. 《黃宗羲心學的定位》，劉述先，允晨文化實業股份有限公司，中華民國

75 年 10 月初版。

18. 《朱熹思想研究》，上下冊，張立文，谷風出版社，1986 年 10 月。

19. 《陳乾初大學辨研究》，詹海雲著，明文書局，中華民國 75 年 8 月初版。

20. 《黃宗羲全集》，第一冊，里仁書局發行，中華民國 76 年 4 月。

附　錄

附錄一　劉蕺山著〈中庸首章大義〉全文

　　盈天地間皆道也，而統之不外乎人心。人之所以爲心者性而已矣，以其出於固有而無假於外鑠也，故表之爲天命云。維天之命於穆不已，天之所以爲天也，天即理之別名，此理生生不已處即是命，以爲別有蒼蒼之天諄諄之命者非也。率此性而道在是，道即是性也，脩此性而教立焉，性至此有全能也，此三言者，子思子從大道紛紜薄蝕之後，爲之探本窮源以正萬世之道統，然則由教入道者必自復性始矣，道不可離性不可離也，君子求道於所性之中，直從耳目不交處，時致吾戒愼恐懼之功，而自此以往有不待言者矣。不睹不聞處正獨知之地也，戒愼恐懼四字下得十分鄭重，而實未嘗妄參意見於其間。獨體惺惺本無須臾之間，吾亦與之爲無間而已，惟其本是惺惺也，故一念未起之中耳目有所不及加，而天下之可睹可聞者即於此而在，沖漠無朕之中，萬象森然已備也。故曰莫見莫顯，君子烏得不戒愼恐懼兢兢愼之。喜怒哀樂之未發謂之中，此獨體也，亦隱且微矣，及夫發皆中節，而中即是和，所謂莫見乎隱莫顯乎微也。未發而常發，此獨之所以妙也。中爲天下之大本，非即所謂天命之性乎，和爲天下之達道，非即所謂率性之道乎，君子由愼獨以致吾中和，而天地萬物無所不貫無所不達矣，達於天地有不位乎，達於萬物有不育乎，天地此中和，萬物此中和，吾心此中和，致則俱致一體無間，極之至於光岳效靈百昌遂性，亦道中自有之徵應，得之所性而非有待於外者，此脩道之教所以爲至也，合而觀之，溯道之所自來，既已通於天命之微，而極教之所由至，又兼舉夫天地萬物之大，推之而不見其始，引之而不見其終，體之動靜顯微之交而不見其有罅隙之可言，亦可爲奧衍神奇，極天下之至妙者矣，而約其旨不過曰愼獨，獨之外別無本體，

慎獨之外別無功夫，此所以為中庸之道也。後之儒者謂其說昉之虞廷信矣，乃虞廷言心則曰人曰道，而中庸直指率性之道，無乃混人道而一之乎，此言心言性之別也。虞廷言心非分言之則不精，不精無以為至一之地，中庸言性性一而已，何岐之有，然性是一則心不得獨二。天命之所在即人心之所在，人心之所在即道心之所在，此虞廷未發之旨也。或曰有氣質之性有義理之性，則性亦有二與，為之說者正本之人心道心而誤焉者也。程子曰論性不論氣不備，論氣不論性不明，二之則不是，若既有氣質之性又有義理之性，將使學者任氣質而遺義理，則無善無不善之說信矣，又或遺氣質而求義理，則可以為善可以為不善之說信矣，又或衡氣質義理而並重，則有性善有性不善之說信矣，三者之說信，而性善之旨復晦，此孟氏之所憂也。須知性只是氣質之性，而義理者氣質之本然，乃所以為性也，心只是人心，而道者人之所當然，乃所以為心也，人心道心只是一心，氣質義理只是一性，識得心一性一則功夫亦一，靜存之外更無動察，主敬之外更無窮理，其究也功夫與本體亦一，此慎獨之說，而後之解者往往失之。昔周元公著太極圖說，實本中庸，至主靜立人極一語尤為慎獨兩字傳神，其後龜山門下羅李二先生相傳口訣，專教人看喜怒哀樂未發時作何氣象，朱子親受業於延平，固常聞比，而程子則以靜字稍偏，不若專主於敬，又以敬字未盡，益之以窮理之說，而曰涵養須用敬，進學在致知，朱子從而信之，初學為之少變，遂以之解大中，謂慎獨之外另有窮理功夫，以合於格致誠正之說，仍以慎獨為動，屬省察邊事，前此另有靜存功夫，近日陽明先生始目之為支雜，專提致良知三字為教法，而曰良知只是獨知，又曰惟精是惟一功夫，博文是約理功夫，致知是誠意功夫，明善是誠身功夫，可謂心學獨窺一源。至他日答門人，慎獨是致知功夫，而以中為本體，無可著力，此卻疑是權，天下未有大本之不立而可從事於道者，功夫到無可著力處方是真功夫，故曰勿忘勿助，未嘗致纖毫之力，此非真用力於獨體者固不足以知之也，大抵諸儒之見或同或異，多係轉相偏矯，因病立方，盡是權教，至於反身力踐之間，未常不同歸一路，不謬於慎獨之旨。後之學者無復向語言文字上生葛藤，但反求之吾心，果何處是根本一著，從此得手方窺進步，有欲罷不能者。學不知本，即動言本體，終無著落，學者但知即物窮理為支雜，而不知同一心耳，舍淵淵靜深之地，而從事於思慮紛起之後，泛應曲當之間，正是尋枝摘葉之大者，其為支離之病亦一而已，將持此為學，又何成乎，又何成乎。

附錄二　劉蕺山著作年代簡表

明朝年號	干支	年　齡	著　　作
萬曆三十三年	乙巳	二十八歲	
萬曆三十四年	丙午	二十九歲	
萬曆三十五年	丁未	三十歲	
萬曆三十六年	戊申	三十一歲	
萬曆三十七年	己酉	三十二歲	
萬曆三十八年	庚戌	三十三歲	
萬曆三十九年	辛亥	三十四歲	
萬曆四十年	壬子	三十五歲	
萬曆四十一年	癸丑	三十六歲	
萬曆四十二年	甲寅	三十七歲	心論
萬曆四十三年	乙卯	三十八歲	
萬曆四十四年	丙辰	三十九歲	酒色財氣四箴
萬曆四十五年	丁巳	四十歲	論語學案
萬曆四十六年	戊午	四十一歲	
萬曆四十七年	己未	四十二歲	曾子章句
萬曆四十八年	庚申	四十三歲	
天啓元年	辛酉	四十四歲	
天啓二年	壬戌	四十五歲	
天啓三年	癸亥	四十六歲	
天啓四年	甲子	四十七歲	
天啓五年	乙丑	四十八歲	
天啓六年	丙寅	四十九歲	孔孟合璧，聖學喫緊三關
天啓七年	丁卯	五十歲	皇明道統錄，做人說，讀書說
崇禎元年	戊辰	五十一歲	
崇禎二年	己巳	五十二歲	大學古記約義，大學雜言
崇禎三年	庚午	五十三歲	
崇禎四年	辛未	五十四歲	證人社約，中庸首章大義，獨箴
崇禎五年	壬申	五十五歲	第一義說等九篇，讀書要義說，養氣說
崇禎六年	癸酉	五十六歲	

崇禎七年	甲戌	五十七歲	聖學宗要，人譜
崇禎八年	乙亥	五十八歲	五子連珠
崇禎九年	丙子	五十九歲	獨證篇（學言上）
崇禎十年	丁丑	六十歲	辨解太極之誤（學言中）
崇禎十一年	戊寅	六十一歲	陽明傳信錄
崇禎十二年	己卯	六十二歲	大學古記
崇禎十三年	庚辰	六十三歲	
崇禎十四年	辛巳	六十四歲	
崇禎十五年	壬午	六十五歲	原旨七篇，治念說，答董標心意十問
崇禎十六年	癸未	六十六歲	讀易圖說，易衍，良知說，古文易抄，存疑雜著（學言下），大學誠意章章句，證學雜著，商疑十則答史子復
崇禎十七年	甲申	六十七歲	
順治二年	乙酉	六十八歲	中興金鑑，大學古文參疑

註：另有書信及會錄文字散見各年代。而大學雜言應為五十二歲前後之作。